Peter Stanyer · Zeichentechniken

Peter Stanyer

Zeichentechniken
die große Schule

Aus dem Englischen übersetzt
von Yvonne Havertz

GONDROM

Peter Stanyer studierte Kunst am Londoner Royal College of Art und präsentierte seine Werke bereits auf zahlreichen Ausstellungen. Als Dozent an verschiedenen Kunsthochschulen leitete und entwickelte er selbst eigene Zeichenkurse mit großem Erfolg. Er ist Autor mehrerer erfolgreicher Grundlagenbücher zum Thema Zeichen.

Titel der Orginalausgabe: The Complete Book of Drawing Techniques

Covergestaltung: Christine Retz
Coverabbildungen: Peter Stanyer

ISBN 978-3-8112-2933-4

001

www.gondrom-verlag.de

Inhalt

Einleitung

Genau wie das Schreiben und Sprechen ist das Zeichnen eine Form der Kommunikation und bietet – ebenso wie alle anderen Kommunikationsformen – viele unterschiedliche Möglichkeiten, unsere Beobachtungen, Gedanken und Gefühle auszudrücken. Im breit gefächerten Spektrum von Kunst und Design nutzen Kunstschaffende die unterschiedlichen Zeichentechniken zur visuellen Kommunikation. Die verschiedenen Techniken dienen ihnen dazu, ihre Ideen auszudrücken oder zu entwickeln und sie mit dem Betrachter zu teilen.

Deswegen ist es einem Künstler auch fast unmöglich, eine Zeichnung anzufertigen, wenn er nicht weiß, welche Technik zu welchem Zweck verwendet wird. Genauso muss er wissen, wie er seiner Zeichnung künstlerische Form und expressive Dynamik verleiht – beides Punkte, die von den meisten Zeichenlehrern oft falsch interpretiert oder vergessen werden.

Erste Begegnung mit der Zeichenkunst

Für gewöhnlich basieren unsere ersten Zeichnungen auf der Wiedergabe einer Beobachtung in Form eines Porträts, Stilllebens oder einer Landschaftsdarstellung. Als Kinder haben wir unsere Beobachtungen noch aus dem Gedächtnis festgehalten, mit zunehmender Lebenserfahrung neigen wir dazu, das Beobachtete unmittelbar darzustellen. Das geht oft auch mit den ersten Problemen beim Zeichnen einher, denn wir haben den Anspruch, das Gesehene perfekt wiederzugeben. Allzu häufig sind Zeichenschüler, die mit ihrer Zeichnung die Realität abbilden wollen, am Ende enttäuscht oder scheitern an ihren eigenen Ansprüchen. Dabei wird vergessen, dass wir die Wirklichkeit nicht 1:1 abbilden können – wir können nur Linien ziehen, die als Platzhalter für die Wirklichkeit dienen. Oder wir wählen eine Form der Wiedergabe, die unserer Vorstellung von der Abbildung der Wirklichkeit am nächsten kommt – ein Vorgehen, das man als Metapher bezeichnet. Statt einer vermeintlichen Wahrheit hinterher zu jagen, sollten wir das Zeichnen als Medium annehmen und es zu dem Zweck verwenden, der unseren Bedürfnissen als Künstler oder Designer entspricht.

Erfahren Sie, wie Sie ein Kunstverständnis entwickeln können, das auf Ihre individuellen Bedürfnisse beim Zeichnen zugeschnitten ist. Es gibt viele Gründe, sich für das Zeichnen als Kunstform zu entscheiden. Dabei stehen Ihnen eine Vielzahl von Techniken und Ausdrucksformen zur Verfügung, mittels derer Sie mit dem Medium Ihrer Wahl die gewünschten Resultaten erzielen.

Im Folgenden erfahren Sie mehr über die Gründe eines Anfängers oder Zeichenschülers, seine Kenntnisse zu vertiefen. Zuallererst sollten Sie sich über Ihre eigenen Beweggründe im Klaren sein, warum Sie eine bestimmte Zeichnung anfertigen wollen. So finden Sie jeweils das für Sie interessante Kapitel, in dem Sie alles Wissenswerte über die Techniken und die Handhabung des Mediums Ihrer Wahl erfahren.

Warum Zeichnen?

1. Erste Überlegungen

Eine der vielen Herangehensweisen an die Kunst des Zeichnens besteht darin, die Zeichnung als erste Gedankenskizze anzufertigen. Solche Zeichnungen sind für gewöhnlich Skizzen oder flüchtig hingeworfene Entwürfe. Sie entstehen oft aus einer spontanen Inspiration, bei der Sie Ihre Gedanken in dem Moment künstlerisch festhalten, in dem sie Ihnen in den Sinn kommen. Aus solchen Gedankenskizzen können vielerlei neue Ideen erwachsen. Meist wird der Gedanke in einem Skizzenbuch oder einfach nur auf einem Stück Papier festgehalten. Auf diese skizzierten Ideen können Sie zurückgreifen, wenn Sie Ihre Vorstellung vom fertigen und künstlerisch ausgereiften Bild ausarbeiten. Künstler verschiedener Kunstrichtungen von Michelangelo und Raphael über Leonardo da Vinci bis zu Rembrandt haben auf diese Weise ihre Gedankengänge zeichnerisch festgehalten.

2. Recherche und Informationssammlung
Künstler und Designer greifen auf Recherche zurück, um möglichst viele Informationen zu sammeln, wenn Sie an einem Auftrag arbeiten oder sich aus persönlichen bzw. ästhetischen Gründen einem bestimmten Thema zuwenden. Die Ergebnisse der Recherche werden meistens in Skizzenbüchern festgehalten. Ort der Recherche sind häufig Museen, Büchereien, Galerien, das eigene Studio oder die freie Natur. Gegenstand der Recherche kann jede Art von Information sein – von der Form über Oberflächen bis zu Diagrammen und Perspektiven. Skizzen und Notizen vervollständigen dieses Vorgehen.

Informationssammlung ist im Prinzip dasselbe wie Recherche, nur werden dabei kontinuierlich alle möglichen Informationen als visuelle Hilfen zusammengetragen. So legt sich der Künstler sein eigenes visuelles „Wörterbuch“ an, auf das er zu jeder Zeit zurückgreifen kann.

Es empfiehlt sich für jeden Künstler, alle Informationen visuell festzuhalten und für den späteren Gebrauch aufzuheben. Das Sammeln von Informationen ist breiter angelegt als die Recherche zu einem Thema, es erstreckt sich auf alles, was für den Künstler von visuellem Interesse ist. Wenn Sie die Gemälde von Leonardo da Vinci betrachten, erkennen Sie unschwer das Interesse des Künstlers, alle möglichen Informationen und Anregungen aus Natur und Wissenschaft zusammenzutragen.

3. Schematisch zeichnen
Diese Art der Zeichnung ist normalerweise instruktiv. Wenn wir zum Beispiel jemandem einen Weg beschreiben, zeichnen wir ihm eine Karte, aus der hervorgeht, welche Richtung er einschlagen muss. Schematische Zeichnungen wurden in den verschiedenen Kulturen als Vorstufe der Schrift oder zur Wiedergabe religiöser und philosophischer Inhalte genutzt. Einfache Beispiele solcher schematischen Zeichnungen finden sich als Montageanleitungen, zum Beispiel bei Möbeln oder anderen Haushaltsgegenständen.

4. Vorstudien
Vorstudien spielen in der Kunstgeschichte eine bedeutende Rolle, denn sie ermöglichen es uns, mittels analytischer und theoretischer Hinweise, Proportionen und Raumverhältnisse zu verstehen. Üblicherweise dienen sie als Projektionshilfe bei der Ausarbeitung zwei- und dreidimensionaler, perspektivischer oder proportionaler Darstellungen. Die Ergebnisse der Vorstudien werden dann auf die Proportionen des menschlichen Körpers, auf Architekturpläne oder auf Naturstudien übertragen.

5. Kopien
Kopien fertigt man an, um zu verstehen, auf welche Art und Weise ein anderer Künstler gearbeitet hat. In den folgenden Kapiteln werden Sie dieser Herangehensweise häufig begegnen, denn das Kopieren ist eine gute Hilfe, um die einzelnen Schritte des Zeichenprozesses zu verstehen. Das Anfertigen von Kopien ist damit ein wichtiger Lernschritt.

6. Zeichnen nach der Natur
Alle Künstler zeichnen nach der Natur, sei es als 1:1-Übertragung oder aus der Erinnerung. Zu den Zeichnungen nach der Natur gehören z. B. Stillleben, Akte und Landschaftsstudien. Wichtig ist, dass wir uns vor dem Zeichnen darüber im Klaren sind, was wir mit unserer Zeichnung ausdrücken wollen, denn davon hängt ab, welche Technik und welches Medium wir wählen. Gerade Anfänger vergessen häufig, sich vorab über das, was sie erreichen wollen, Gedanken zu machen. Aber ohne Ziel vor Augen mit dem Zeichnen zu beginnen, ist, als würde man sich auf eine Reise begeben, ohne zu wissen wohin.

Beim Zeichnen nach der Natur sollten Sie eine Zeichentechnik wählen, die zu dem gewählten Thema passt. In den folgenden Kapiteln werden Sie immer wieder auf ganz unterschiedliche Herangehensweisen und Verfahren des Zeichnens nach der Natur stoßen. In der Kunstgeschichte haben die Künstler Zeichnungen nach der Natur immer wieder als Vorstudien für spätere Gemälde verwendet.

7. Präsentationen
Meist wird diese Art der Zeichnung bei ihrem italienischen Namen genannt, Modello, oder aber auch künstlerischer Entwurf. Die Zeichnungen werden zumeist als Auftragsarbeit für einen Kunden angefertigt. Ziel ist es, dem Kunden einen Eindruck davon zu vermitteln, wie das endgültige Werk aussehen soll. So bekommen beide, Künstler und Kunde, die Möglichkeit Fehler und Missverständnisse, die sonst teuer werden könnten, zu vermeiden.

8. Kalligrafie
In der kalligrafischen Zeichnung verwendet der Künstler bestimmte Zeichen symbolisch, indem er ihnen eine bestimmte Bedeutung zuweist. Als Zeichenschüler sollten Sie sich einen eigenen Fundus an Zeichen zulegen, mit dem Sie Ihre Ideen, Beobachtungen oder Gefühle ausdrücken. Experimentieren Sie ruhig einmal mit den unterschiedlichen Möglichkeiten von Strichen, Zeichen, Tonnuancen oder Strukturen.

Übungen dazu finden Sie in den verschiedenen Kapiteln dieses Buchs. Für die ersten Schritte beim Zeichnen sind sie eine sehr wichtige Erfahrung. Die frühesten Beispiele für kalligrafische Zeichnungen stammen aus China und Persien. In diesen Kulturräumen folgt die Kalligrafie strengen Traditionen und Vorgaben.

9. Die Zeichnung um ihrer selbst willen
Zeichnungen um ihrer selbst willen dienen ausschließlich oder speziell eigenen ästhetischen Zwecken. Illustrationen fallen in diese Kategorie, sofern sie eine eigenständige Wirkung haben. Stehen sie in Verbindung mit einem Text, ergänzen sie ihn um eine ganz eigene visuelle Qualität.

In diesem Buch werden auf einzigartige Weise für den Zeichenschüler nicht nur Techniken erläutert, sondern auch der analytische und emotionale Zugang zum Zeichnen gelegt. Ergänzt wird das Ganze durch eine ausführliche Materialkunde. Ziel ist es, Sie, liebe Leser, bei Ihren ersten Zeichenschritten zu unterstützen und anzuleiten. Sobald Sie sich sicher genug fühlen, eigene Ideen umzusetzen, seien Sie mutig. Mit Traditionen, Techniken und Theorien zu brechen, ist ein künstlerisches Markenzeichen.

Der Zeichenstift

Die verschiedenen Bleistifte, Grafitstifte und Radiergummis

Einführung
Bei einem Bleistift handelt es sich um einc sogenannte Bleimine, die aus einer Mischung aus Grafit und Ton besteht, umgeben von einer Hülle aus weichem Holz (in der Regel Zedernholz). Bleistifte haben eine Länge von rund 20 cm. Bereits im 17. Jahrhundert wurden einfache Formen von Grafitstiften verwendet. Bis dahin verwendete man Metallspitzen (Blei- oder Silberspitzen) zum Zeichnen, mit denen sich ein dunkler Strich – ähnlich wie mit einem Bleistift – ziehen lässt. Die moderne Form des Bleistifts wurde erst Ende des 18. Jahrhunderts entwickelt.

Der Bleistift funktioniert, indem man das spitze Ende auf das Papier drückt oder über die Papieroberfläche zieht, wobei der Abrieb auf dem Papier den Grafit aus der Mine in feinste Partikel aufbricht. Je nach Druck auf den Stift werden diese Partikel mehr oder weniger stark auf die Papieroberfläche übertragen.

Bei Grafit, dem wesentlichen Bestandteil moderner Bleistifte, handelt es sich um einen Kohlenstoff. Ob ein Bleistift fein oder hart ist, hängt von der Menge des beigemischten Tons ab: Je höher der Grafitanteil, umso weicher der Stift und umgekehrt. Künstler und Designer arbeiten meist mit Bleistiften in unterschiedlichen Stärken, je nachdem welchen Effekt sie erreichen wollen. Da sich der Grafit abnutzt, muss die Bleistiftspitze immer wieder frei gelegt werden. Dies geschieht, indem man sie mit einem scharfen Messer oder einer Klinge anspitzt. Das Anspitzen ist wichtig, weil davon die spätere Strichstärke abhängt. Bleistifte können auf verschiedene Arten angespitzt werden. Versuchen Sie ruhig einmal, damit zu experimentieren – so lernen Sie alle Varianten kennen.

Der Anwendungsbereich von Bleistiften ist weit gesteckt und wie bei allen Zeichenmaterialien lohnt es sich zu wissen, welche Möglichkeiten es gibt und wo die Grenzen liegen. Im Folgenden lernen Sie die wichtigsten Anwendungsbereiche der verschiedenen Blei- und Grafitstifte kennen.

Im Anschluss finden Sie Beispiele für unterschiedliche Strichführungen mit verschiedenen Bleistiften. Es empfiehlt sich, einmal selbst Bleistifte in unterschiedlichen Härtegraden auszuprobieren. Zum einen kann es für Sie durchaus eine inspirierende Erfahrung sein, zum anderen bekommen Sie so ein Gefühl für Ihr Handwerkszeug. Und für Künstler ist es wichtig, ein Gespür für die verschiedenen Medien zu entwickeln – ein vertrauter Umgang mit den verschiedenen Materialien und Techniken wird mit einem guten Ergebnis belohnt.

Härtegrade und Beispiele für Strichführungen

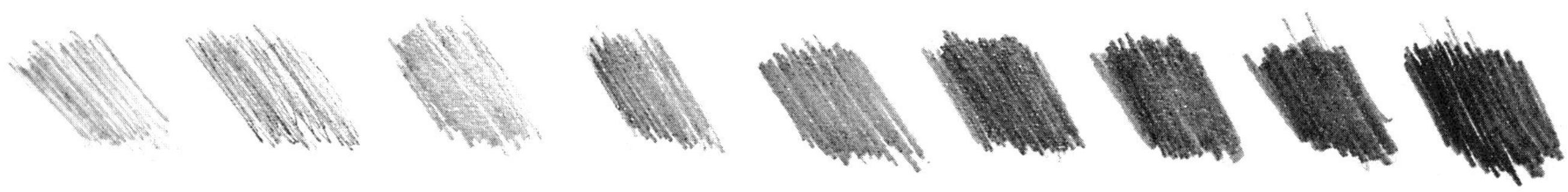

Harte Bleistifte

Harte Stifte bieten kaum Variationsmöglichkeiten in Bezug auf die Strichführung. Mit einem harten Stift lässt sich kein intensives Grau erzielen, selbst dann nicht, wenn man ihn lange über das Papier reibt. Farbtiefe entsteht zumeist nur durch Kreuzschraffur. Harte Bleistifte erkennen Sie an der Bezeichnung H. Sie sind in verschiedenen Strichstärken erhältlich: von HB über H, 2 H, 3H, 4H, 5H, 6H, 7H, 8 H bis zu 9H (dem härtesten Stift).

Stifte mit der Bezeichnung H werden meist von Designern, Architekten oder technischen Zeichnern verwendet, also von Menschen, die auf eine präzise Wiedergabe, wie in technischen Zeichnungen oder architektonischen Aufrissen, angewiesen sind.

Auch wenn die Strichstärke harter Bleistifte kaum Variationen zulässt, kann man doch ausdrucksstarke Zeichnungen mit ihnen anfertigen, indem man die Graustufen durch Schraffur erzeugt. Das Ergebnis wirkt, verglichen mit weichen Stiften, feiner, aber auch statischer.

Der Anwendungsbereich harter Stifte

Für alle Zeichnungen, bei denen Genauigkeit verlangt wird, eignen sich harte Stifte. Solche Zeichnungen werden z. B. von Ingenieuren, Industriedesignern, Grafikern oder Architekten angefertigt, die maßstabsgetreue Zeichnungen etwa für Handwerker liefern müssen. Nur mit einer akkuraten Zeichnung kann beispielsweise ein Maurer die Vorgaben des Architekten umsetzen, dasselbe gilt für Industriedesign und vergleichbare Bereiche. Deswegen handelt es sich bei Zeichnungen mit harten Bleistiften auch zumeist um Perspektivzeichnungen oder Projektionen, die von Plänen über architektonische Aufrisse bis hin zu 3D-Darstellungen reichen.

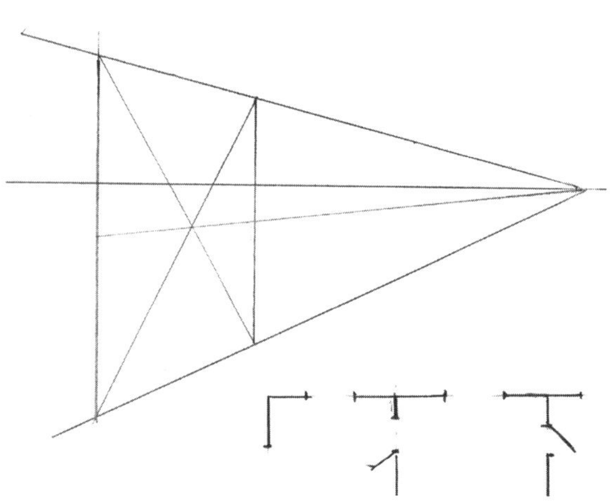

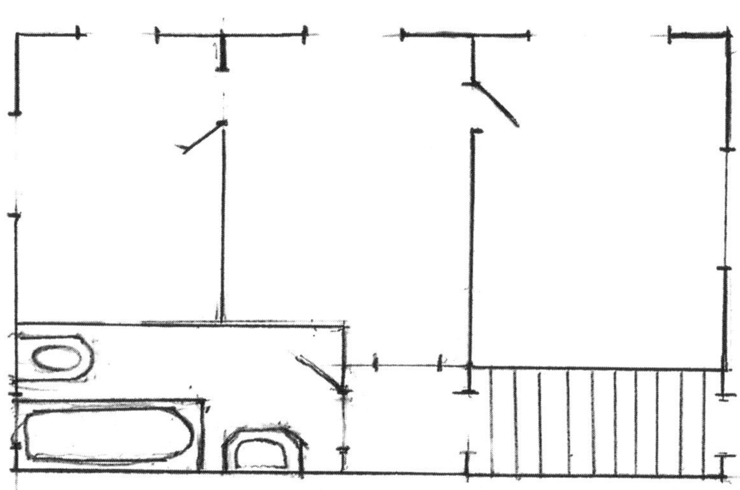

Strichstärken harter Bleistifte
(Beispiele für Bleistifte der Stärken HB und 7H bis 9H sind nicht dargestellt.)

6H: Vertikale Linien

Horizontale Linien

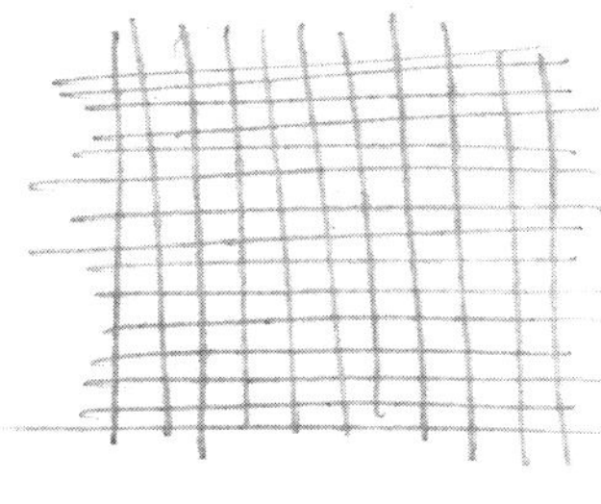

Vertikale und horizontale

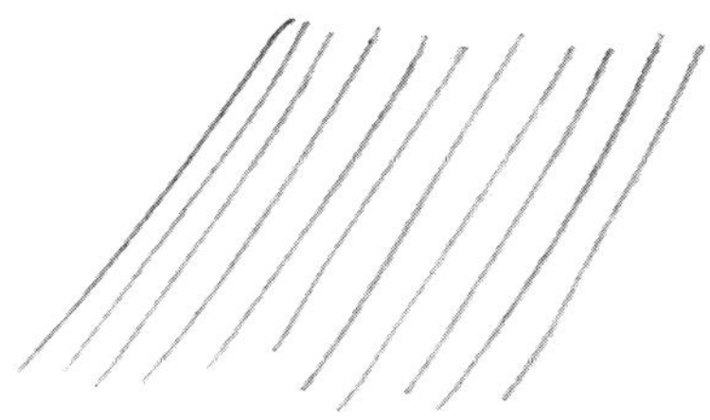

5H: Diagonale, nach rechts geneigte Linien

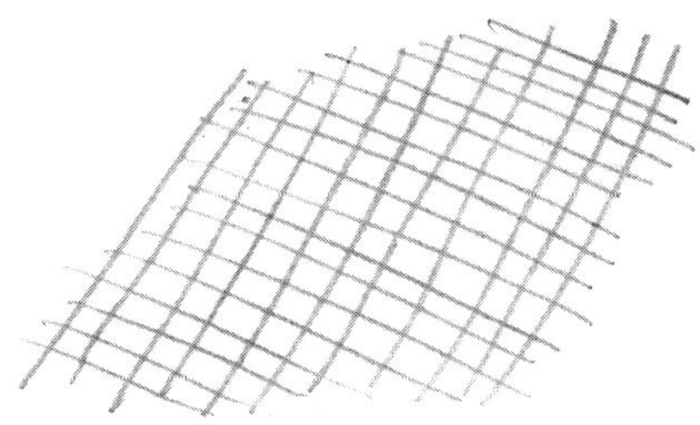

Diagonale Linien, rechts und links verstärkt

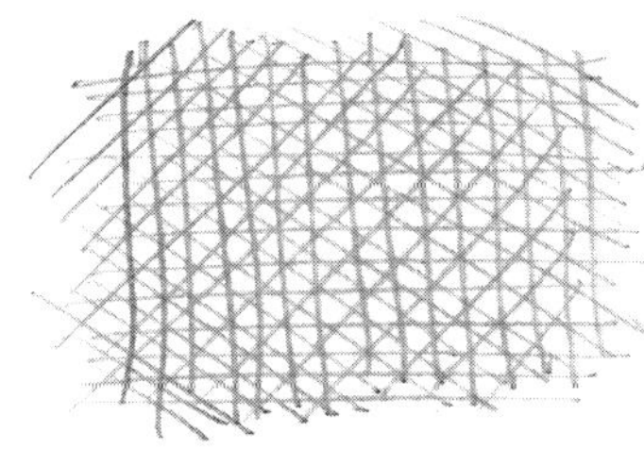

Diagonale, kombiniert mit vertikalen und horizontalen Linien

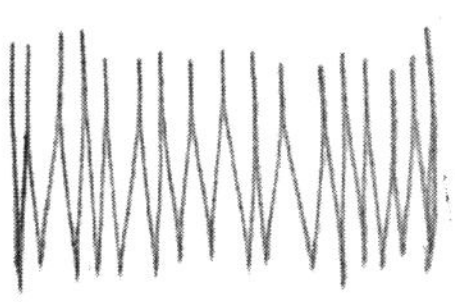

4H: Zickzacklinie

Horizontale Linien, mit abgeflachter Spitze gezogen

Kombination der beiden Vorhergehenden

3H: Zickzacklinien, die mit abgeflachter Spitze gezogen wurden

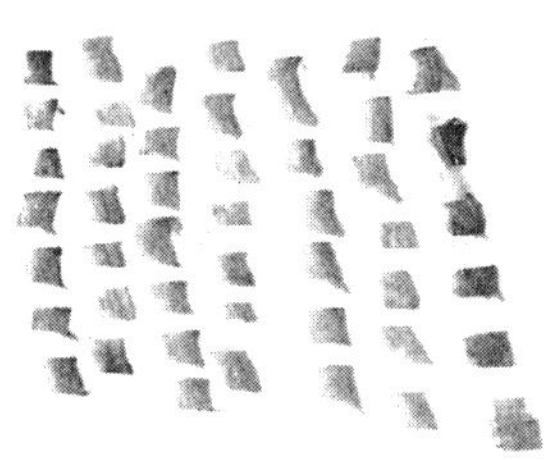

Durchbrochene breite Striche

Fischgrätmuster

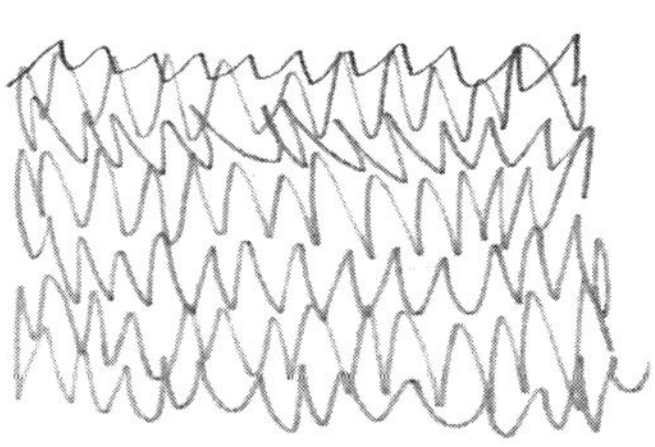

2H: Horizontale gekritzelte Linien

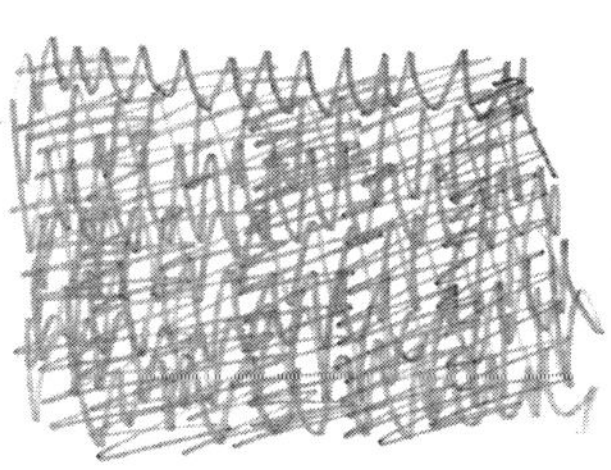

Vertikale und horizontale Linien erzeugen eine Gewebestruktur

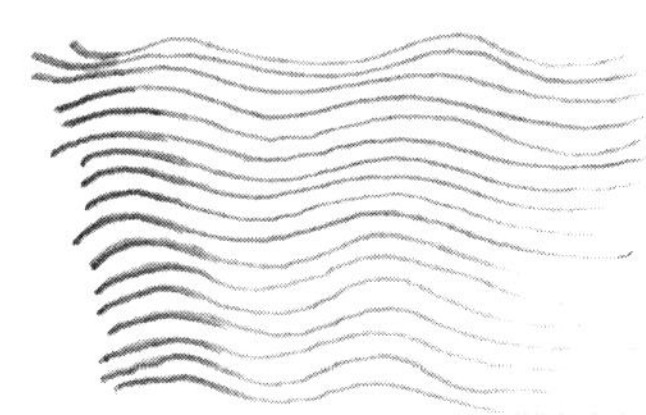

Gewellte horizontale Linien

Weiche Bleistifte

Weiche Stifte sind besser als harte geeignet, um Graustufen und verschiedene Texturen zu erzeugen. Weiche Bleistifte erkennen Sie an der Bezeichnung B. Sie sind in verschiedenen Strichstärken erhältlich: von HB über B, 2 B, 3B, 4B, 5B, 6B, 7B, 8 B bis hin zu 9B (dem weichsten Stift).

Weiche Stifte sind besonders zur Verstärkung des künstlerischen Ausdrucks geeignet. Mit ihnen lassen sich unterschiedliche Graustufen und Oberflächenstrukturen, Kreuzschraffuren und sogar expressive einfache Linien zeichnen. Mit den weichsten Bleistiften lassen sich sogar Flächen erzeugen. Für großformatige Zeichnungen eignen sich Grafitstifte am besten, bei kleineren Formaten sollten Sie auf weiche Bleistifte zurückgreifen.

Der einzige weiche Stift, mit dem – genau wie mit harten Stift – Arbeiten von großer Präzision möglich sind, ist ein Druckbleistift.

Dieses Stillleben wurde, dem seitlichem Lichteinfall folgend, mit einem weichen Bleistift gezeichnet.

Strichstärken weicher Bleistifte

2B: Horizontale Reihen gekritzelter Schatten

Gekritzelte Striche erzeugen eine Maschenstruktur.

Vertikal gekritzelte Striche lassen eine weiche Struktur und Schatten entstehen.

3B: Ein kräftiges Fischgrätmuster

Mit dem Finger verwischte Linien schaffen Atmosphäre.

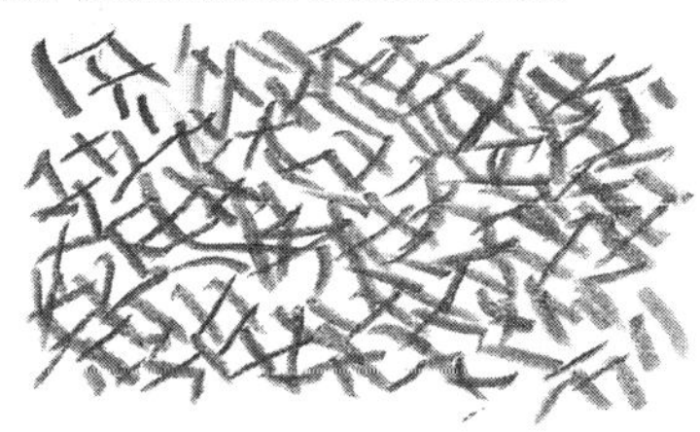

Willkürliche Striche erzeugen eine raue Struktur.

4B: Mit abgeflachter Spitze gezogene Zickzacklinie

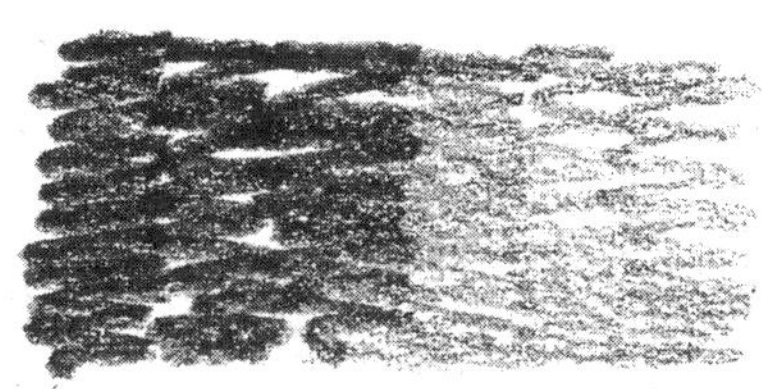

Vertikale Striche von Dunkel nach Hell

Regelmäßige dunkle Gedankenstriche

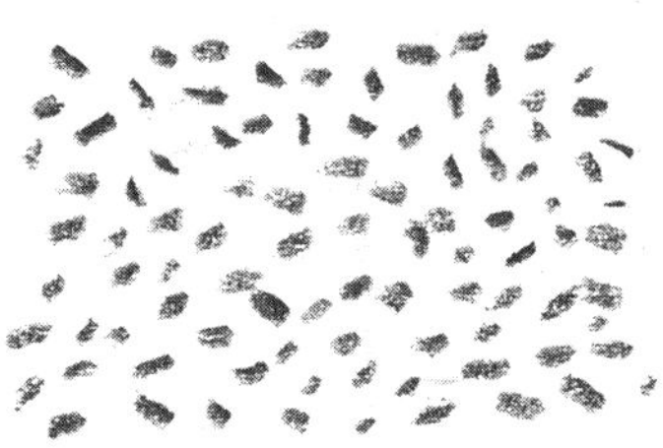

5B: Unregelmäßige Punkte mit Oberflächencharakter

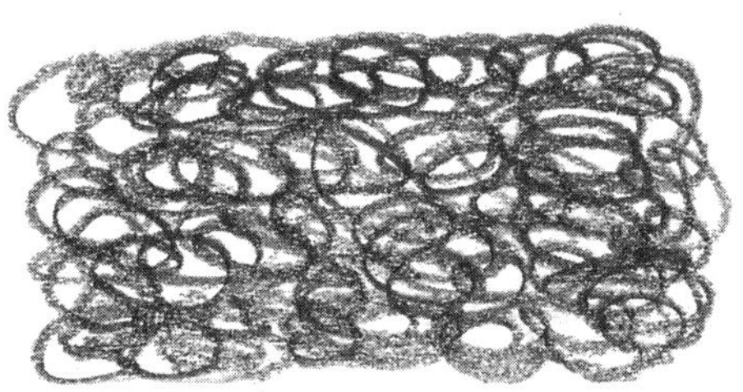

Spiralförmige Striche erzeugen eine wollartige Struktur.

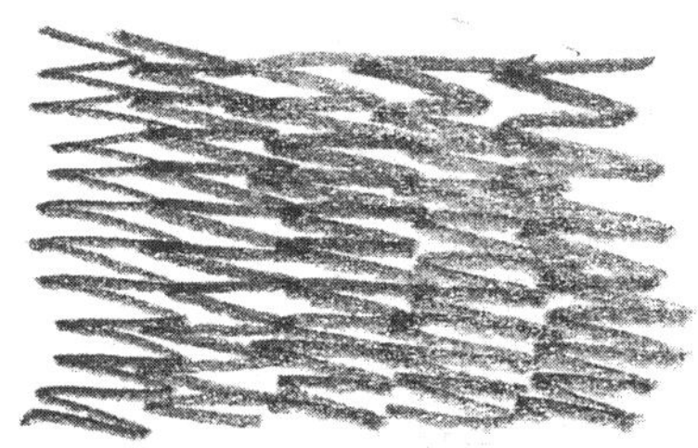

Eine offene Zickzacklinie erzeugt Tonalität.

6B: Diagonale, mittels eines Radierers abgestufte Grafitstriche erzeugen Atmosphäre.

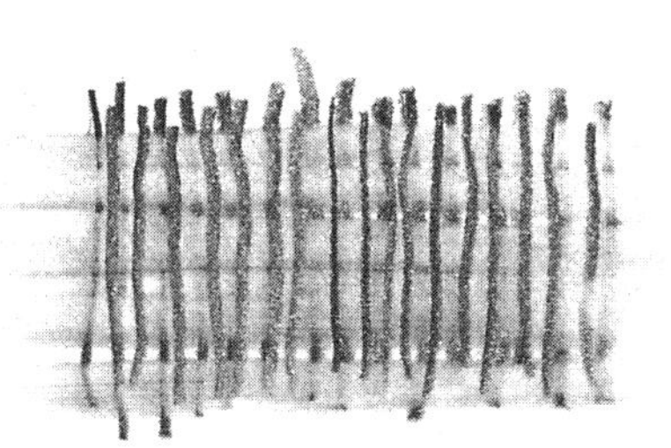

Nach dem Verwischen wurden erneut vertikale Linien darüber gelegt, um eine Webstruktur zu schaffen.

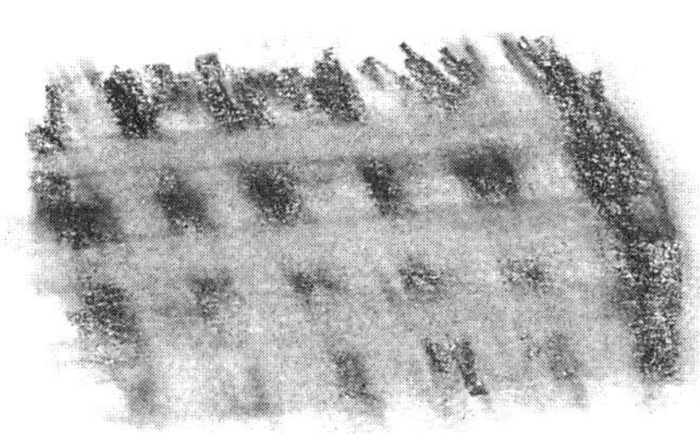

Die Farbfläche wurde vertikal und horizontal mit einem Radierer verwischt, um eine textile Oberfläche zu erzeugen.

Weitere Stifte

Neben dem klassischen Bleistift gibt es noch eine Vielzahl von Stiften, die Ihnen sogar noch größere Möglichkeiten zum Experimentieren bieten. Alle hier vorgestellten Stifte erhalten Sie im gut sortierten Künstlerbedarf.

- Grafitstift mit Hülle: Die Grafitmine ist von Papier oder einer Papphülle umgeben, das Papier an der Spitze kann zurückgerollt werden und legt die Spitze frei.
- Drehbleistifte sind in verschiedenen Formen und mit verschiedenen Mechanismen erhältlich; mit einem Dreh wird die Spitze freigelegt.
- Druckbleistifte sind mit weichen Spitzen (fein oder dick) erhältlich und eignen sich zum Skizzieren.
- Handelsübliche dicke Bleistifte.
- Zimmermannsbleistifte sind dreieckig und werden von Zimmerleuten und Bauhandwerkern verwendet, um Maße oder Striche zu ziehen oder Ideen grob zu skizzieren.
- Grafitstifte: sind mit einem normalen Bleistift vergleichbar. Die dünne Schutzschicht an der Spitze lässt sich zurückschieben, um die Grafitmine freizulegen. Grafitstäbe sind wesentlich dicker als Bleistifte. Ähnlich wie Pastellkreiden ist ihr Farbauftrag dicker und lässt sich einfach entfernen. Unabdingbar zum künstlerischen Arbeiten.
- Grafit-Aquarell-Stifte können trocken oder angefeuchtet wie Aquarellfarben auf trockenem oder angefeuchteten Grund aufgetragen werden.

Grafitstift mit Hülle

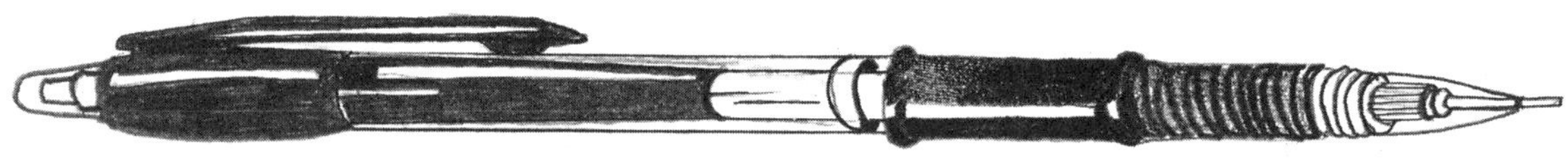

Druckbleistift

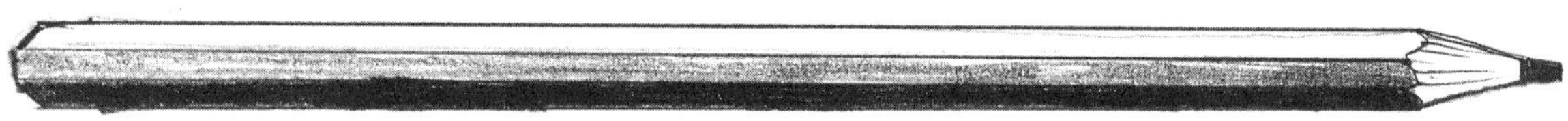

Schwarzer Buntstift

Zimmermannsbleistift

Grafitstift

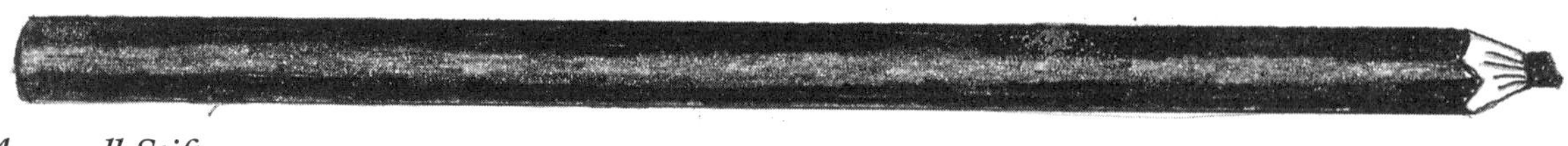

Grafit-Aquarell-Stift

Strichstärken weiterer Stifte

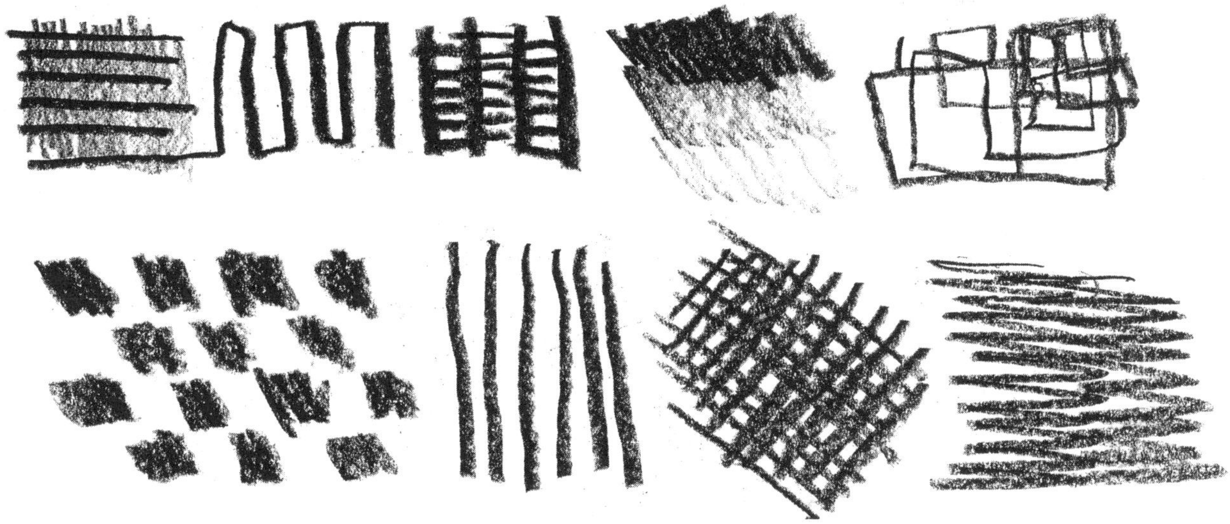

Grafitstift mit Hülle

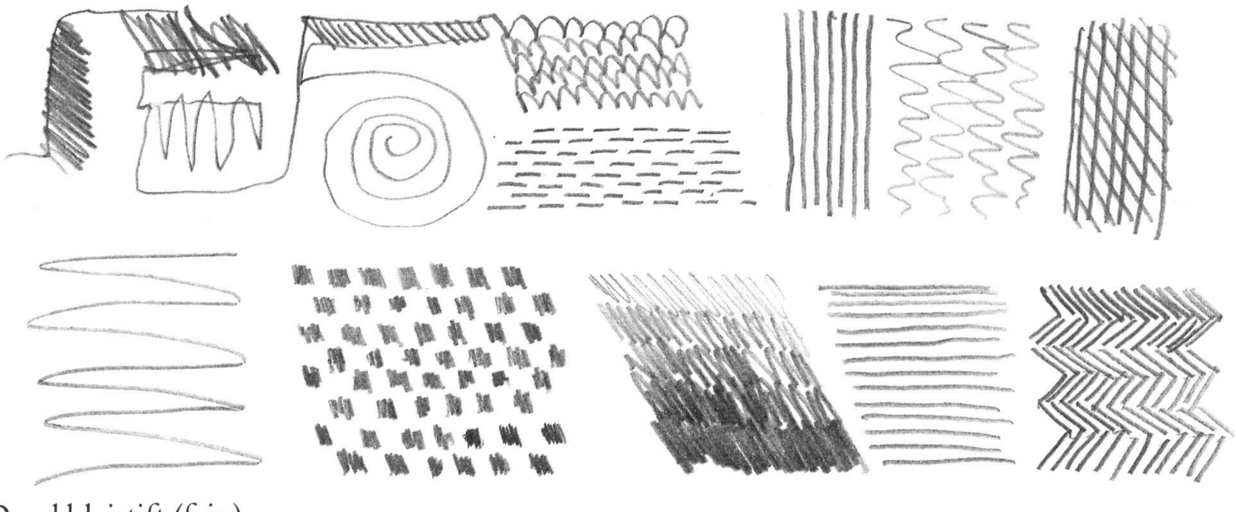

Druckbleistift (fein)

Druckbleistift (dick)

Weitere Beispiele

Schwarzer Buntstift

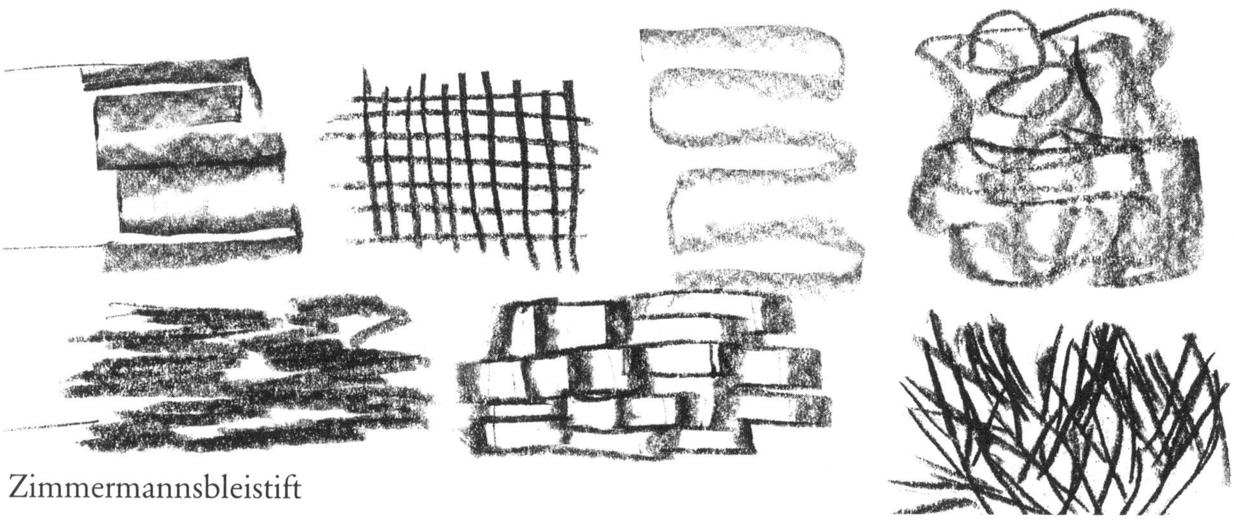

Zimmermannsbleistift

Grafit-Aquarell-Stift

Grafit

Grafit ist einer der Hauptbestandteile von Bleistiftminen. Zusätzlich zum Bleistift gibt es auch reine Grafitstifte. Bei ihnen handelt es sich tatsächlich um solide Grafitstücke, die in verschiedenen Dicken und Härtegraden erhältlich sind. Wie Sie den Abbildungen entnehmen können, eignen sich Grafitstifte nicht zur Anfertigung detaillierter und akkurater oder gar technischer Zeichnungen. Stattdessen kann man mit Grafit – häufig in Kombination mit einem Radierer – ausdrucksstarke Zeichnungen schaffen.

Grafit eignet sich, um stark konturierte, dunkle Linien zu ziehen oder große dunkle Flächen zu malen. Solche Zeichnungen bestechen oft durch ihren dramatisch-expressiven Ausdruck. Zudem eignet sich Grafit besonders für die Darstellung von Stimmungen.

Bevor Sie ernsthaft mit Grafit arbeiten, sollten Sie vorab das Potential des Materials ausloten. Da der reine Grafitstift, anders als der Bleistift, nicht von einer Hülle umgeben ist, ergeben sich andere Möglichkeiten der Handhabung, so können Sie zum Beispiel die volle Längsseite über das Papier ziehen. Sie werden erstaunt sein, welche Möglichkeiten der Linienführung sich daraus ergeben. Ich selbst verbinde mit Grafitstiften Zeichnungen voller Dynamik. Die Bereitschaft, mit Grafit zu experimentieren, ist die beste Voraussetzung für außergewöhnliche Ergebnisse.

Zeichnen mit weichen Grafitstiften

Anders als mit harten Bleistiften lassen sich mit weichen Bleistiften und Grafit ausdrucksstärkere Linien ziehen und wesentlich mehr Tonabstufungen wiedergeben: Hier reicht das Spektrum von tiefschwarz bis nahezu weiß.

Mit weichen Bleistiften oder Grafit lassen sich schnell und effizient unterschiedliche Graustufen erzeugen. Wenn Sie den Bleistift regelmäßig anspitzen, werden Ihnen auch Umrisse und Formen leicht gelingen

Schon allein die Charakteristik der verwendeten Materialien verleiht den Zeichnungen einen offenen und expressiven Ausdruck. Mit weichen Bleistiften oder Grafit lassen sich unsere Gefühle, Beobachtungen und Ideen ausdrücken. Häufig entstehen dabei Zeichnungen in der Art, wie sie in Skizzenbüchern als erste Überlegungen zu einem Thema zu finden sind. Zeichnungen, die so entstehen, bieten Erklärungen oder stehen einfach nur für sich selbst, sie dienen also nicht als Skizzen oder Vorstudien für spätere Werke.

Wichtiges Hilfsmittel beim Arbeiten mit weichen Bleistiften oder Grafit ist der Radiergummi, der zum Einsatz kommt, um expressive Effekte zu verstärken. Während sich bei harten Bleistiften der Anwendungsbereich von Radierern auf das Beseitigen (Ausradieren) von Fehlern beschränkt, wird er beim Arbeiten mit weichen Bleistiften, Grafit oder Kohle zum ergänzenden Medium.

Mit weichen Bleistiften oder Grafit lassen sich abhängig vom Druck, den der Zeichnende ausübt, unterschiedliche Effekte erzielen. Mit Druck verändern Sie die Oberfläche des Papiers, wodurch entweder starke Striche oder unterschiedlich intensive dunkle Felder entstehen.

Am besten werfen Sie einen Blick auf die Beispiele der folgenden Seite und versuchen sich dann selbst im Umgang mit dem Medium. So können Sie alle Möglichkeiten, die das Medium bietet, erproben, egal ob Druck und Strichstärke, den unterschiedlichen Farbauftrag mit der ganzen oder abgeflachten Spitze oder – wie beim Grafit – mit der gesamten Längsseite des Stiftes.

Unterschiedliche Strichstärken von Grafitstiften

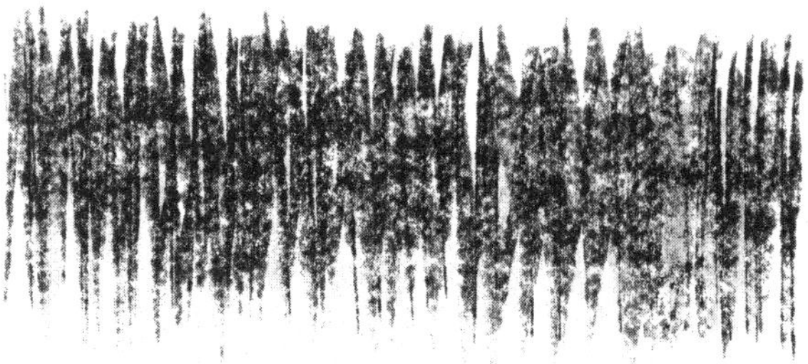

Der Stift wird im Wechsel auf das Papier gedrückt und über das Papier gezogen.

Der Stift wird mit einer Drehbewegung auf das Papier gedrückt.

Zieh- und Druckbewegung im Wechsel

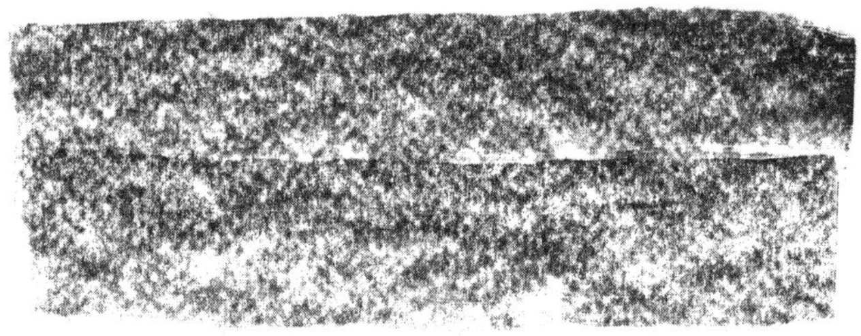

Schlierenbewegung

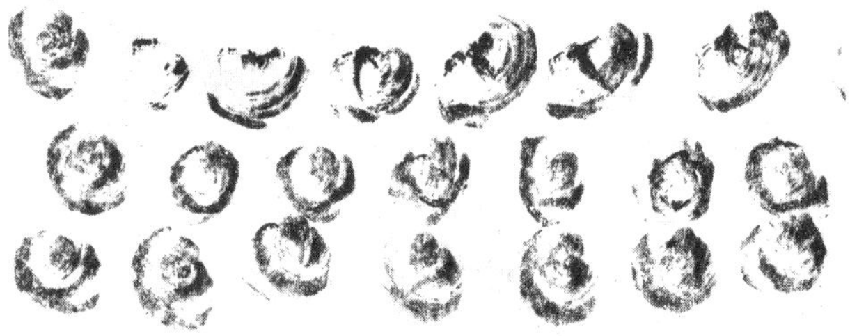

Mit dem Stiftende erzeugte Punkte

Seitliche Strichführung

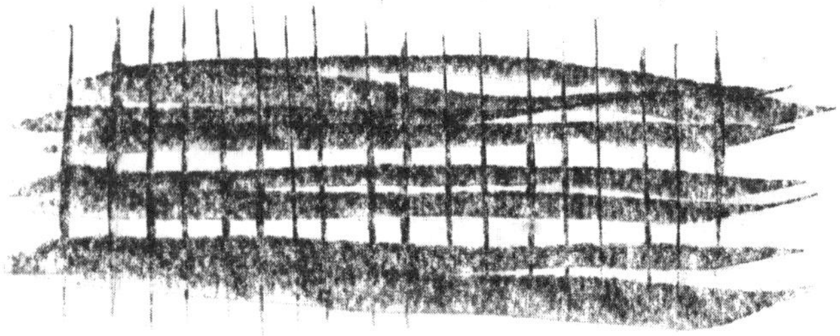

Seitliche und vertikale Strichführung

Vertikale Strichführung

Radierer

Für gewöhnlich erschöpft sich die erste Bekanntschaft mit einem Radiergummi darin, Fehler zu korrigieren. Wir nutzen ihn einzig, um einen Fehler auszumerzen, und wenden uns danach wieder unserer Zeichnung zu. Einen Radierer zu verwenden gilt als etwas Negatives, weil er automatisch mit Fehlern assoziiert wird. Der Radierer gilt vielen nur als notwendiges Übel – mit dem Grad der Abnutzung verstärkt sich beim Benutzer das Gefühl der eigenen Unzulänglichkeit. Es ist also an der Zeit, den Radierer und seine Bedeutung für künstlerische Arbeiten neu zu bewerten. Richtig eingesetzt, kann er zu einem durchaus nützlichen Werkzeug werden. Zuallererst müssen wir uns allerdings von der Vorstellung verabschieden, Fehler seien immer negativ. Tatsächlich können Sie im positiven Sinn aus Ihren Fehlern lernen.

Die meisten Künstler haben zu Beginn ihrer Arbeit eine Vorstellung davon, wie das fertige Werk aussehen soll. Allzu oft erweist sich diese Vorstellung als falsch oder nicht umsetzbar, sodass die Arbeit der Entwicklung angepasst werden muss – etwas, vor dem auch große Künstler wie Leonardo da Vinci oder Rembrandt nicht gefeit waren. Diese Neubewertung ist wesentlicher Bestandteil des künstlerischen Prozesses und findet sich in vielen Arbeiten, vor allem in Skizzen und Vorstudien.

Einer der Hauptfehler von Zeichenanfängern besteht darin, dass sie Fehler ausradieren, sobald sie entstehen, und danach wieder von vorne beginnen. Das Resultat ist häufig, dass alte Fehler wiederholt werden oder neue entstehen, und das Ergebnis ist oft unbefriedigend. Statt die ursprüngliche Linienführung zu beseitigen, empfiehlt es sich, den Fehler zu übermalen, bis ein befriedigendes Ergebnis vorliegt. Ausradieren sollten Sie erst dann, wenn die ursprünglichen Linien nichts mehr zur Zeichnung beitragen. Mein Vorschlag ist, unter der Korrektur die anfängliche Linienführung zu erhalten, weil Sie so Ihren eigenen Gedankengang und Ihre Entwicklung verfolgen können.

In positiver Weise kann der Radierer zum Setzen von Lichtakzenten in Grafit-, Kohle- oder Tuschezeichnungen dienen. Zudem kann man mit Radierern auch Formen begrenzen und so genannte Spitzlichter setzen – ein besonders ausdrucksstarker Einsatz dieser Technik findet sich bei Frank Auerbach. Beim so genannten Tonking (siehe S. 94) werden mit einem Tuch in einer schlagenden Bewegung die Kohlestriche heruntergefegt, um die Atmosphäre im Bild zu unterstreichen.

Es gibt viele unterschiedliche Radiergummis, die alle den Zweck haben, ein bestimmtes Medium von der Papieroberfläche zu entfernen. Die wichtigsten Radierer werden im Folgenden vorgestellt.

- Radierer aus Kautschuk (Speckgummi genannt) kommen bei Kohlezeichnungen und Pastellen zum Einsatz, eignen sich aber auch für Bleistiftzeichnungen. Ihr Hauptvorteil ist, dass sie sehr elastisch (knetbar) sind, sodass auf jede denkbare Weise mit ihnen radiert werden kann. Ihr Einsatz steht beispielhaft für den positiven Einsatz des Radierers als Zeichenmedium, mit dem man Akzente setzen kann.
- Radierer aus Plastik wurden speziell entwickelt, um sehr dichte grafische Linien auszuradieren. Verwenden kann man sie bei Kohle, Pastell- und Bleistiftzeichnungen. Mit ihnen lassen sich vor allem spezielle Effekte mit klar umrissenen Konturen setzen.

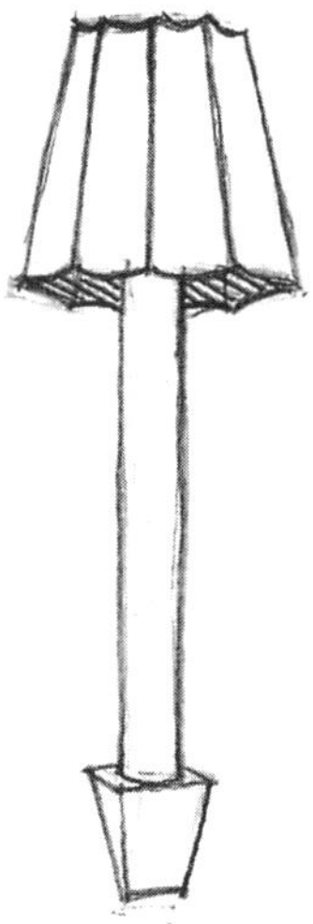

Flüssiges Tipp-Ex

Gefahren bei der künstlerischen Tätigkeit
Achten Sie auf Ihre Sicherheit beim Umgang mit den unterschiedlichen Materialien. Skalpelle und Rasierklingen sollten immer mit äußerster Sorgfalt gehandhabt werden und nicht offen herumliegen. Ebenso sollten Sie bei allen Flüssigkeiten darauf achten, ob sie entflammbar oder giftig sind. So ist z. B. Bleiche ein zwar praktisches Mittel, um Tusche auf Wasserbasis zu entfernen, aber sie ist auch hochgiftig – und sollte deswegen nur mit großer Vorsicht angewendet werden.

- Der weit verbreitete rot-blaue Radiergummi mit harter und weicher Seite dient der Entfernung von leichten Bleistiftstrichen.

- Tintenentferner: Da sich mit einem herkömmlichen Radierer Tusche nicht völlig entfernen lässt, wurden spezielle Tintenentferner entwickelt. Es gibt sie als Stifte oder in runder Form. Zusätzlich gibt es noch Kombinationen aus Radierern und Tintenentfernern – meistens haben sie einen herkömmlichen Radiergummi an einem Ende und einen Tintenentferner am anderen.

- Im weiteren Sinne zählt alles, womit sich Oberflächen reinigen lassen, wie etwa Skalpelle, Rasierklingen, Bimsstein, Stahlwolle und Schmirgelpapier, zu den Radierern. Mit ihnen lassen sich bei vorsichtigem Einsatz hartnäckige Flecken in Tusche- oder Tintenzeichnungen entfernen. Bevor Sie die oberste Schicht Ihres Papiers abtragen, sollten Sie allerdings unbedingt prüfen, ob Ihr Papier von ausreichender Qualität und Dicke ist – ansonsten besteht das Risiko, das Papier zu beschädigen.

- Den gegenteiligen Effekt erhalten Sie mit handelsüblichen Produkten, die die Oberfläche überdecken, wie etwa Tipp-Ex, Titan-Deckweiß oder Chinesisch Weiß. Fehler oder Flecken werden von einer dünnen weißen Schicht bedeckt, die nach dem Trocknen wieder übermalt werden kann.

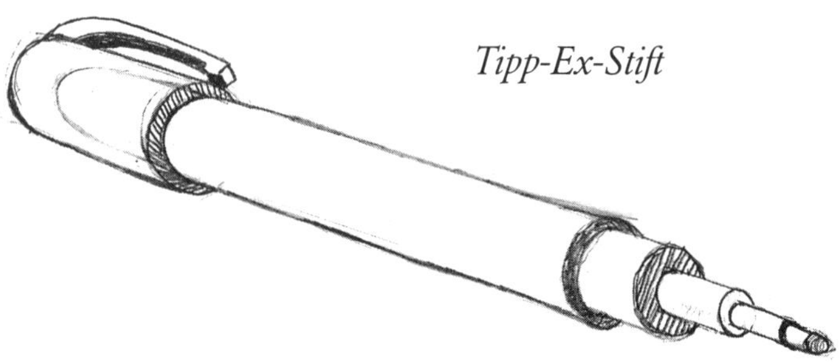

Tipp-Ex-Stift

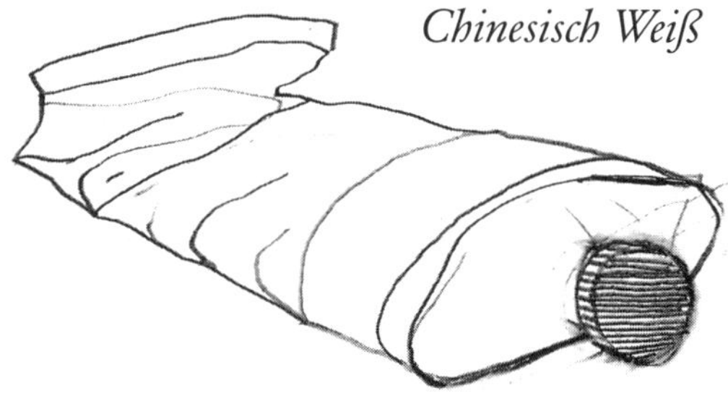

Chinesisch Weiß

Radiergummiauswahl

Rot-blauer Radiergummi

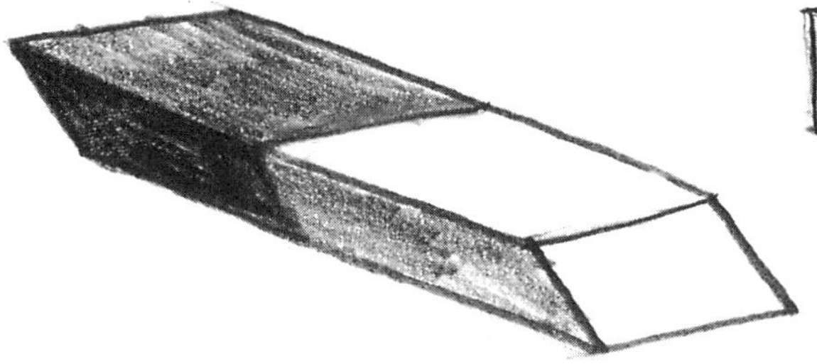

Kunststoffradiergummi

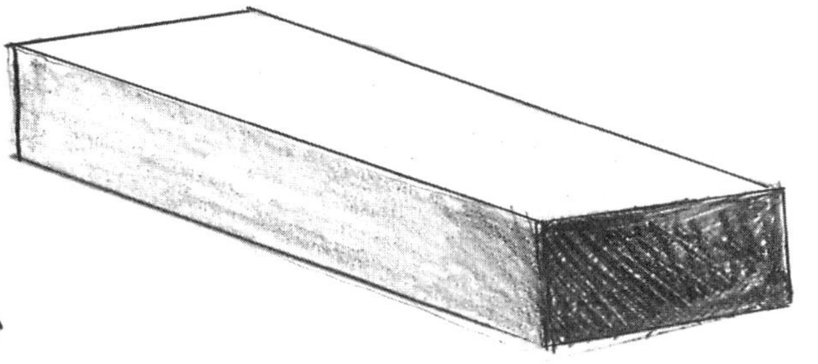

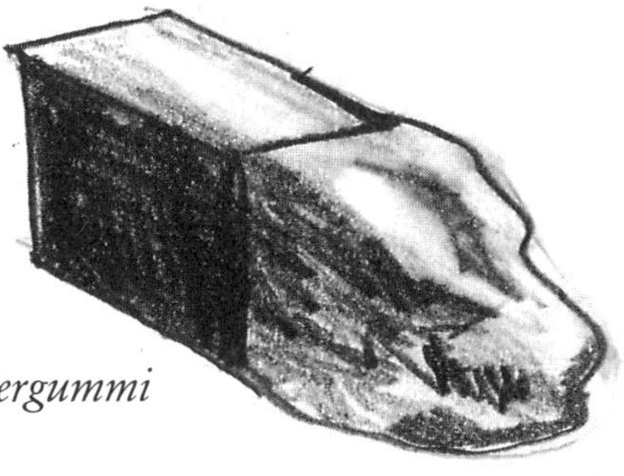

Kautschukradiergummi

Knetradier-gummi

Bimsstein

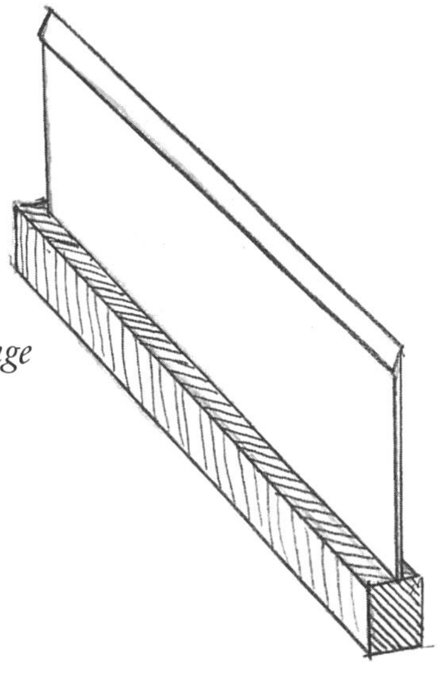

Rasierklinge

Bimsstein ist hilfreich bei der Entfernung hartnäckiger Flecken, kann aber auch die Oberfläche des Papiers beschädigen und sollte daher vorsichtig eingesetzt werden. Mit einer Rasierklinge oder einem Skalpell können schwer zu beseitigende Flecken beseitigt werden. Dabei kann es aber passieren, dass auch andere Teile der Zeichnung unbeabsichtigt entfernt werden.

Die richtige Handhabung des Zeichenstifts

Vorüberlegungen
Bevor ich Ihnen die verschiedenen Möglichkeiten, Ihren Zeichenstift zu halten vorstelle, möchte ich Ihnen den psychologischen und physischen Hintergrund des Zeichenvorgangs nahebringen.

Ehe Sie sich auf den visuell kreativen Weg machen, lohnt es sich, über den Ballast nachzudenken, den man in Form von vorgefassten Meinungen und Einstellungen mit sich herumträgt – darüber, was eine Zeichnung ausmacht und wie man sie erstellt. Ein wichtiger Schritt auf dem Weg Ihrer kreativen Einwicklung ist, sich von diesen Voreingenommenheiten frei zu machen. Anderenfalls könnten sie zu einem echten Hindernis auf dem Weg zu Ihrer künstlerischen Entfaltung werden.

Eine der ersten Übungen, die ich mit meinen Schülern im Atelier mache, dreht sich um die Erkundung ihrer Beziehung zu ihrem Handwerkszeug. Nehmen wir an, es handelt sich um einen Bleistift. Eine vorgefasste Meinung abzulegen bedeutet auch, ein Risiko einzugehen und sich auf bislang unbekanntes Terrain zu begeben. Wer sich nicht weiterentwickelt, für den kann das Gewohnte zur Zwangsjacke werden, die sich auf alle Bereiche des Lebens erstreckt – bis hin dazu, wie wir einen Stift halten.

Vielleicht denken Sie, es gibt nur eine „richtige" Haltung des Zeichenstifts. Falsch – es gibt viele Möglichkeiten, wie Sie Ihren Zeichenstift halten können. Jede eröffnet Ihnen neue Möglichkeiten der Nutzung des Zeichengeräts und führt außerdem zu ganz unterschiedlichen Ergebnissen.

Den Zeichenstift in der herkömmlichen Schreibhaltung zu führen, kann für Zeichenanfänger eine Einschränkung darstellen. Statt unserer Kreativität freien Lauf zu lassen, bleiben wir im Korsett der Konventionen gefangen. Die übliche Schreibhaltung, bei der Sie allerdings den Stift etwas weiter hinten anfassen sollten, ist hingegen gefragt, wenn es um technische Zeichnungen geht, bei denen die Kontrolle über die Handhabung im Vordergrund steht. Nur in dieser Haltung werden Ihnen daher sehr präzise Darstellungen gelingen.

Sobald Sie den Zeichenstift ganz vorne zwischen den Fingerspitzen halten, wird Ihre Linienführung tastender. In dieser Position kann der Stift leicht verrutschen, sodass Linien oder Striche entstehen, die vielleicht nicht beabsichtigt waren. Aber gerade das Unbeabsichtigte kann Ihrem Bild eine ungeahnte Dynamik verleihen.

Gegenteilige Ergebnisse erhalten Sie, wenn Sie den Stift wie einen Dolch in den Händen halten: Die Linienführung wirkt dann stark, direkt, fast schon aggressiv im Ausdruck. Bei dieser Handhabung müssen Sie nicht wie sonst die Hand, sondern gleich den ganzen Arm bewegen, was auch Ihren Zeichenstil beeinflussen wird.

Mit dem Stift zwischen den Zehen haben einige meiner Schüler erstaunliche Zeichnungen geschaffen. Platzieren Sie das Zeichnbrett auf dem Boden und den Stift zwischen Ihren Zehen; stellen Sie sich dann auf ein Bein, ohne sich irgendwo festzuhalten, und beginnen Sie zu zeichnen. Selbst wenn Ihnen mit dieser eher ungewöhnlichen Methode keine Kunstwerke gelingen, werden Sie sicher viel Spaß haben.

Versuchen Sie ruhig einmal, die auf der gegenüberliegenden Seite dargestellten Haltungen auszuprobieren. Dies wird Ihnen sicher nicht nur Spaß machen, sondern auch überraschende Ergebnisse einbringen.

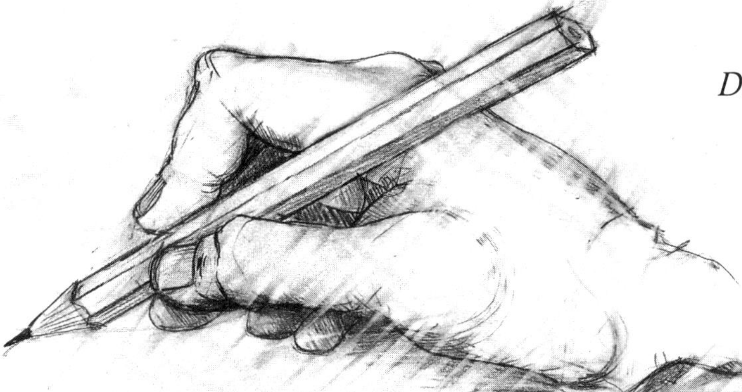

Die herkömmliche Schreibhaltung

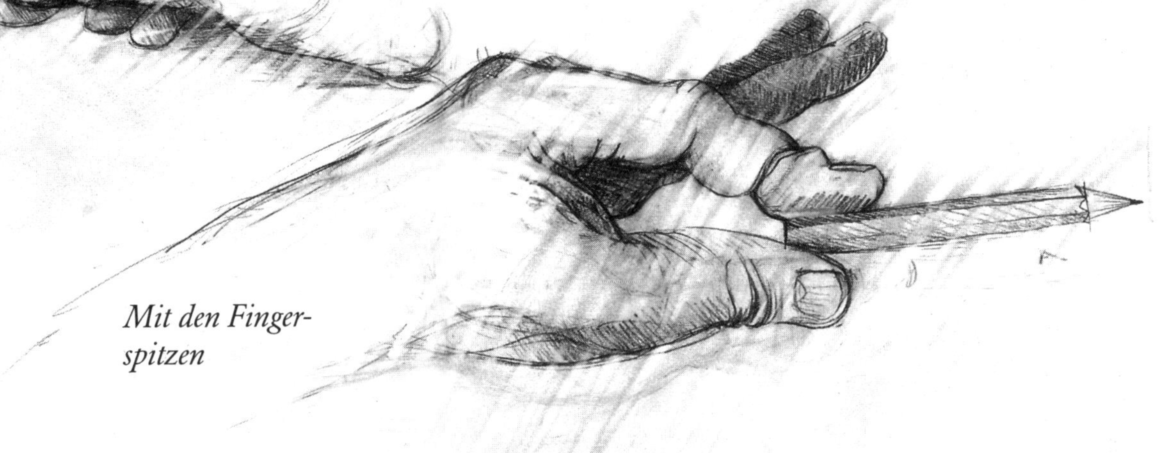

Mit den Fingerspitzen

Wie ein Dolch

Zwischen den Zähnen

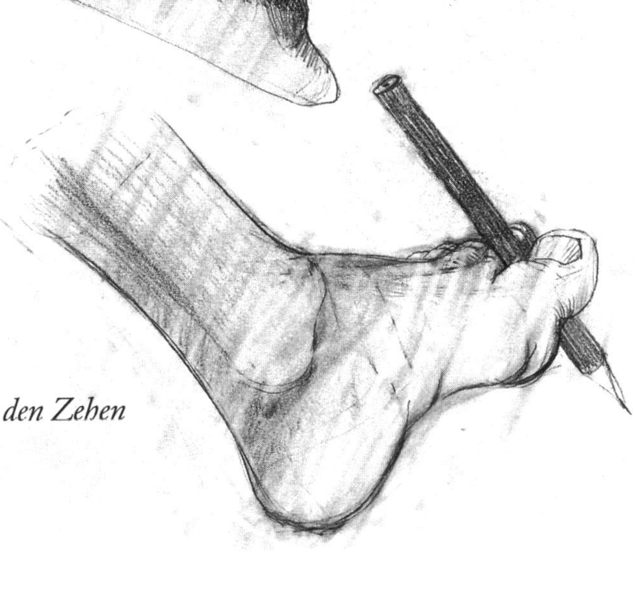

Zwischen den Zehen

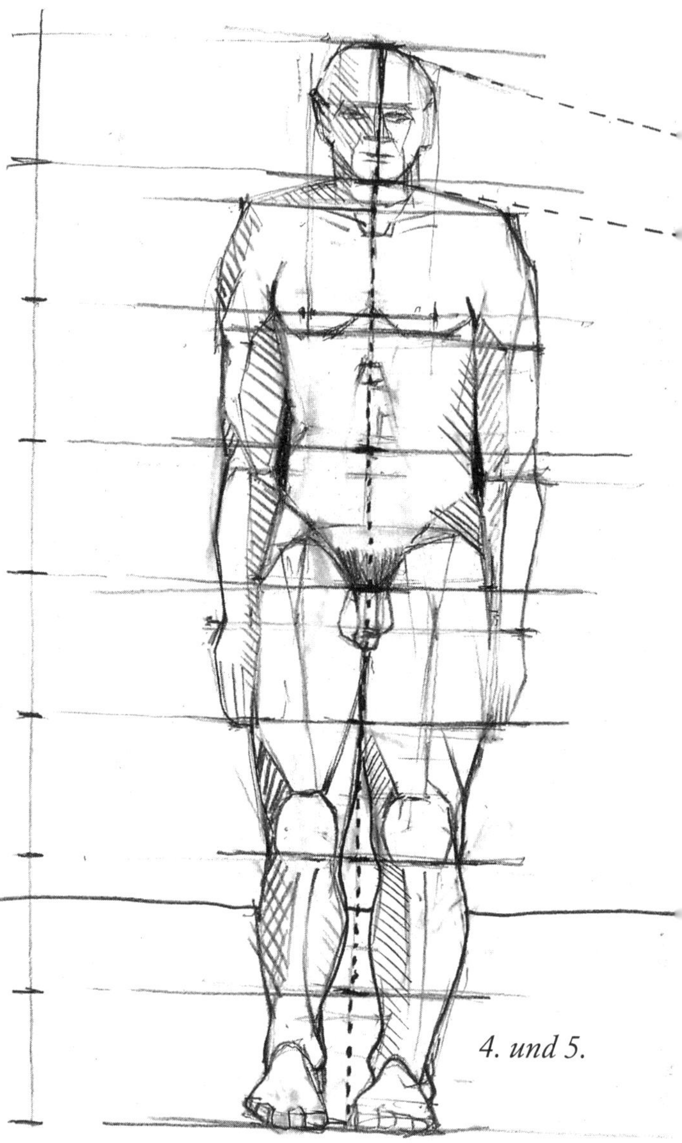

4. und 5.

Der Zeichenstift als Maßeinheit

Um unsere Beobachtungen zeichnerisch umzusetzen, gibt es eine Vielzahl von Möglichkeiten. Eine davon ist, den Zeichenstift nicht nur als Zeichengerät, sondern auch als Messinstrument zu verwenden. Mithilfe eines Rasters können Sie Ihre Zeichnung gezielter planen. Der Stift ist so ein wertvolles Hilfsmittel für alle Arten von Zeichnungen, bei denen Sie Ihre Beobachtungen zu Papier bringen wollen, seien es Landschaften, Stillleben oder Figurendarstellungen. Als Beispiel habe ich die Darstellung des menschlichen Körpers gewählt. In fast allen Ateliers von Kunsthochschulen bis zu Volkshochschulen dient dafür der Bleistift als Messinstrument.

1. Zuerst müssen Sie sich einen festen Standort suchen, damit sich Ihre Perspektive nicht verändert. Nur so bleibt Ihr Blickwinkel immer derselbe und die Maße damit exakt gemessen. Halten Sie dabei den Zeichenstift in der geschlossenen Faust, wobei der Daumen frei beweglich bleibt (siehe Abbildung).

2. Halten Sie den Zeichenstift senkrecht und deuten Sie mit ausgestrecktem Arm auf den Körper. Sie können auf diese Weise die Höhe einteilen. Beim Zeichnen einer Figur wird der Kopf als Maßeinheit zugrunde gelegt und ausgehend von der Höhe des Kopfes der gesamte Körper in acht Felder (= achtmal die Größe des Kopfes) unterteilt.

3. Die Höhe des Kopfes bestimmen Sie, indem Sie mit ausgestrecktem Arm den Bleistift ausrichten: Schließen Sie ein Auge, um Ihren Blick zu fokussieren. Das Ende des Stifts befindet sich auf einer Höhe mit dem Scheitel, mit dem Daumen markieren Sie dann den Punkt, an dem das Kinn endet. Diese Maßeinheit dient nun dazu, den Körper in weitere sieben Abschnitte zu unterteilen.

4. Um die Gesamtproportionen festzulegen, wiederholen Sie diese Vorgehensweise. Der Rumpf vom Kinn gemessen etwa drei Kopflängen und wird auf der Höhe der Brustwarzen und des Nabels jeweils in Drittel unterteilt. Ober- und Unterschenkel (angefangen ab Schritthöhe) sind jeweils etwa anderthalb Kopfhöhen lang, Füße, Fesseln und ein kleines Stück Wade bilden zusammen eine weitere Maßeinheit.

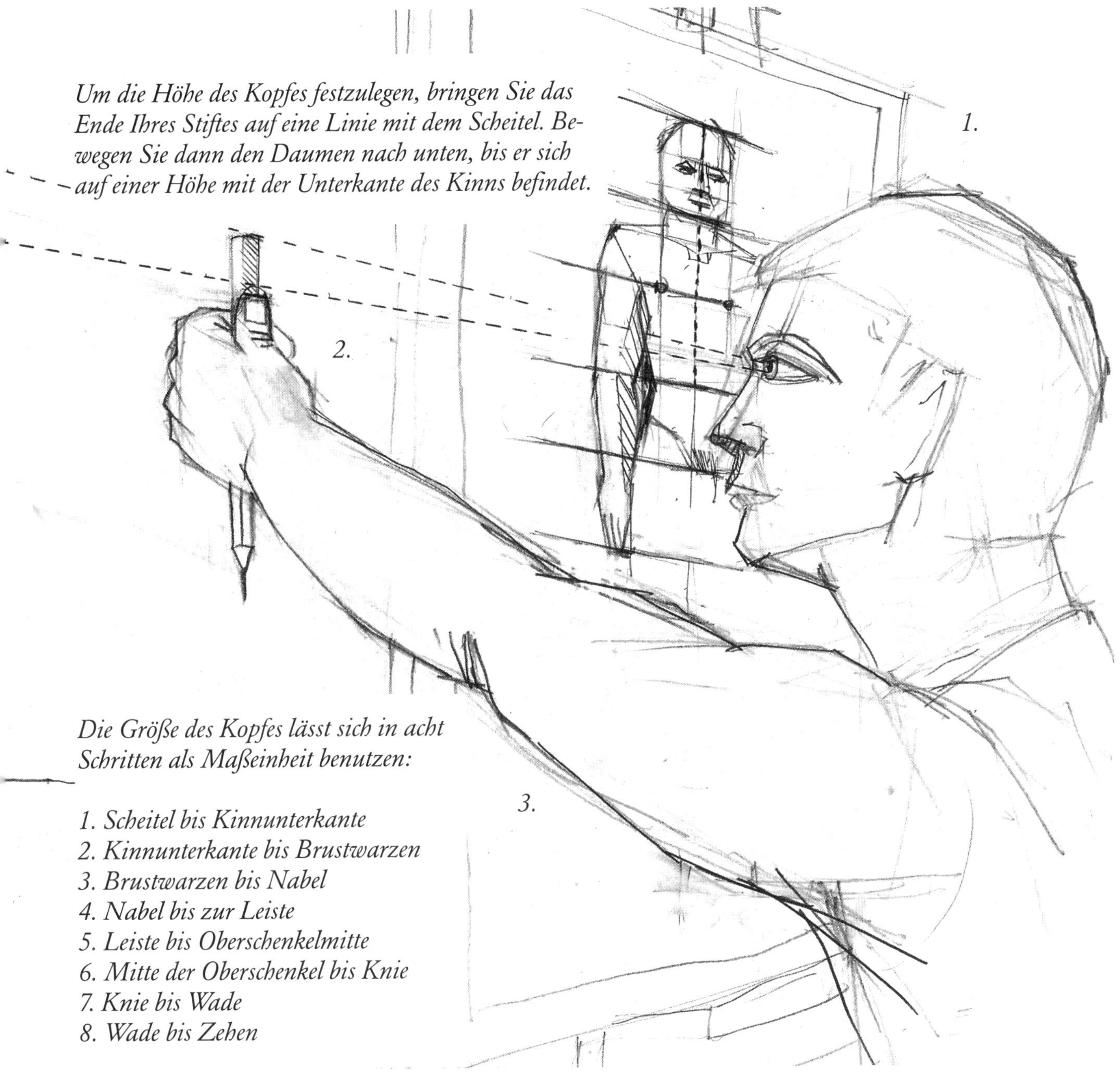

Um die Höhe des Kopfes festzulegen, bringen Sie das Ende Ihres Stiftes auf eine Linie mit dem Scheitel. Bewegen Sie dann den Daumen nach unten, bis er sich auf einer Höhe mit der Unterkante des Kinns befindet.

Die Größe des Kopfes lässt sich in acht Schritten als Maßeinheit benutzen:

1. Scheitel bis Kinnunterkante
2. Kinnunterkante bis Brustwarzen
3. Brustwarzen bis Nabel
4. Nabel bis zur Leiste
5. Leiste bis Oberschenkelmitte
6. Mitte der Oberschenkel bis Knie
7. Knie bis Wade
8. Wade bis Zehen

5. Mit diesem Verfahren können Sie auch die Breite eines Körpers festlegen. Dazu halten Sie – immer noch von Ihrem festen und unveränderten Standpunkt aus mit ausgestreckten Arm – den Stift horizontal. Erneut dient der Kopf, diesmal in seiner Breite, als Maßeinheit. Denken Sie daran, immer entlang der Grundlinie zu messen, Messungen im Winkel können die Proportionen verändern.

6. Nachdem Sie so die Proportionen des menschlichen Körpers berechnet haben, können Sie Ihre Maße zu Papier bringen. Eine Zeichnung nach den genau gemessenen Proportionen anzufertigen, ist nur sehr fortgeschrittenen Künstlern zu empfehlen. Einfacher ist es, wenn Sie Ihre Zeichnung Schritt für Schritt nach den gemessenen Einteilungen anfertigen.

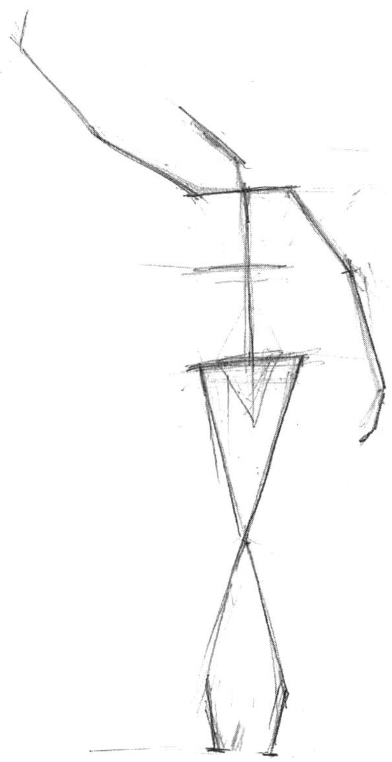

Posen

Die Haltung, die ein Modell einnimmt und die Sie abbilden, geht Hand in Hand mit den Proportionen. Haltung bezeichnet die Positionierung unseres Körpers; nimmt ein Modell eine bestimmte Haltung ein, so nennt man dies eine Pose. In den Abbildungen auf dieser Doppelseite erkennen Sie unschwer, dass die Pose sich in diagonalen Linien ausdrückt. Diese werden bestimmt von den Winkeln und Proportionen, in denen sich die einzelnen Körperteile zueinander befinden. Anhand der Pose lernen Sie, wie der dreidimensionale menschliche Körper zweidimensional auf dem Zeichenpapier wiedergegeben wird. Die Grundlinien der Pose folgen der Dynamik einer bestimmten Haltung, indem sie an den jeweiligen Eckpunkten die Bewegungen oder die Haltung des menschlichen Körpers aufgreifen.

Es lohnt sich, vorab genau zu überlegen, welche Haltung Ihr Modell einnehmen soll, denn die Pose sagt viel über die Intention Ihrer Zeichnung aus.

Durch die Verlängerung der die Körperhaltung wiedergebenden Linien können Sie diese gleichzeitig in Beziehung zu anderen Objekten im Bild setzen und so für akkurate Proportionen sorgen. Solche Haltungslinien legen die zentrale Dynamik einer Pose anhand der Bewegung der Figur fest.

Das bestimmen der Winkel

Die Pose als Körperhaltung ist untrennbar mit der Proportion verbunden. In den Beispielskizzen auf diesen Seiten können Sie erkennen, wie die Haltungslinien die Winkel bestimmen. Die Haltungslinien folgen in der Regel der zentralen Dynamik einer bestimmten Pose, die das Modell einnimmt. Im Zusammenspiel mit den Winkeln bestimmen sie die Gesamtproportion eines Körpers.

Mit dem Stift als Werkzeug lassen sich die Winkel in einer Komposition festlegen.

Analysevektoren
Wenn Sie mehrere Objekte darstellen wollen, erhalten Sie genaue Proportionen, indem Sie – wie unten abgebildet – eine Grundlinie als Achse wählen. Mittels dieser Achse können Sie das räumliche Verhältnis der verschiedenen Objekte im Bild zueinander bestimmen.

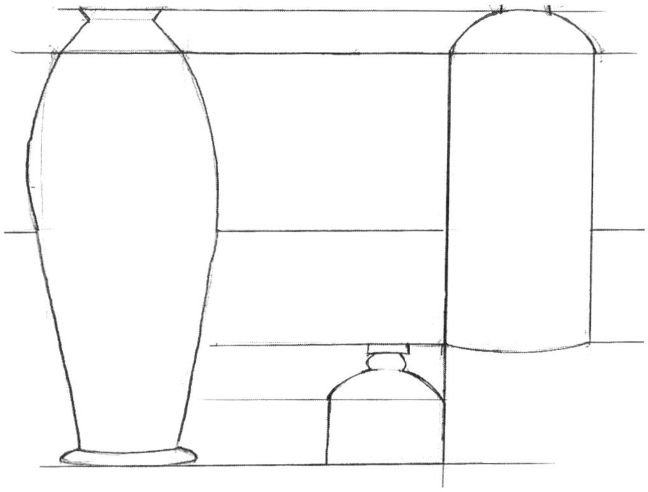

Der Ausschnittrahmen oder Sucher
Ein sogenannter Ausschnittrahmen oder Sucher ist ein großartiges Hilfsmittel bei der Komposition eines Bildes, da er Ihnen hilft, Perspektive und Proportionen genau wiederzugeben.

In den folgenden Arbeitsschritten lernen Sie, den für Ihre Arbeit passenden Ausschnittrahmen zu erstellen, mit dessen Hilfe Sie Proportionen genau übertragen können.

1. Schritt: Ziehen Sie auf Ihrem Zeichenblatt eine Diagonale von einer Ecke zur anderen.

2. Schritt: Als Nächstes bestimmen Sie, wie groß Ihre „Fensteröffnung" sein soll. Wenn Ihr Ausschnitt zum Beispiel 8 cm hoch sein soll, messen Sie diese Höhe entlang der Seite Ihres Papiers ab, beginnend am Ausgangspunkt der Diagonalen.

3. Schritt: Ziehen Sie nun seitlich eine gerade Linie bis zur Diagonalen.

4. Schritt: Von diesem Schnittpunkt aus, ziehen Sie im rechten Winkel eine Linie bis zum unteren Rand Ihres Zeichenblatts. Damit haben Sie einen proportional akkuraten Ausschnitt für Ihre Fensteröffnung erstellt.

5. Schritt: Diese Maße übertragen Sie dann auf einen Karton. Um den Ausschnittrahmen auf Ihr Papier zu übertragen, müssen Sie nur noch das Sucher-Fenster passend aus dem Karton ausschneiden.

6. Schritt: Als Nächstes unterteilen Sie Ihren Fensterrahmen und Ihr Zeichenblatt in 1/2-, 1/4- und 1/8-Abschnitte. Danach können Sie mit Hilfe Ihres Ausschnittrahmens Ihr Motiv wählen.

Die Unterteilung von Rahmen und Papier in einzelne Felder (1/2, 1/4 und 1/8) hilft Ihnen dabei, das Gesehene proportional genau auf das Papier zu übertragen.

Übungen mit dem Bleistift

Erste Überlegungen und Ideen

Zufällige Kritzeleien
Zufällige Kritzeleien sollten Sie nicht als sinnloses Gekritzel ohne Bedeutung abtun. Immerhin finden viele Künstler gerade diese Kritzeleien ihrer Kollegen häufig faszinierend, denn in ihnen offenbart sich das unbewusste Moment im künstlerischen Schaffensprozess. Sie sind – zumeist als Kugelschreiber- oder Bleistift-Kritzeleien – Ausdruck unseres Denkprozesses. Unbewusst hat fast jeder von uns schon einmal, zum Beispiel während einer Besprechung, solche Kritzeleien angefertigt. Diese Kritzeleien helfen uns über Langeweile hinweg und ermöglichen uns den Rückzug in unsere private Gedankenwelt. Oft kritzeln wir auch beim Telefonieren und machen so den Telefonblock zum Skizzenbuch. Ich bin davon überzeugt, dass in solchen Augenblicken viele Ideen geboren werden – also behandeln Sie Ihre Kritzeleien ruhig als Teil Ihrer visuellen Recherche.

Erste Beobachtungen
Während unsere Kritzeleien Ausdruck des Unbewussten sind, entstehen andere erste Skizzen bewusst. Sie basieren auf unseren Beobachtungen und sind unsere spontane visuelle Antwort auf unsere Umwelt. Viele Künstler führen ihr Skizzenbuch immer mit sich. So können Sie jederzeit den Augenblick festhalten, egal, ob es sich um eine Landschaft, ein Porträt, eine bestimmte Architektur, Licht oder Stimmungen handelt. All diese Eindrücke stoßen den Schaffensprozess an und sind ein unendlicher Fundus für Ideen. Es ist faszinierend in Skizzenbüchern zu blättern: Hier erkennt man nicht nur den Ursprung der Ideen, sondern auch die Einstellung des Künstlers zu verschiedenen Dingen.

Erste Ideen
Viele Ideen zu einer konkreten Zeichnung beginnen mit einem visuellen Brainstorming. Viele Künstler oder Designer spielen gerne mit dem Potenzial ihrer Ideen in ihren Skizzenbüchern. Sie fertigen eine Vielzahl von groben Skizzen, wobei sie ihre Ideen beständig überdenken und verändern und dabei oft bis an die Grenzen gehen. Designer sind bei ihrer Arbeit immer offen für Veränderungen, da sie die Wünsche ihrer Kunden berücksichtigen müssen. Skizzen dienen dabei quasi als Übersetzung der visuellen Gedankengänge. Das Gleiche gilt für Künstler: Bevor sich der Künstler auf ein Motiv und eine Vorgehensweise festlegt, fertigt er unzählige Skizzen an. Egal, ob sie ausgearbeitet oder unvollkommen sind und vielleicht später gar nicht gebraucht werden, in seinem Skizzenbuch werden sie für eine spätere Verwendung aufbewahrt. Auch für Anfänger ist die Vorgehensweise sinnvoll.

Die Grundlagen der Bildkomposition
Nur indem Sie Erfahrungen sammeln, lernen Sie, wie man eine Bildkomposition anlegt. Anfänger platzieren meistens intuitiv ihr Subjekt (ein Stillleben, Porträt oder ein anderes Thema) in der Bildmitte. In 90 von 100 Fällen ist diese Anordnung ein Fehler, weil so die Aufmerksamkeit nur auf eine Stelle im Bild gelenkt wird, statt dem Auge des Betrachters die Gelegenheit zu geben, im Bild umherzuwandern und dabei Details aufzunehmen. Eine Komposition, die ihren Schwerpunkt in der Bildmitte hat, wirkt schnell steif und uninteressant.

In den folgenden Beispielen sehen Sie, wie man mit einem harten Bleistift Formen zeichnet, die als Vorarbeit für eine gute Bildkompo-

Erste Übungen
und Kritzeleien

sition dienen, indem sie auf dem Papier in Beziehung zueinander gesetzt werden.

Manchmal kommt der Eindruck von Bewegung auf dem Papier intuitiv zustande. Häufiger aber werden Sie einen Künstler dabei beobachten, wie er einen Schritt von seiner Staffelei zurücktritt, mit ausgestrecktem Arm gestikuliert und den Kopf zur Seite legt und Arm oder Daumen wie ein Maßband hochhält – das sind die Momente, in denen der Künstler seine Komposition entwickelt.

Rhythmus kennen wir aus anderen Formen der Kunst wie Musik, Tanz oder Lyrik. Er ist der Herzschlag, der die künstlerische Arbeit zusammenhält. Auch eine Zeichnung kann einem Rhythmus folgen. Wir erzeugen ihn, indem wir uns harmonisch von einer Seite unserer Komposition zur anderen vorarbeiten. Der Rhythmus einer Zeichnung offenbart sich in der Verwendung der Farben, ihrer Tonwerte, in ihrer Größe und der Linienführung. Hier geht es uns aber zuerst einmal um den Rhythmus in der Formgebung.

Eine ausgewogene Anordung

In jedem Bild gibt es ein Spannungsgefüge: Bildelemente, die im Gegensatz zueinander stehen, um sich dann wieder miteinander zu verbinden. Bei einer gelungenen Komposition spricht man von einer bildlichen Synthese oder gelungenen Bildanordnung. Wenn Sie einmal die klassischen Kunstwerke – insbesondere Landschaftsdarstellungen von William Turner bis Nicolas Poussin betrachten – werden sie dieses Element im Überfluss entdecken.

Bewegung

Es kann nicht genug betont werden, wie wichtig die Bewegung im Bild ist, denn sie schafft Dynamik. Formen und andere Bildelemente helfen uns, den Eindruck von Bewegung zu erzeugen.

So kann der Künstler das Auge des Betrachters in das Geschehen in seinem Bild einbinden: Das Auge bewegt sich über das Bild, hält an einer bestimmten Stelle inne, um dann weiter zu wandern, in die Ferne zu blicken und schließlich wieder zu seinem Ausgangspunkt zurückzukehren. Beim Betrachter vollzieht sich dieser Prozess, der nur wenige Sekunden dauert, meistens unbewusst.

Natürlich gibt es neben der Bewegung (oder Bewegungsrichtung) noch weitere Stilmittel, mit denen der Künstler – bewusst oder unbewusst – den Betrachter dazu bringt, sein Bild „zu lesen“. Um einen eher expressiven Ausdruck zu erzeugen, wird der Künstler sich bei seiner Komposition nicht für harmonische Bewegungen und Abfolgen entscheiden, sondern – im Gegenteil – bewusst Brüche und Dissonanzen einbauen.

Zeichenanfänger neigen dazu, ein Objekt isoliert in einem leeren Raum wiederzugeben, so als ob es im Raum schweben würde. Um eine Identität zu erlangen und sozusagen zum Betrachter zu sprechen, braucht ein Objekt aber einen umgebenden Raum. Dies erreichen Sie, wenn Sie das gewählte Thema (vom Stillleben bis zur Landschaftsdarstellung) in einen Bildkontext einbetten und den umgebenden Raum ebenfalls zeichnen.

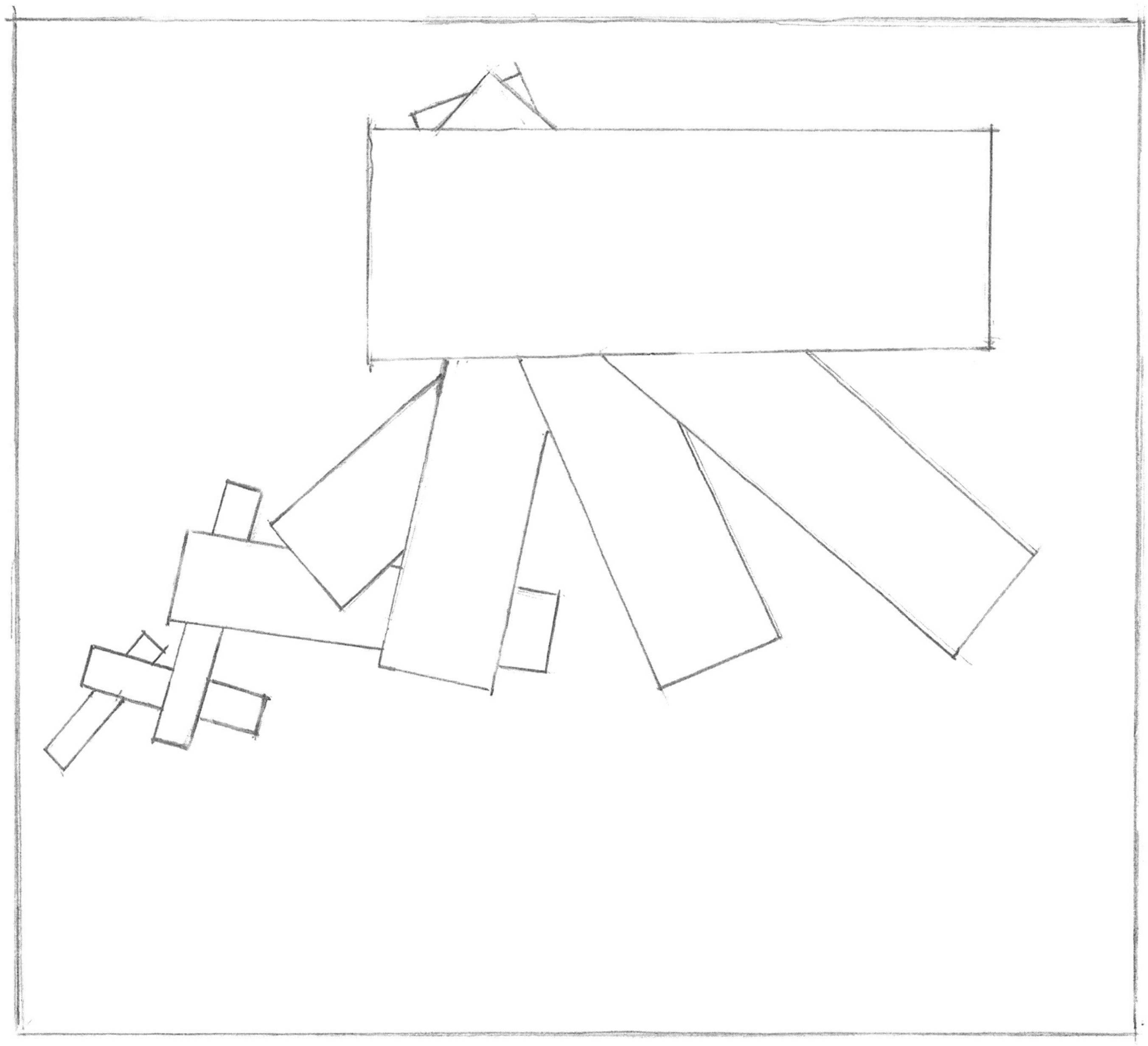

Diese sehr einfache Komposition besteht nur aus einer sich wiederholenden Form, und doch vermittelt sie ein Gefühl von Räumlichkeit. Wir erkennen eine gewisse Ordnung; unser Blick kann sich frei durch die Komposition bewegen. Keine Mehrdeutigkeit unterbricht ihren Fluss. Durch das Überlappen der Form entsteht der Eindruck von Bewegung, so als würden sich die Formen in einer bestimmten Ordnung von oben nach unten bewegen. Indem die Formen zum unteren Bildrand hin kleiner werden, erhält das Bild eine räumliche Perspektive. Die Abfolge der Formen erinnert fast an den Minutenzeigers einer Uhr.

Übungen mit einem harten Bleistift

Die Übungen und Beispiele auf diesen Seiten führen Sie in das Arbeiten mit harten Bleistiften ein. Mit harten Bleistiften lassen sich feine und präzise Linien ziehen. Wie Sie diese Linienführung einsetzen können, um Ihre Ideen und Beobachtungen auszudrücken, sehen Sie auf dieser Doppelseite.

Zuerst sollten Sie einmal das Potential harter Bleistifte als Medium ausloten – so bekommen Sie ein Gefühl für die unterschiedlichen Strichstärken harter Bleistifte. In gewisser Weise lassen sich solche Übungen mit dem Aufwärmen bei Sportlern vor dem Training oder Wettkampf vergleichen - solche „Lockerungsübungen“ erleichtern es Ihnen, sich auf die vor Ihnen liegende Aufgabe zu konzentrieren.

Danach können Sie im nächsten Schritt dazu übergehen, mit Form, Raum und Konzeption zu experimentieren: eine Übung, die Ihnen hilft, Ihr Gespür für den Aufbau einer Komposition zu entwickeln. Nach und nach verbessern Sie so Ihr Gefühl für die einzelnen Elemente einer Komposition (wie Harmonie, Balance, Rhythmus und Bewegung) und dafür, wie sich mit diesen Elementen die Blickrichtung des Betrachters steuern und sich das Bild als Ganzes interpretieren lässt.

Den Abschluss bilden theoretische Überlegungen und praktische Übungen zur grafischen Darstellung und zum perspektivischen Zeichnen. Sie werden sehen, wie Sie Ihr künstlerisches Repertoire um die Grundlagen des perspektivischen Zeichnens erweitern bzw. ergänzen können.

Bleistifte der Stärken 6H, 5H und 4H

Die Strichstärken von Bleistiften dieser Härtegrade ähneln einander sehr. Die feinen und harten Linien eignen sich vor allem für präzise Zeichnungen mit klar umrissenen Konturen, wie zum Beispiel Architekturzeichnungen. Ich persönlich verwende sie nicht, um Tonalität zu erzeugen, weil mit ihnen nur begrenzt

Kontraste geschaffen werden können. Aber in der Kunst gibt es keine festen Regeln, und wenn Sie den Eindruck haben, dass Ihnen das Arbeiten mit harten Bleistiften mehr liegt, lassen Sie sich durch nichts davon abhalten. Sie selbst müssen entscheiden, mit welchen Mitteln und was genau Sie mit der Zeichnung zum Ausdruck bringen möchten.

Bleistifte der Stärken 3H, 2H, H und HB
Mit diesen Stiften lassen sich immer noch sehr feine Linien ziehen, gleichzeitig wird die Strichstärke aber markanter, was einer Zeichnung in der Regel mehr Dynamik und Leben verleiht. Bleistifte in diesen Stärken eignen sich hervorragend, um erste Überlegungen oder Kritzeleien aufs Papier zu bringen.

Gestalt und Form

In diesem Kapitel geht es um die geometrischen Grundformen und wie Sie diese perspektivisch darstellen können.

Ihrer Definition nach hat eine Form, die flach (also zweidimensional) abgebildet ist, bestimmte Begrenzungslinien ihres Umfangs. Ein räumlicher Eindruck entsteht erst dann, wenn Formen zueinander in Beziehung gesetzt werden. Das Zeichnen von Formen – Quadrat, Kreis, Dreieck, Rechteck und organische Formen – ist eine für den Zeichenschüler nützliche und unverzichtbare Übung. Sobald man die Grundformen sicher wiedergeben kann, geht es im nächsten Schritt darum, sie perspektivisch darzustellen, indem man zum Beispiel einen zweidimensionalen Kreis wie eine dreidimensionale Kugel aussehen lässt, ein Dreieck in einen Kegel oder ein Rechteck in einen Zylinder verwandelt.

Bleistifte der Stärken 6H bis HB

Als Erstes sollten Sie einfach nur geometrische Formen zeichnen, deren Aussagekraft sich allein durch die Positionierung auf dem Zeichenblatt und im Zusammenspiel miteinander entwickelt. Die Form ist die Basis jeder Komposition, in ihr verbinden sich Harmonie, Ausgewogenheit, Rhythmus, Bewegung und räumliche Tiefe eines Bildes. Als Grundelemente der Bildkomposition halten sie das Bild zusammen und erzeugen zugleich in ihrer Wechselwirkung die Dynamik, die die Ausdruckskraft eines Bildes ausmacht. Beispiele für diese Wechselwirkung sehen Sie in den Skizzen auf dieser Doppelseite.

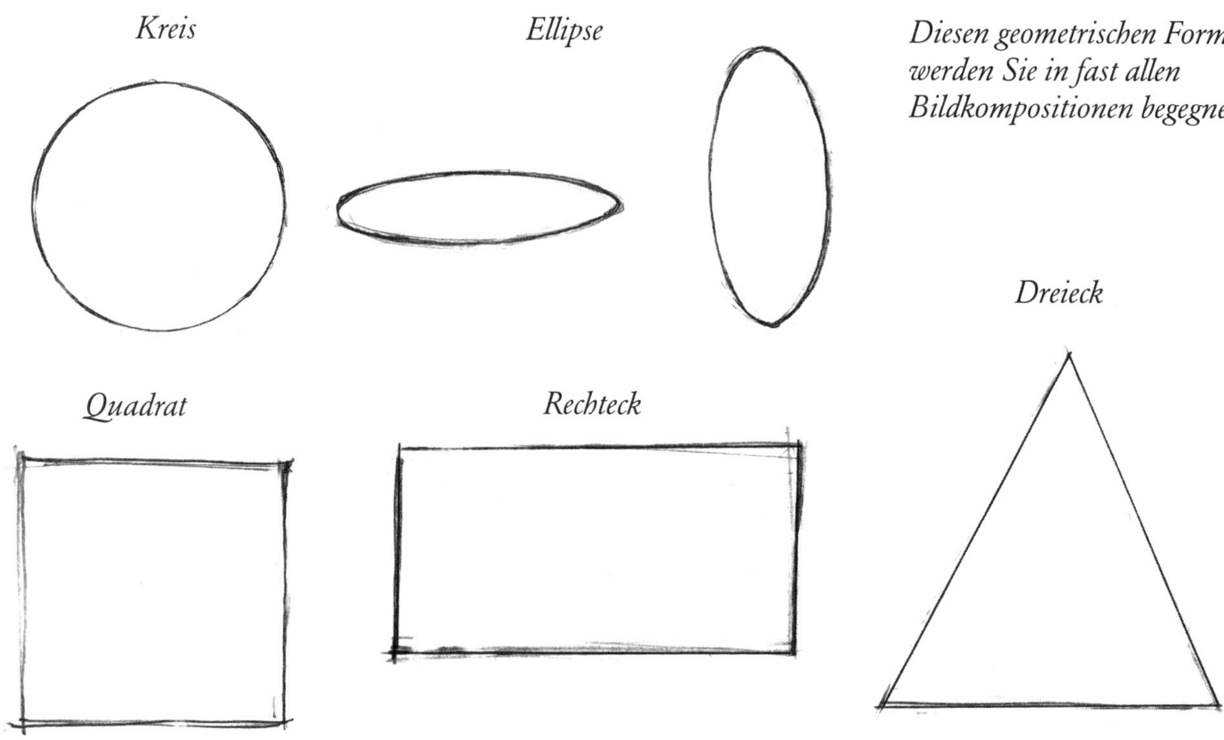

Diesen geometrischen Formen werden Sie in fast allen Bildkompositionen begegnen.

Der Form Gestalt verleihen

Versuchen Sie einmal, den geometrischen Grundformen eine dreidimensionale Gestalt zu geben: So wird der Kreis zur Kugel, das Dreieck zum Kegel oder das Rechteck zum Zylinder. Dabei lernen Sie die den Formen innewohnenden Eigenschaften kennen und wie Künstler sie bei ihren Bildkompositionen einsetzen. Ein Gefühl dafür, wie man der Form Gestalt verleiht, ist unabdingbar für ein gelungenes Kunstwerk.

Vom Kreis zur Kugel

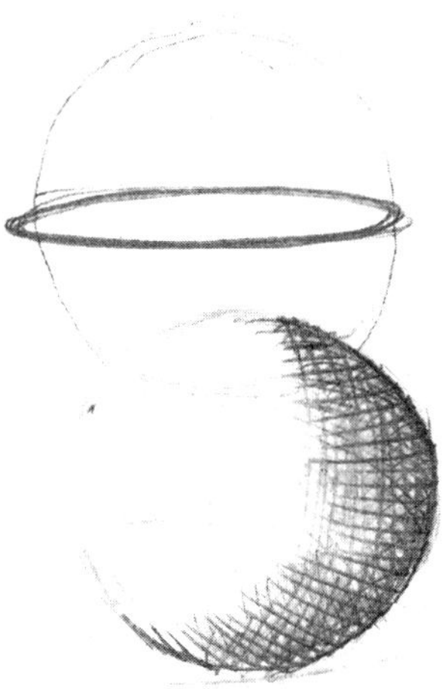

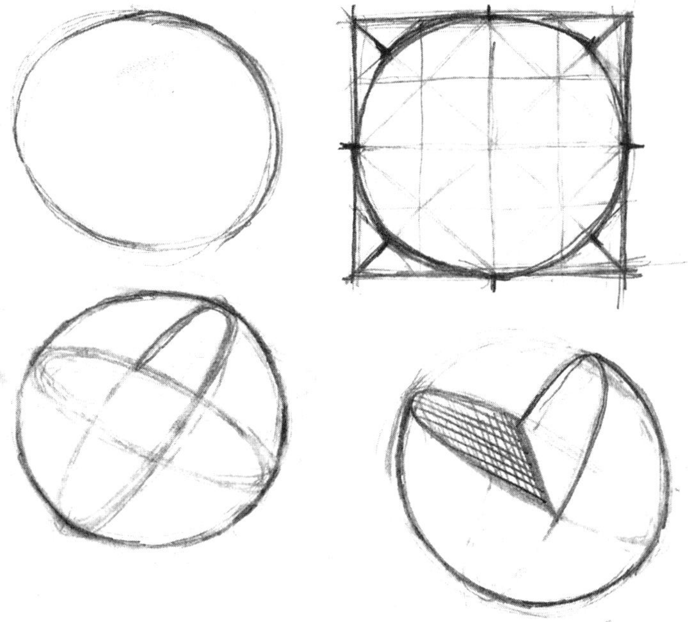

Kugel im Querschnitt

Vom Quadrat zum Würfel

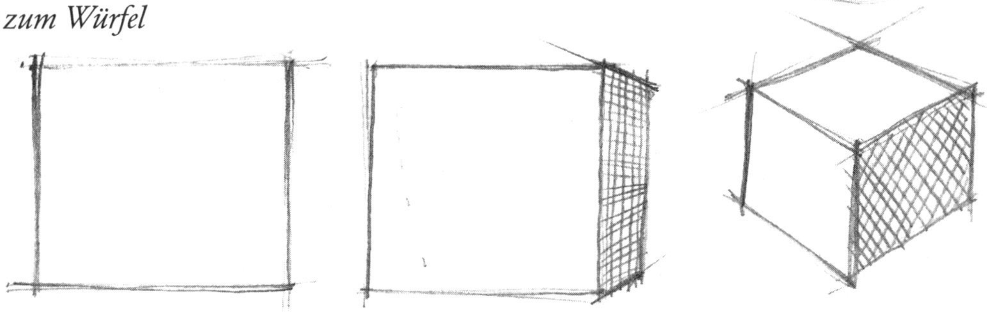

Kreuzschraffur

Vom Dreieck zum Kegel

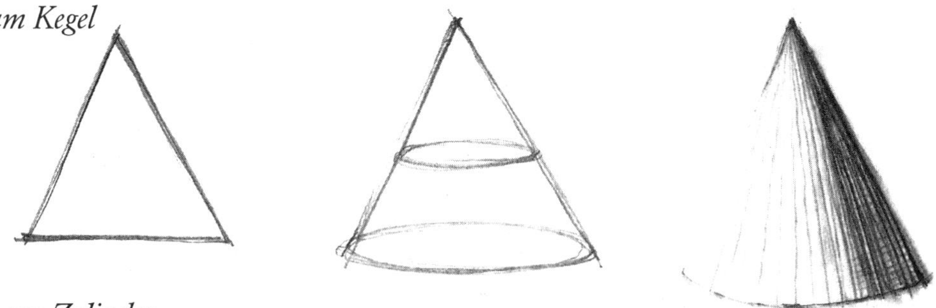

Vom Rechteck zum Zylinder

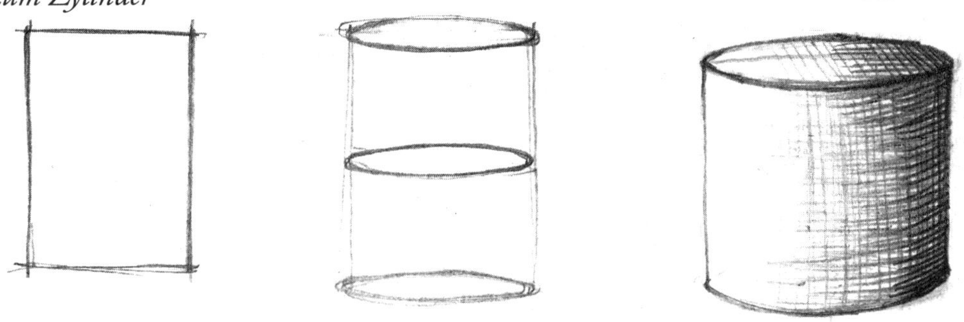

Die Positivform

Als Grundelement fast jeder Bildkomposition ist die Positivform von besonderer Bedeutung. In diesem Beispiel nach Kasimir Malewitsch ist es einzig die Form, die dem Bild den Eindruck von Ordnung, Ausgewogenheit, Rhythmus, Bewegung und Raum verleiht. Malewitschs Darstellung lässt sich mit Théodore Géricaults berühmten „Floß der Medusa“ vergleichen. Beiden Bildern liegt als Basisform ein Dreieck zugrunde, welches das Auge des Betrachters zur oberen Ecke des Bildes zu ziehen scheint und die Zeichnung zusammenhält. Alle Aktivität im Bild dreht sich um diese Grundform und führt den Blick

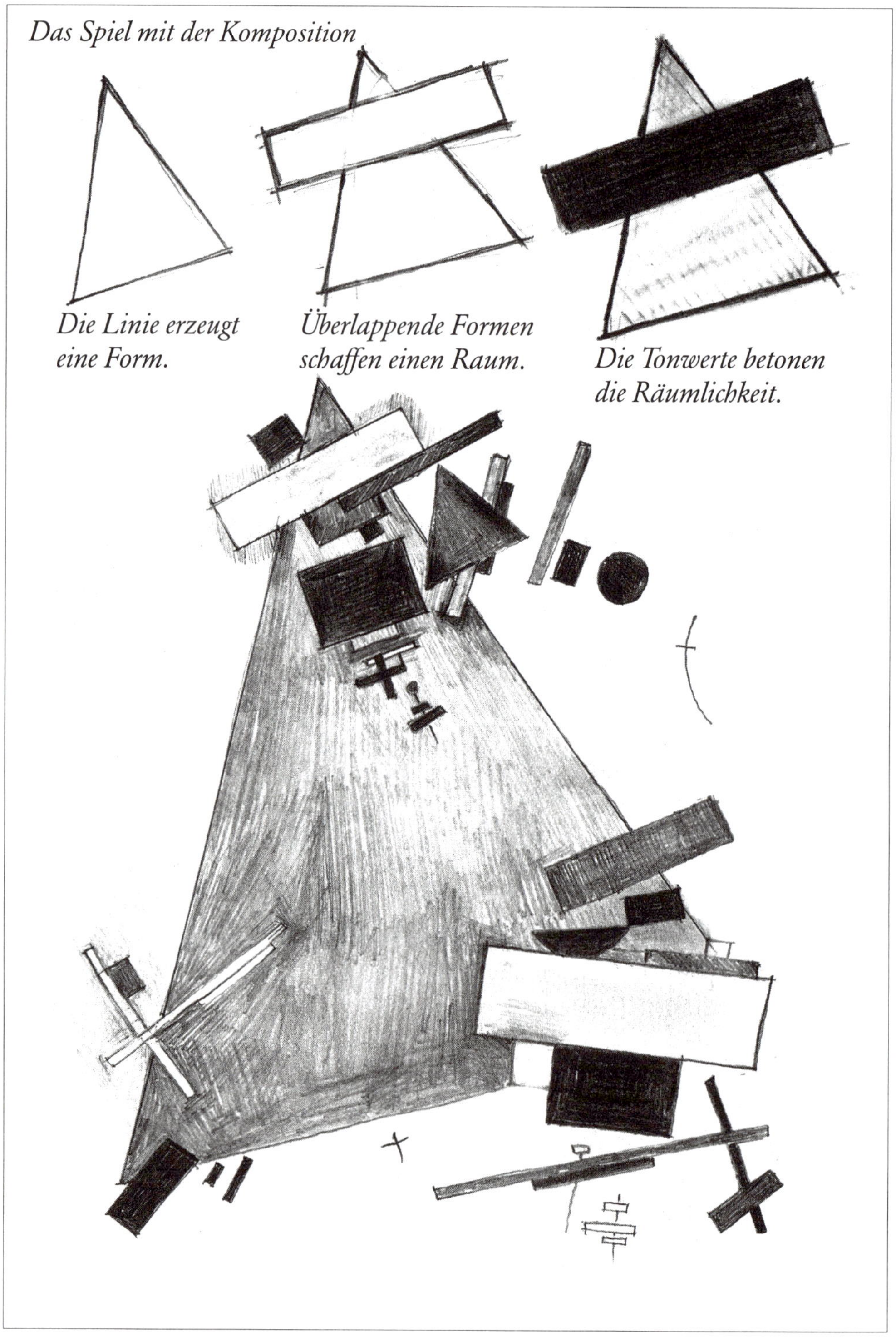

Das Spiel mit der Komposition

Die Linie erzeugt eine Form.

Überlappende Formen schaffen einen Raum.

Die Tonwerte betonen die Räumlichkeit.

Malewitsch

durch das Bild, von unten nach oben und hin und her. Der freie Raum in der Mitte vermittelt dem Betrachter die Illusion von Bewegung im Bild, auch bedingt durch die unterschiedlich intensiven Grautöne und Größen der Formen. Mittels überlappender Formen wird ein räumlicher Eindruck geschaffen.

Diese Zeichnung nach Joan Miró vermittelt einen ganz anderen Eindruck als die nach Malewitsch. Hier wirkt das Ganze fantasievoller, fast schon wie ein Traum. Die organische Formgebung und die ausgearbeiteten Oberflächen bewirken, dass sich das Bild vor unseren Augen auszudehnen scheint.

Miró

Die Negativform

Bei den Kopien nach Malewitsch und Miró handelt es sich um Beispiele für eine Positivform, also einen konventionellen Bildaufbau, was Form und Platzierung des Bildgegenstandes betrifft. Eine andere Vorgehensweise, um das Verständnis der Form zu vertiefen, ist das Arbeiten mit der Negativform. Dabei zeichnen Sie nur die Randlinien der Positivform, also nicht den Bildgegenstand. Das Einbeziehen des negativen Raums (oder „Leerraums") hilft, die Beziehung der einzelnen Objekte im Bildraum besser zu verstehen.

Sonnenblumen nach van Gogh

Wenn Sie die berühmten Sonnenblumen Vincent van Goghs betrachten, erkennen Sie, welche Rolle hier die Form spielt. Die Negativform (hier also der komplette Umriss des Sonnenblumenstraußes samt Vase) ist in dieser Komposition genauso bedeutend wie die Blumen selbst. Der Umriss untermauert die Komposition, indem das Dargestellte im Bildkontext verankert wird, und erzeugt so den Eindruck von Harmonie, Ausgewogenheit, Proportion und Rhythmus.

In den beiden Beispielen auf der gegenüberliegenden Seite sehen Sie die ersten beiden Schritte zur Negativform in denen der Bezug des Bildgegenstands zu seiner Umgebung definiert wird.

Um es selbst einmal auszuprobieren, können Sie ein Stillleben auf einem Tisch vor einer Wand positionieren. Setzen Sie sich davor und bewaffnen Sie sich mit Papier, Stift und Radierer. Nun nehmen Sie Ihren Ausschnittrahmen als Sucher und rahmen Ihr Stillleben ein. Dann können Sie die Komposition Schritt für Schritt als Negativform auf Ihr Zeichenblatt übertragen.

Schritt für Schritt

Im ersten Beispiel sehen Sie, dass die Silhouette der Blumen übertragen wurde. Dazu starten Sie am besten in der äußeren linken Ecke Ihres Zeichenpapiers. Ziehen Sie dann die Linie langsam nach rechts, indem Sie der gedachten Linie des Tischs, dort, wo er die Wand berührt, folgen. Legen Sie fest, wie weit die Linie geht, bevor sie auf die Vase trifft. Dazu können Sie einen Blick durch Ihren Ausschnittrahmen werfen. Bedenken Sie, dass Ihr Blickwinkel durch den Rahmen immer der Gleiche sein muss, damit es nicht zu perspektivischen Verzerrungen kommt. Ihr Ausschnittrahmen sollte in 1/2-, 1/4- und 1/8-Felder unterteilt sein. Und auch Ihr Zeichenblatt sollte die gleiche Unterteilung aufweisen. So können Sie wie auf einer Landkarte die genaue Position der einzelnen Elemente bestimmen.

Dank der proportionalen Einteilung können Sie festlegen, wie weit die erste horizontale Linie ins Bild führt. Lassen Sie uns einfach annehmen, die Länge beträgt ein Viertel der gesamten Breite. Mit Hilfe Ihres Ausschnittrahmens können Sie diese Länge nun auf das Zeichenblatt übertragen. Am errechneten Endpunkt trifft die Linie auf die Vase. Auf dieselbe Art bestimmen Sie die Höhe der Linie, die nach oben hin der Vase folgt: zuerst ein Blick durch Ihren Ausschnittrahmen, dann die Berechnung des proportionalen Verhältnisses und schließlich die Übertragung aufs Zeichenblatt, bis schließlich Ihre Linie auf der rechten Seite wieder auf der Höhe der Tischkante endet und aus dem Bild herausführt.

In Beispiel 2 beginnen Sie an derselben Stelle wie in Beispiel 1, jedoch beschreibt hierbei Ihre Linie einen um das untere Ende der Vase nach unten gezogenen Bogen und folgt der Kontur der Vase, bis sie wieder auf die horizontale Linie trifft. Dieser Schritt sollte Ihnen leichter fallen, da Sie bereits die erste Linie gezogen haben. Die Darstellung in Beispiel 2 besteht jetzt aus drei Teilen, vergleichbar einem einfachen Puzzle. Der erste Teil umfasst die obere Hälfte der Silhouette, der zweite den unteren Teil und der dritte die Gesamtkonturen der Komposition, also Vase und Blumen.

Im nächsten Schritt (siehe Beispiel 3) werden nun die kleineren oder sekundären Bereiche der Negativform gezeichnet. Diese zeigen sich

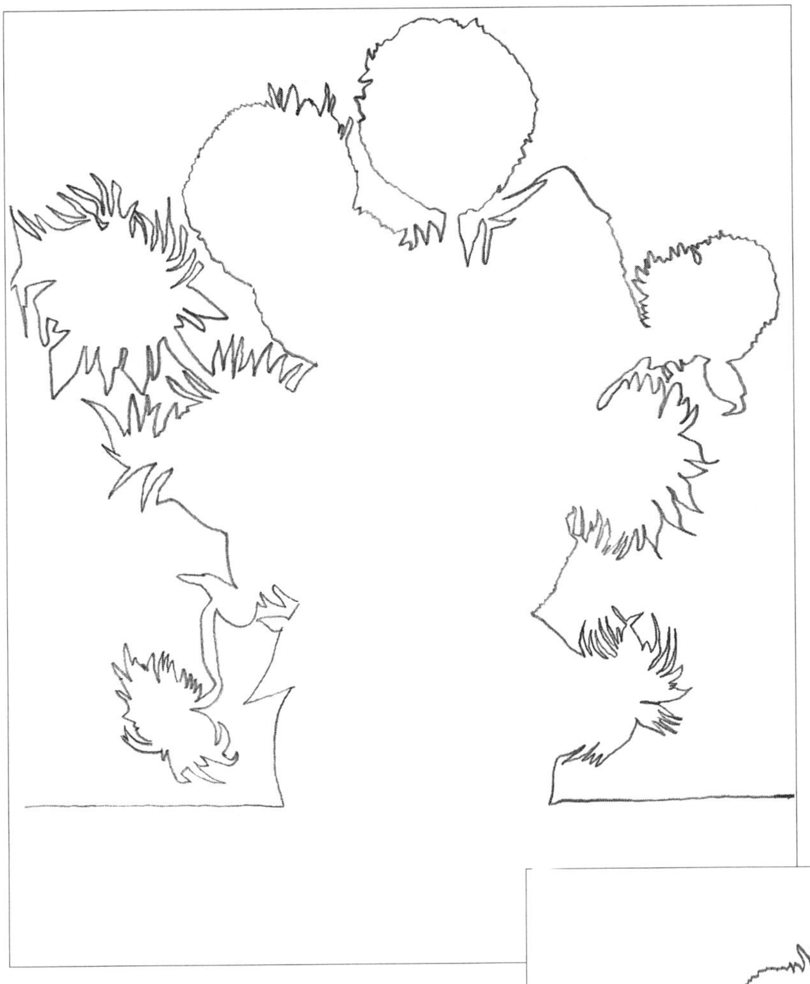

1. Schritt

2. Schritt

als Lücken, die zwischen den einzelnen Blumen aufscheinen. Mit diesem Arbeitsschritt vollenden Sie die Wiedergabe des negativen Raums. Jetzt offenbart sich auch die Bedeutung dieser Vorgehensweise, weil so der räumliche Kontext des Stilllebens festgelegt wird. Anders ausgedrückt: Die Objekte werden im Bildraum verankert, wodurch vermieden wird, dass sie auf dem Papier schweben. In der Endzeichnung können Sie das Stillleben vervollkommnen, indem Sie zuerst die einzelnen Blüten, Blätter und Stile ausarbeiten, ihnen Farb- oder Grautöne zuweisen und die Oberflächen gestalten (mehr dazu finden Sie in den Kapiteln über Tonwerte und Oberflächen). Ihre fertige Arbeit basiert letztlich auf vielen einzelnen visuellen Elementen. Ein weiteres Beispiel für den Aufbau einer Negativform finden Sie in dem Kapitel über Kohlezeichnungen.

3. Schritt

Die fertige Zeichnung

Von der Form zur Gestalt

Ein einfacher Weg, Formen eine Gestalt zu geben, ist das Arbeiten mit Schatten. In dem Beispiel einer Zeichnung nach Pablo Picasso (S. 45) sehen Sie, wie durch den Einsatz von Schatten ein dreidimensionaler Eindruck entsteht. Picasso hat durch Schattierungstechniken seinen Formen den Eindruck von menschlichen Gestalten und damit Charakter und Leben verliehen. Dabei hat der Künstler Kreuzschraffur, gestrichelte gerade und abgerundete kurze Striche zum Erzielen von Tiefenwirkung eingesetzt. All diese Techniken greifen stringent das Potenzial der Form auf und entwickeln es weiter. Die Beispiele auf dieser Doppelseite demonstrieren, welche Schattierungen zu welchen Formen passen.

Ein Beispiel für Formgebung durch Tonwerte nach Giorgio Morandi

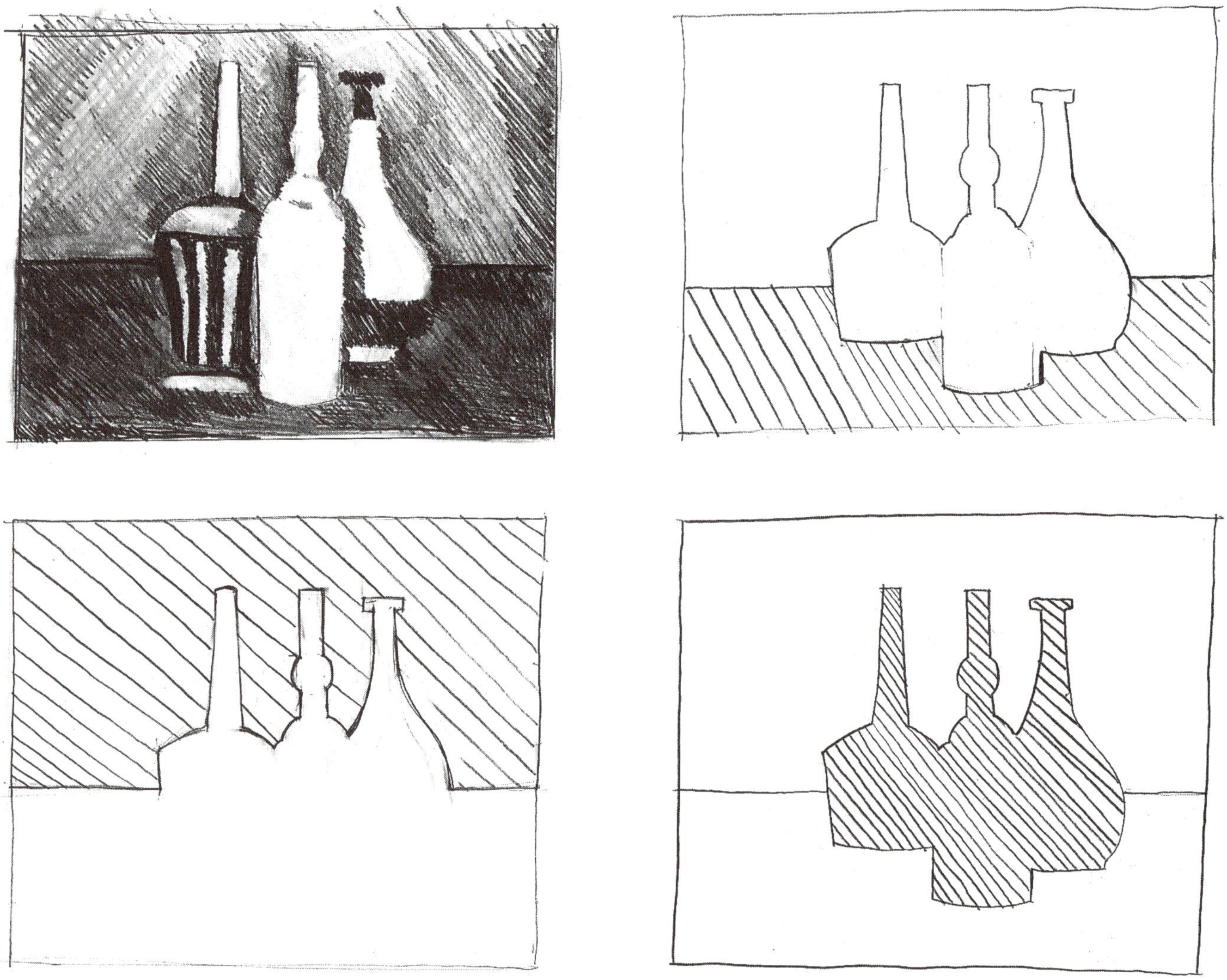

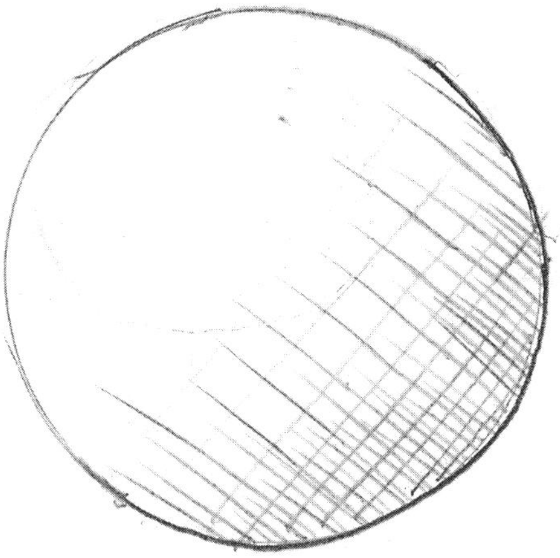

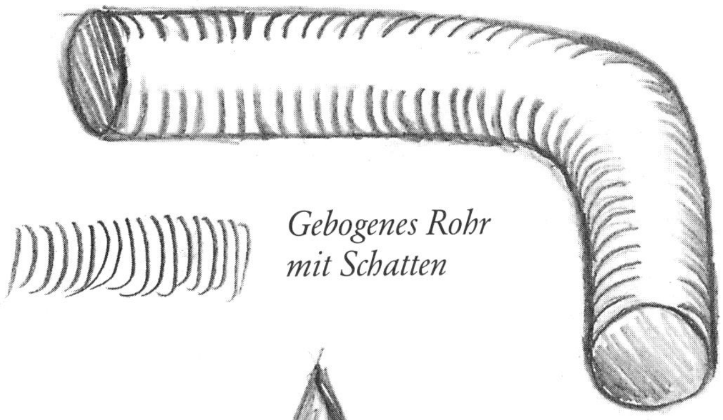

Gebogenes Rohr mit Schatten

Kreuzschraffur macht aus einem Kreis eine Kugel mit Raumwirkung.

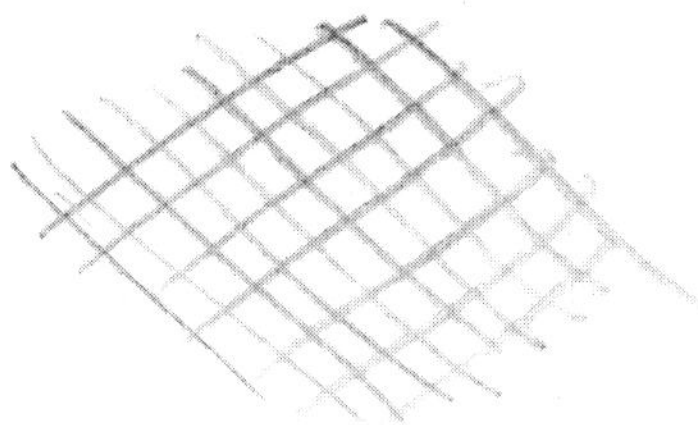

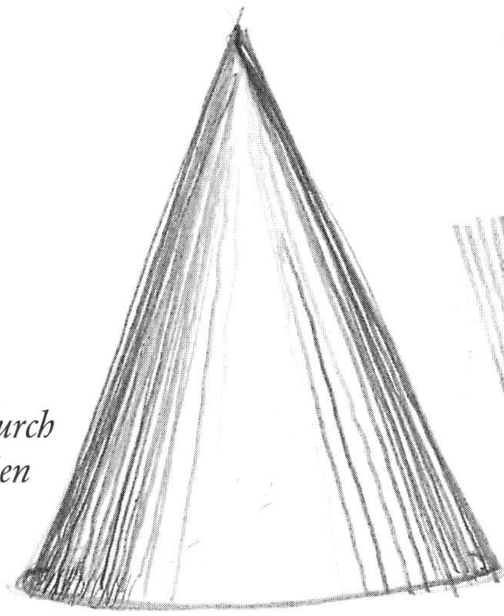

Schattierung durch diagonale Linien

Nach Picasso

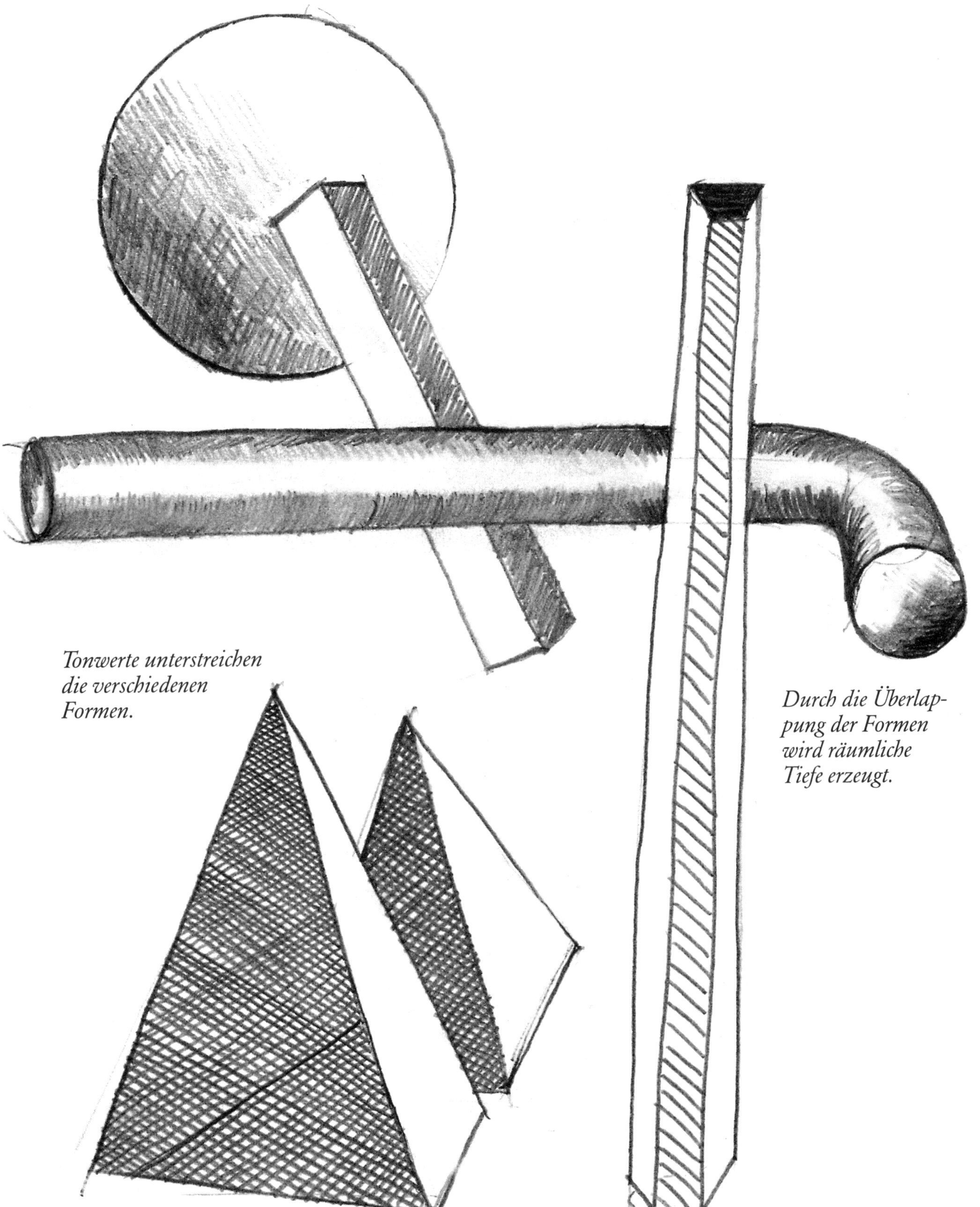

Tonwerte unterstreichen die verschiedenen Formen.

Durch die Überlappung der Formen wird räumliche Tiefe erzeugt.

Hier sehen Sie, wie unterschiedliche Schatten den verschiedenen Formen Leben verleihen. Auch wenn unterschiedliche Techniken gewählt wurden, so folgen doch alle Schattierungen der Oberfläche oder der Kontur der Form.

Das Spiel mit der Komposition: Organische Formen

Bleistift der Stärke 2B

In dieser Zeichnung nach Joan Miró fließen die organischen Formen ineinander. Dieses harmonische Ineinanderübergehen wird erzeugt, indem sich verschieden gestaltete Oberflächen überlagern. Alle Elemente einer gelungenen Komposition, die Sie schon auf den vorangegangenen Seiten kennengelernt haben, finden sich auch hier. Der Unterschied liegt einzig in der Wahl organischer Formen. Die Zeichnung scheint lebendig zu sein und stetig weiter zu wachsen, was ihr eine fast traumartige Dimension verleiht.

Einander überlappende Formen, sowohl texturiert als auch flächig, erzeugen einen räumlichen Eindruck.

Schritt für Schritt:
Das Zeichnen eines Kopfes

Der Erfolg des Porträts, das auf den beiden folgenden Seiten gezeigt wird, basiert auf seinem Raumeindruck. Für diese Übung in sechs Schritten habe ich einen Bleistift der Stärke 2B und kartoniertes Papier verwendet, aber Sie können auf jedes Medium bzw. Papier zurückgreifen. Das Zeichnen von Ellipsen, Zylindern oder Ovalen ist eine gute Vorübung.

1.

Das Vorgehen

1. Zuerst zeichnen Sie ein Oval. Versuchen Sie dabei, sich nicht auf die exakten Abmessungen zu konzentrieren, sondern die Eiform in einer freien ausgreifenden Bewegung zu Papier zu bringen. Diese Form wird dann mehrfach wiederholt, wobei Sie einfach – genau wie ich es getan habe – das erste Oval übermalen. Dann folgt eine Ellipse, wie in der Zeichnung links, so erhält die Form eine erste Gestalt.

2. Den Nacken erhalten Sie, indem Sie an das untere Ende der Eiform einen Zylinder ansetzen.

3. Als nächstes wird die Kontur des Hinterkopfs ergänzt. Indem Sie die Ellipse erweitern, bis sie auf diese Kontur trifft, wird aus der Kopfform ein Schädel. Diese Linien nennt man Querschnittslinien. Mit Hilfe solcher Querschnittslinien wird zum einen der Eindruck räumlicher Tiefe erzeugt, zum anderen sind sie ein wertvolles Hilfsmittel, um ein visuelles Gespür für die Form des Vorder- und Hinterkopfs bzw. der Seitenansicht zu bekommen.

2.

3.

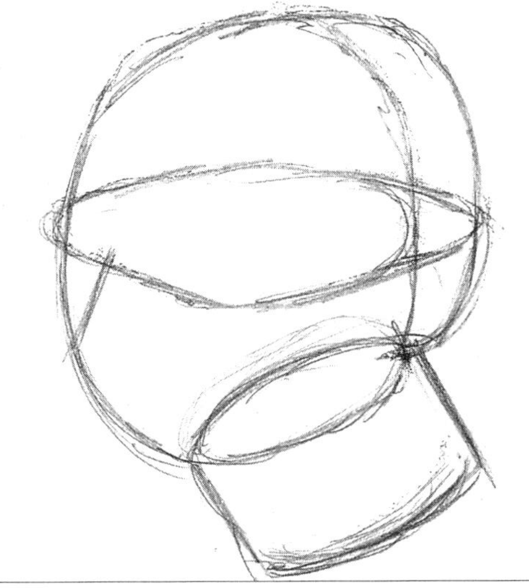

4. Für das eigentliche Gesicht sollten Sie zuerst Hilfslinien anlegen. Dazu ziehen Sie in Stirnhöhe eine leicht abschüssig verlaufende Linie, gefolgt von zwei parallelen Linien, die in einem minimalen Winkel nach unten führen. Damit haben Sie das Gesichtsfeld für Nase, Augen und Kinn bestimmt. Ausgehend von diesem Feld ziehen Sie dann zwei weitere Linien. Die erste Linie führt vom oberen Ende des Gesichtsfelds nach hinten: Dort liegen die Augen. Eine zweite Linie führt vom unteren Ende des Gesichtsfelds in einer leichten Aufwärtsbewegung nach hinten und entspricht dem Kinn.

Um die vorstehende Nase zu zeichnen, gehen Sie zurück zu Ihrer waagerechten Linie in Stirnhöhe und ziehen etwa in der Mitte zwei parallele Linien in einem Winkel von etwa 30 Grad nach unten. Abschließend können Sie seitlich davon ein kleines Dreieck für den Nasenflügel einzeichnen.

5. Kreise markieren die Augenhöhlen: Den ersten Kreis positionieren Sie links der Nase, den zweiten rechts der Nase.

6. Nachdem Sie in fünf Schritten die Grundform des Kopfes geschaffen haben, verfügen Sie über die Basis, die Sie nun nach Belieben um die jeweiligen Charakteristika der Person, die Sie porträtieren wollen, ergänzen können. Dabei sollten Sie diese Zeichnung mit Ihren Hilfslinien nicht gänzlich überzeichnen oder gar ausradieren, denn die Grundskizze ist eine wertvolle Hilfe für die weitere Komposition und verstärkt zudem den lebendigen Eindruck.

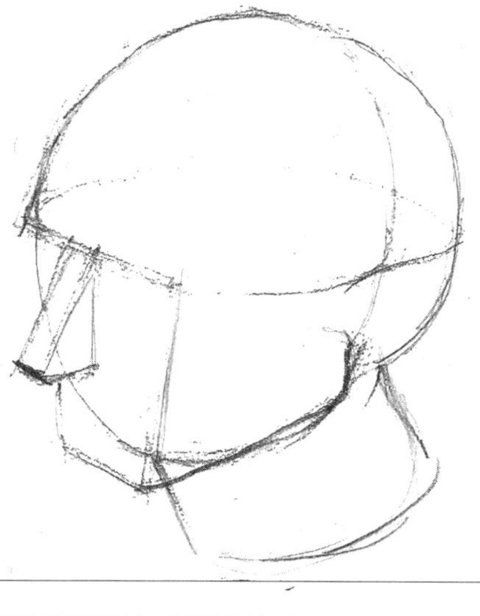

4.

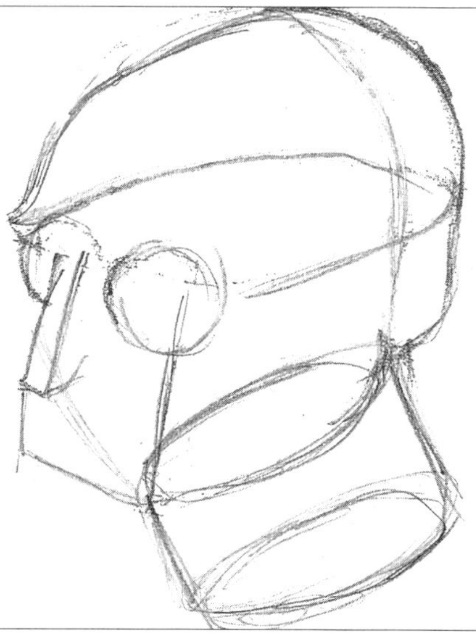

5.

6.

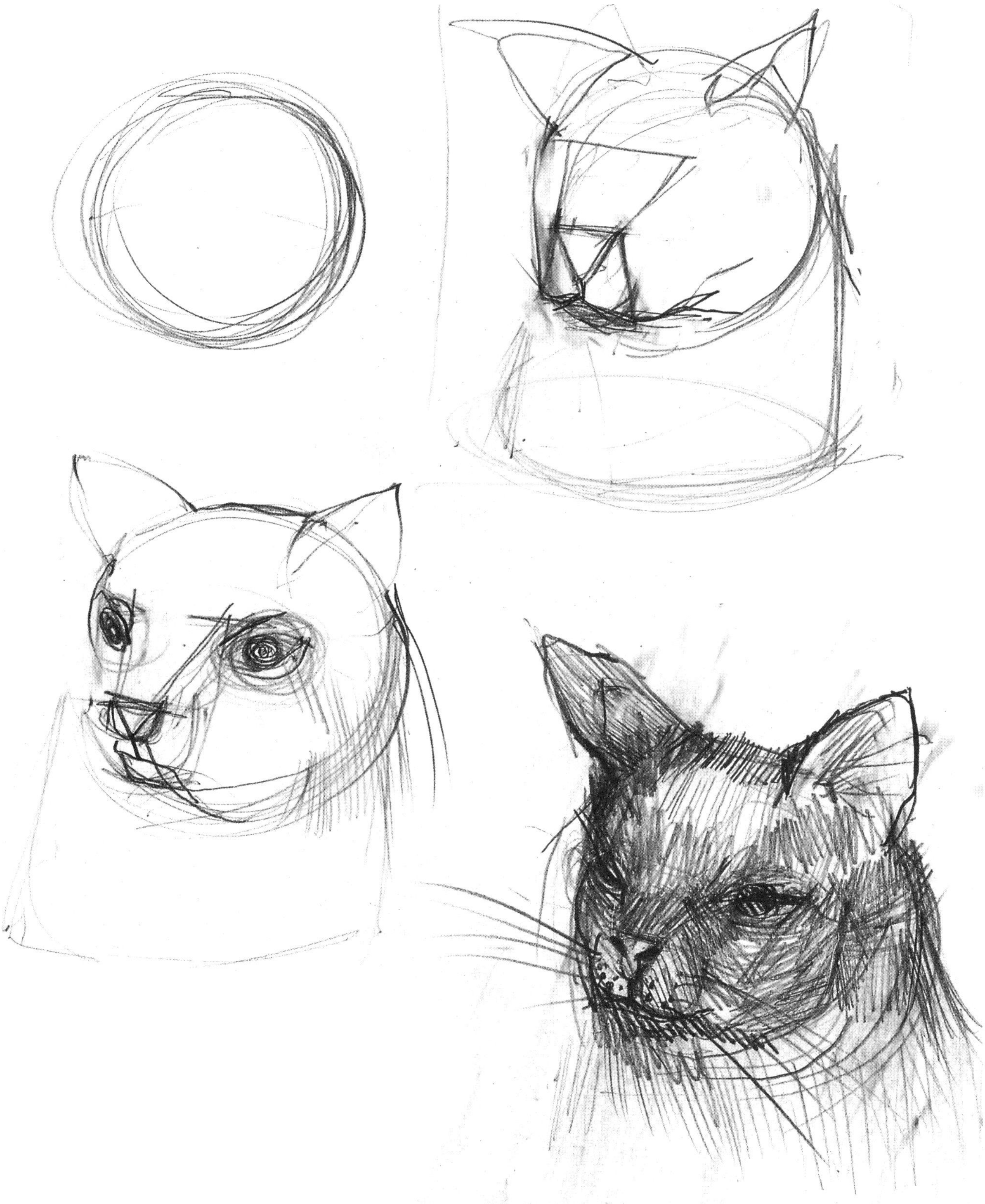

Mit derselben Methode lassen sich Porträts jeder Art zeichnen.

Organische Formen

Bleistift der Stärke HB bis 2B
Die hier abgebildete Zeichnung basiert auf einer Skulptur des Bildhauers Henry Moore. Genau wie die Kopie nach Picasso (S. 45) geht es auch hier um die Gestalt der Figur. Damit enden allerdings die Gemeinsamkeiten: Anders als bei Picasso, dessen Zeichnung an die menschliche Gestalt erinnert, basiert Moores Werk auf direkter Beobachtung.

In dieser Zeichnung wird der Tonwert ausschließlich durch die Kreuzschraffur erzeugt. Da es scheint, als würde die Figur nur von einer Lichtquelle beleuchtet, vermittelt die Kreuzschraffur hier den Eindruck von Tiefe.

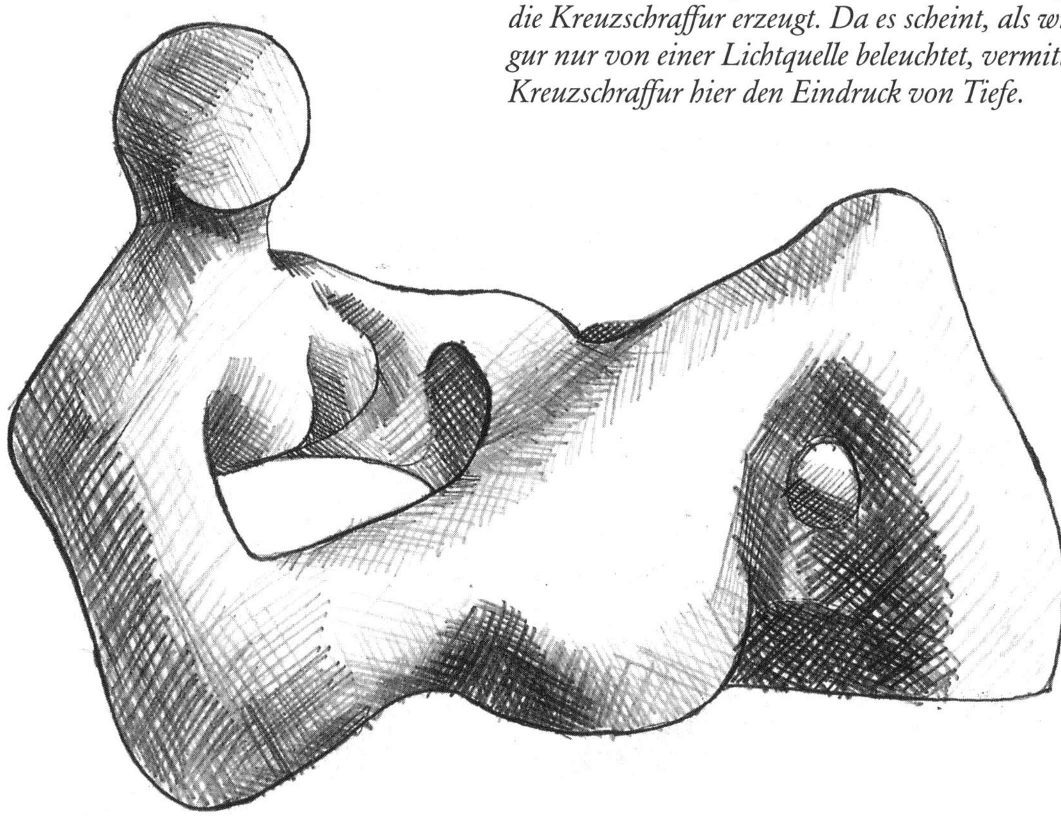

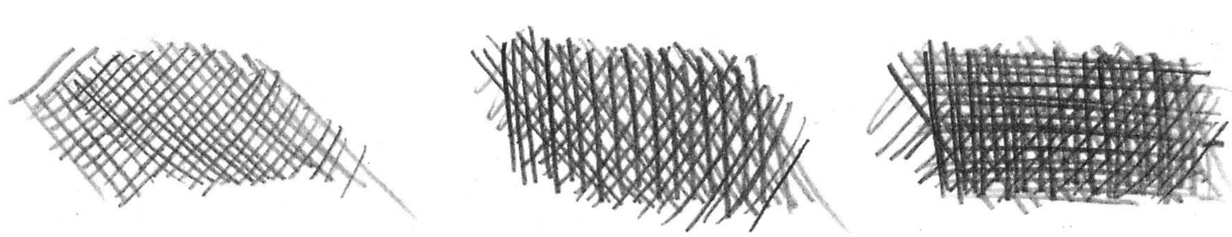

Mit der Kreuzschraffur können „Teppiche“ aus Bleistiftstrichen gewoben werden.

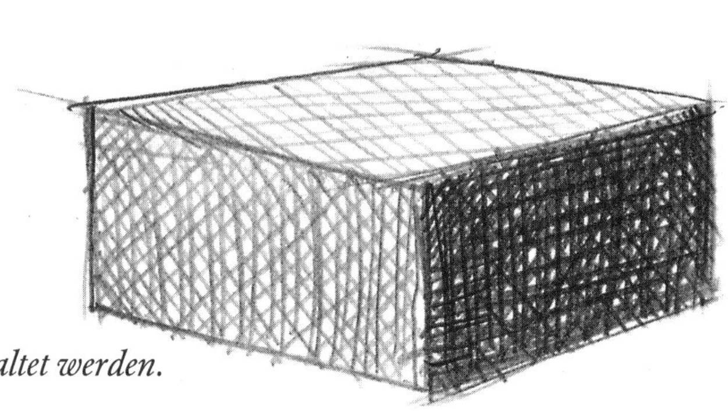

Durch Kreuzschraffur können Formen gestaltet werden.

Formgebung durch Tonwerte

1. Bleistift der Stärke 3B
Im ersten Beispiel (der Kugel) basieren die unterschiedlichen Tonwerte auf einer direkten Lichtquelle, die noch betont wurde, um den gewünschten Effekt zu erzielen. Durch die Schattierung und den Schlagschatten erhält die Kugel eine Dreidimensionalität; ohne die Schatten würde die Kugel flach aussehen.

2. Bleistift der Stärke 4B
Der Kubus wurde in drei verschiedenen Tonabstufungen – Weiß, Grau und Schwarz – gezeichnet. Die Dreidimensionalität des Kubus ist eine Illusion, sie ergibt sich nicht aus Beobachtung und Wiedergabe, sondern einzig aus den unterschiedlichen Graustufen.

3. Bleistift der Stärke 5B
Bei diesem Kegel trifft das Licht frontal auf die in Tonabstufungen gestaltete Form. Dort, wo das Licht direkt auftrifft, ist es am intensivsten, zu den Seiten wird es schwarz. Sehr schöne Beispiele für den Lichteinsatz dieser Art finden sich bei Malern der Renaissance.

4. Bleistift der Stärke 6B
Der Umgang mit Tonwerten ähnelt bei diesem Zylinder dem der Kugel, vor allem in Bezug auf die Graustufen. Aber hier ist die Ausdruckskraft eine andere: Die Tonwerte sind weniger statisch als bei der Kugel und wirken durch die freiere Strichführung lebhaft und dynamisch.

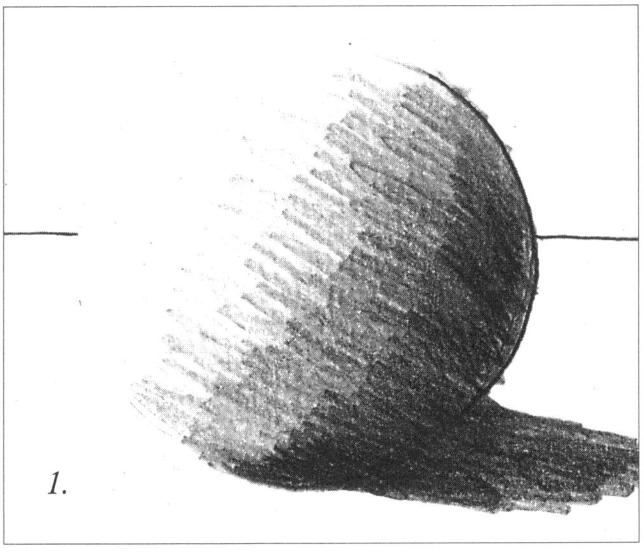

1.

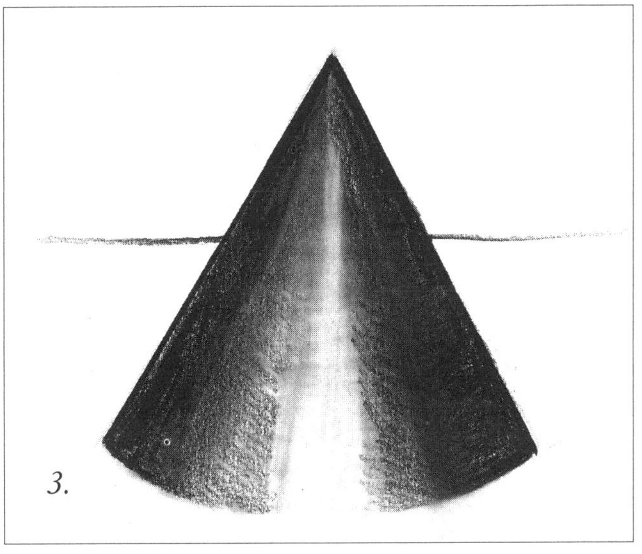

3.

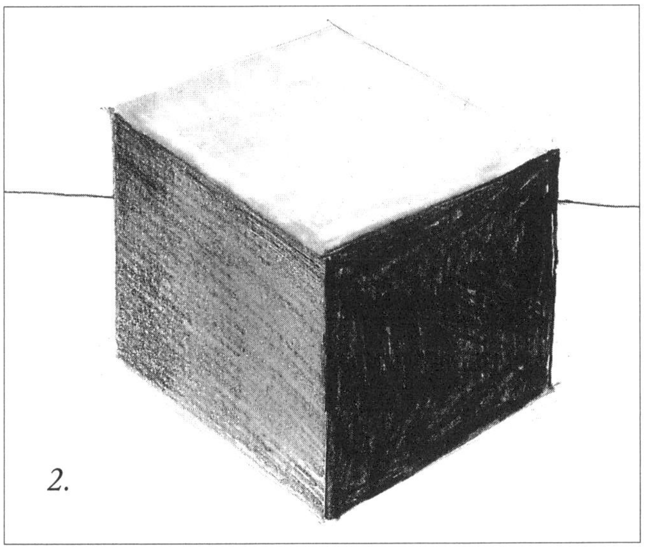

2.

4.

Projektionen

Die sogenannten geometrischen Projektionsverfahren umfassen unter anderem folgende Grundkategorien: die orthografische oder planometrische Projektion, die isometrische oder parallele sowie die trimetrische Projektion.

Diese Projektionen spielen in der Arbeit von Architekten und Designern eine wichtige Rolle und werden oft bei Präsentationen eingesetzt. Am einfachsten ist die orthografische oder planometrische Projektion, denn dabei handelt es sich um eine flache zweidimensionale Wiedergabe eines Gegenstands (oft als Aufsicht oder Frontansicht), die zumeist in einem bestimmten Maßstab ausgeführt wird. Aufsichten finden sich bei technischen Zeichnungen und bei Bauzeichnungen, wo sie dazu dienen, vorhandene Gegebenheiten zu dokumentieren. Auf Seite 55 finden Sie zwei Beispiele: eine Zange und eine Schere. Manchmal werden bei solchen Zeichnungen die Formen mit Graustufen herausgearbeitet. Eine solche Zeichnung können Sie am einfachsten erstellen, indem Sie einen Gegenstand, hier z. B. eine Schere, auf ein Blatt Papier legen und mit dem Bleistift den Umriss abmalen. Schon haben Sie eine orthografische Projektion. Um die Zeichnung zu vollenden, brauchen Sie nur noch die Details zu ergänzen und ihnen bestimmte Tonwerte zuzuordnen.

Die orthografische Projektion

Bei einer orthografischen Projektion wird der Gegenstand, wie bereits erklärt, zweidimensional wiedergegeben. Das Objekt kann von allen Seiten in Einzelzeichnungen abgebildet werden, man nennt diese auch Aufsicht, Vorder- und Seitenansicht.

Am ehesten lässt sich dieses Vorgehen als zweidimensionale Silhouette beschreiben: Man sieht zum Beispiel einen Teil des Objekts in der Frontalansicht. Davon ausgehend werden die anderen Elemente geplant und eingetragen. Die Idee der orthografischen Projektion geht auf den Franzosen Gaspard Monge zurück, den Begründer der darstellenden Geometrie. Heute geht im technischen Bereich nichts mehr ohne sie. Anhand von orthografischen Projektionen lassen sich zum Beispiel bei maßstabsgetreuer Darstellung die Dimensionen eines Objekts bestimmen.

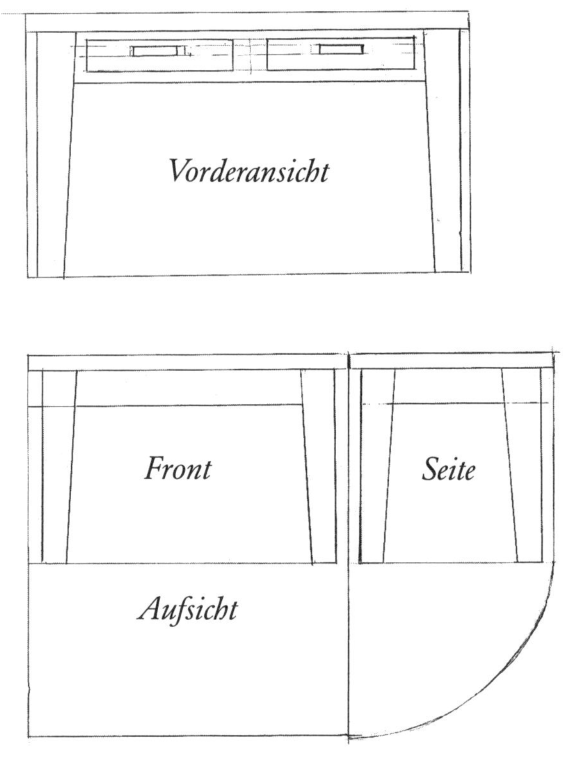

Tisch in Vorder-, Seiten- und Aufsicht

Von vorne betrachtet wird die Form eines Objekts verständlich, wenn man es in einen Kasten stellt, der sich an ihren Proportionen orientiert.

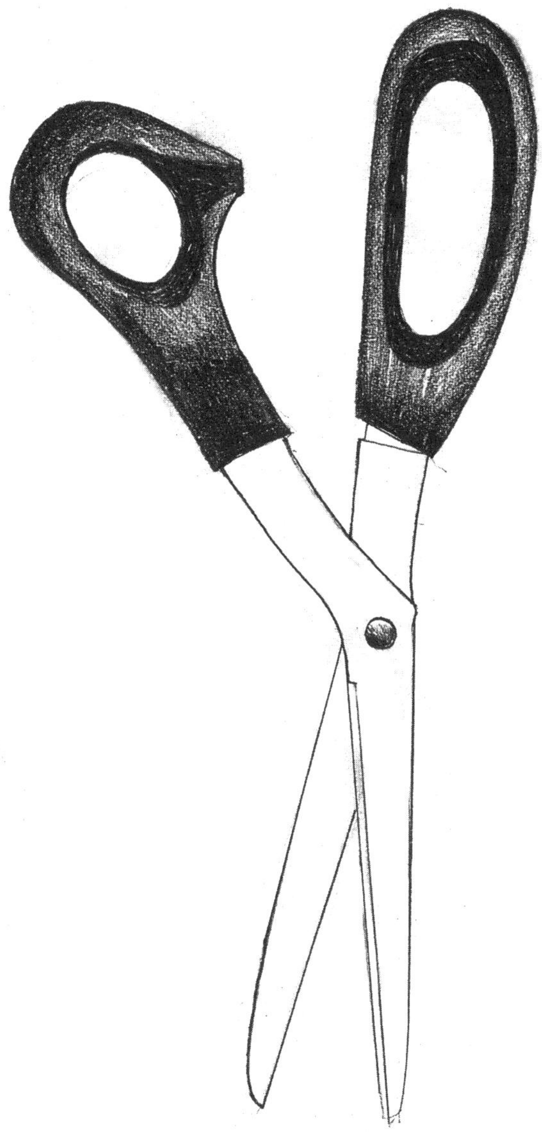

Die verschiedenen Graustufen in der Zeichnung dienen dazu, das Verständnis der zweidimensionalen Projektion und der Form zu vertiefen.

*Die parallelen Linien verdeutlichen die Frontansicht.
Die flächige Tongebung unterstützt die Zweidimensionalität.*

Die isometrische oder parallele Projektion
Ingenieure, Architekten und Designer verwenden bei technischen Darstellungen bevorzugt Parallelprojektionen, wie zum Beispiel die isometrische Projektion. Das isometrische Projektionsverfahren wurde in den 1820er Jahren von Sir William Farish, einem Zeitgenossen von Gaspard Monge, entwickelt. Bei einer isometrischen Projektion werden die Einheiten aller drei Koordinaten im gleichen Maßstab dargestellt, sodass die Front, die Seite und die Ansicht von oben maßstabgetreu abgebildet werden können.

Ausgangspunkt der isometrischen Projektion ist eine horizontale Linie, durch die in der Mitte eine Vertikale verläuft, sodass zwei rechte Winkel (90 Grad) entstehen. Für die Projektion werden nun Winkel von 30 Grad eingetragen. Ein einfaches Beispiel hierfür sehen Sie in der Skizze auf dieser Seite rechts unten, bei der alle Winkel 30 Grad betragen. Vergleichbare Skizzen werden zum Beispiel in der Luftfahrtindustrie zur Zusammensetzung der einzelnen Komponenten eines Flugzeugs verwendet, aber auch von Innenarchitekten oder Bühnenbildnern, deren isometrische Projektionen als Vorlagen für die Arbeit der Handwerker dienen.

Wie Sie mit Hilfe der isometrischen Projektion in sechs Schritten einen Stuhl zeichnen können, sehen Sie auf Seite 57.

1. Zeichnen Sie mithilfe zweier Linien zwei rechte Winkel (90 Grad).

2. Vom Schnittpunkt der Linien aus tragen Sie danach links und rechts zwei 30-Grad-Winkel ab.

3. Als Nächstes zeichnen Sie im oberen Bereich eine weitere horizontale Linie und schaffen damit noch zwei 90-Grad-Winkel.

4. Tragen Sie hier wieder zwei 30-Grad-Winkel ab. Wenn Sie nun die Eckpunkte der oberen und unteren 30-Grad-Winkel verbinden, erhalten Sie zwei Seiten eines Kastens.

5. Ziehen Sie nun durch die äußeren Eckpunkte am Ende der beiden Seiten des Kastens eine weitere horizontale Linie. Erneut werden links und rechts 30-Grad-Winkel eingezeichnet. Durch das Aufeinandertreffen dieser Linien erhalten Sie das obere Ende eines Rechtecks.

6. Jetzt können Sie die Unterseite und die Rückseite Ihres Kastens eintragen (in der Abbildung durch eine gestrichelte Linie markiert). In diesen Kasten bzw. dieses Rechteck können Sie nun Ihr Objekt – in diesem Fall einen Stuhl – einzeichnen.

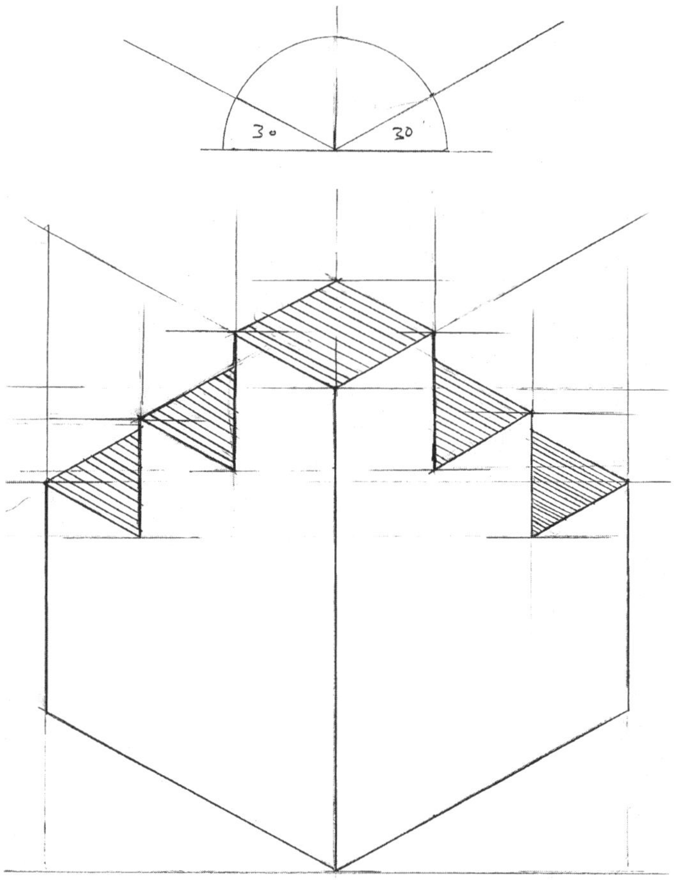

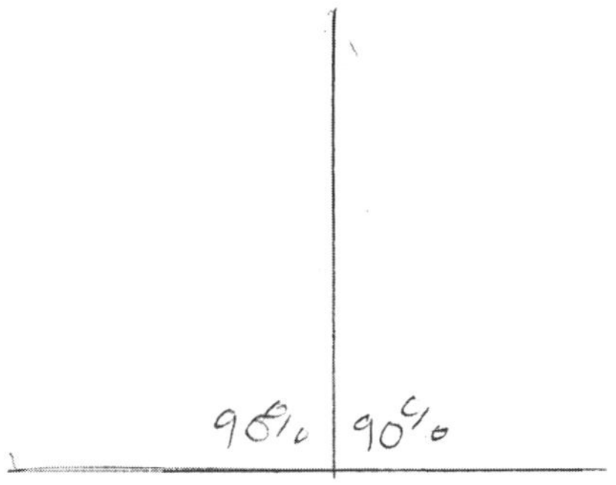
90%
90%

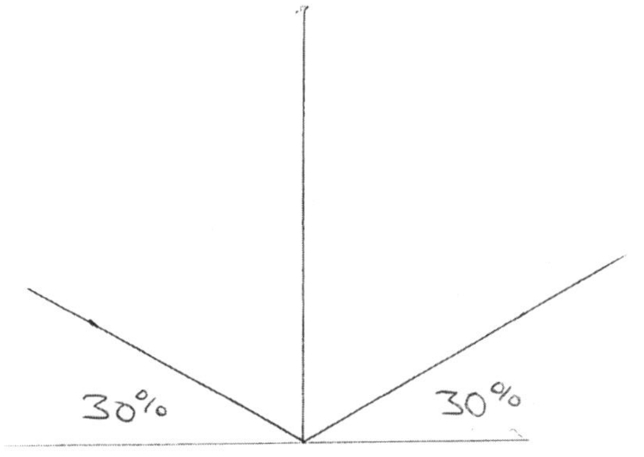
30%
30%

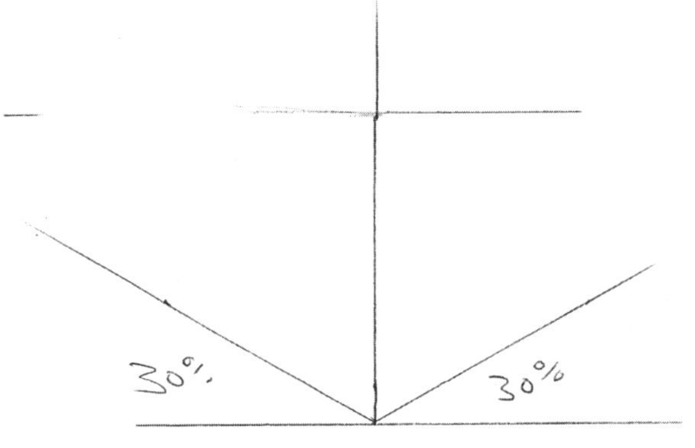
30%
30%

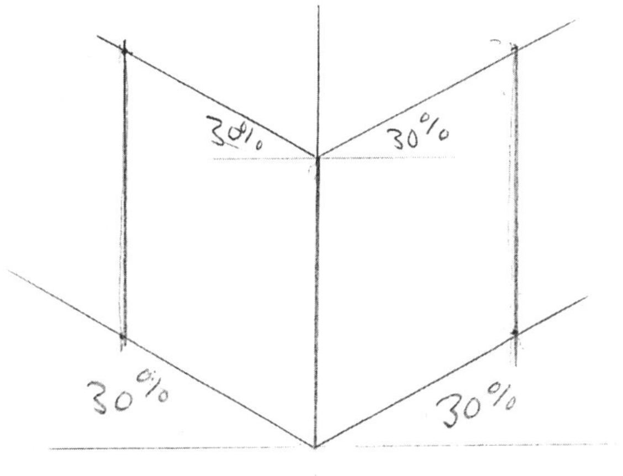
30%
30%
30%
30%

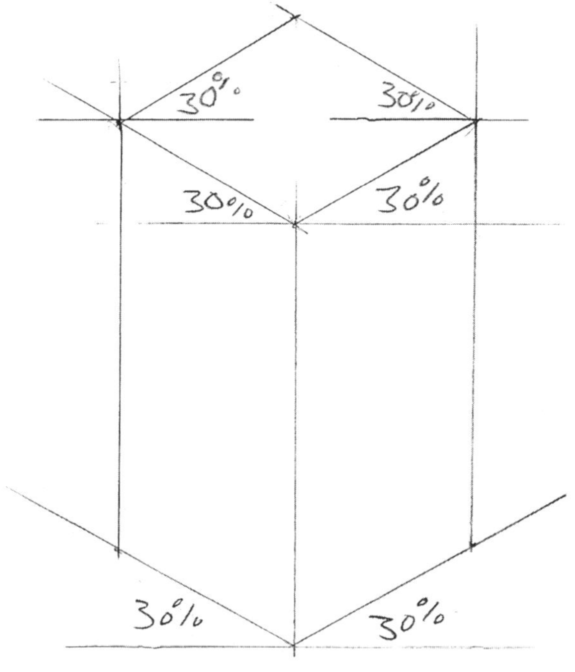
30%
30%
30%
30%
30%
30%

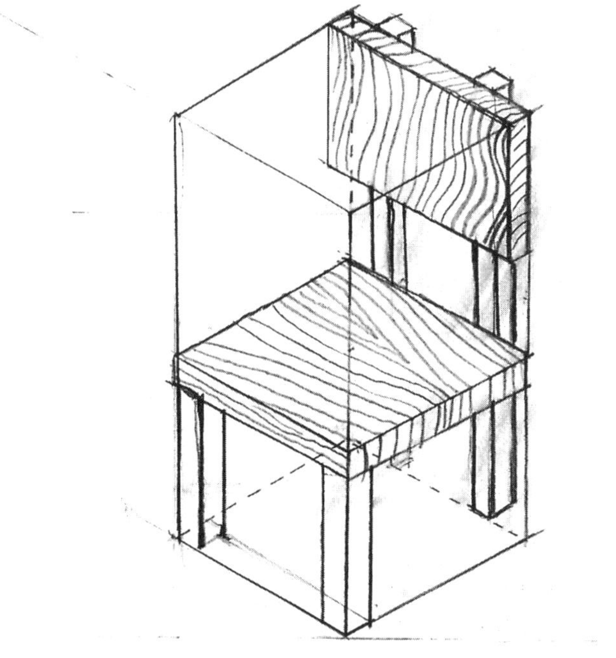

Die trimetrische Projektion

Die trimetrische Projektion ähnelt der isometrischen und wird für ähnliche Zwecke eingesetzt. Der Unterschied zwischen beiden liegt darin, dass sich mit Hilfe der trimetrischen Projektion die verschiedenen Ausrichtungen eines Objekts im Raum darstellen lassen. Somit können unterschiedliche Grade der Ausrichtung gleichzeitig aufgezeigt werden.

Diese Form der Projektion wird vor allem bei schematischen Zeichnungen verwendet, wie zum Beispiel Montage- oder Bauanleitungen, bei denen die einzelnen Elemente dargestellt werden. Sie finden sie zumeist in Bedienungsanleitungen für Pkws.

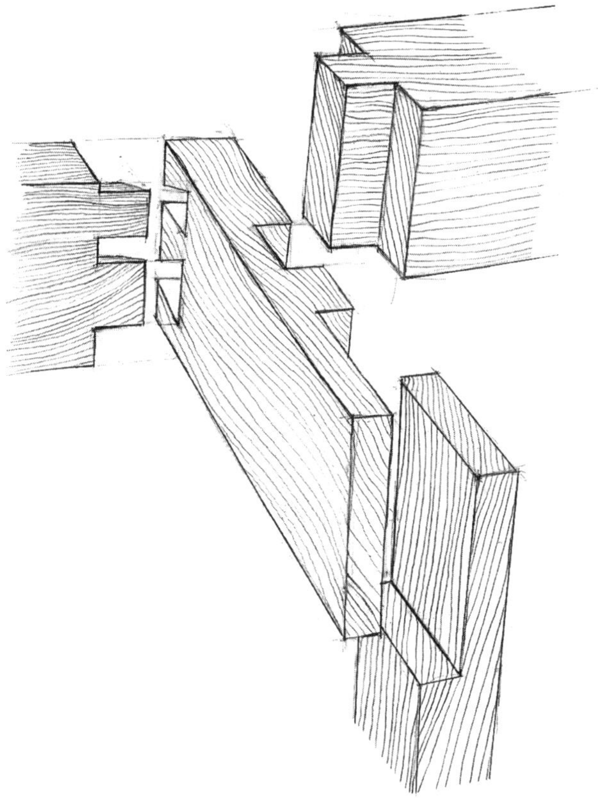

Die trimetrische Projektion in der Praxis

Industriedesigner verwenden die trimetrische Projektion, um eine Form zu „verpacken“, sie also in eine Kiste zu stellen. Die Form des Objekts wird auf die Stirnseite der Kiste gezeichnet und dann in die Kiste projiziert. Indem er so die Ausdehnung, also Höhe, Breite und Tiefe eines Objekts bestimmt, erhält der Designer eine Vorstellung davon, wie sich sein Entwurf in die Praxis umsetzen lässt.

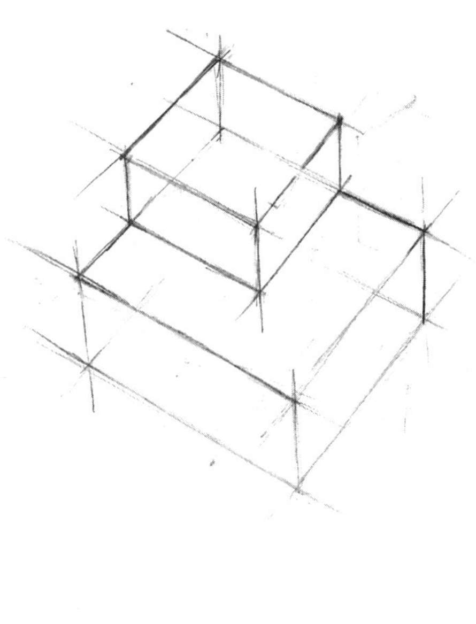

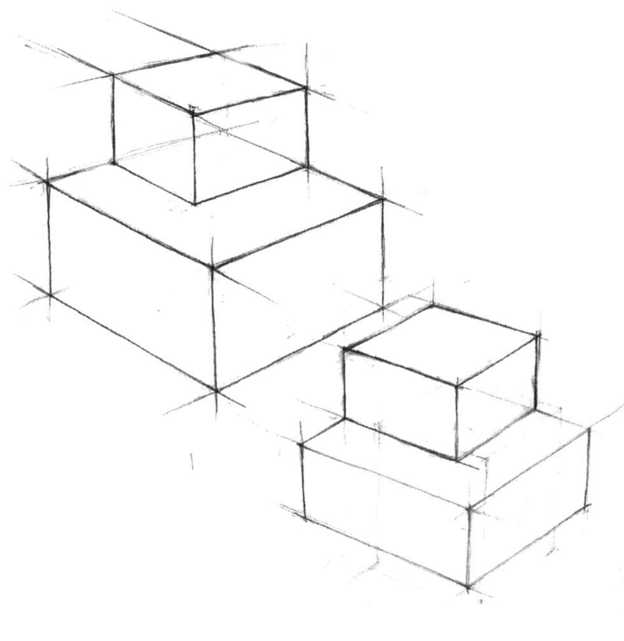

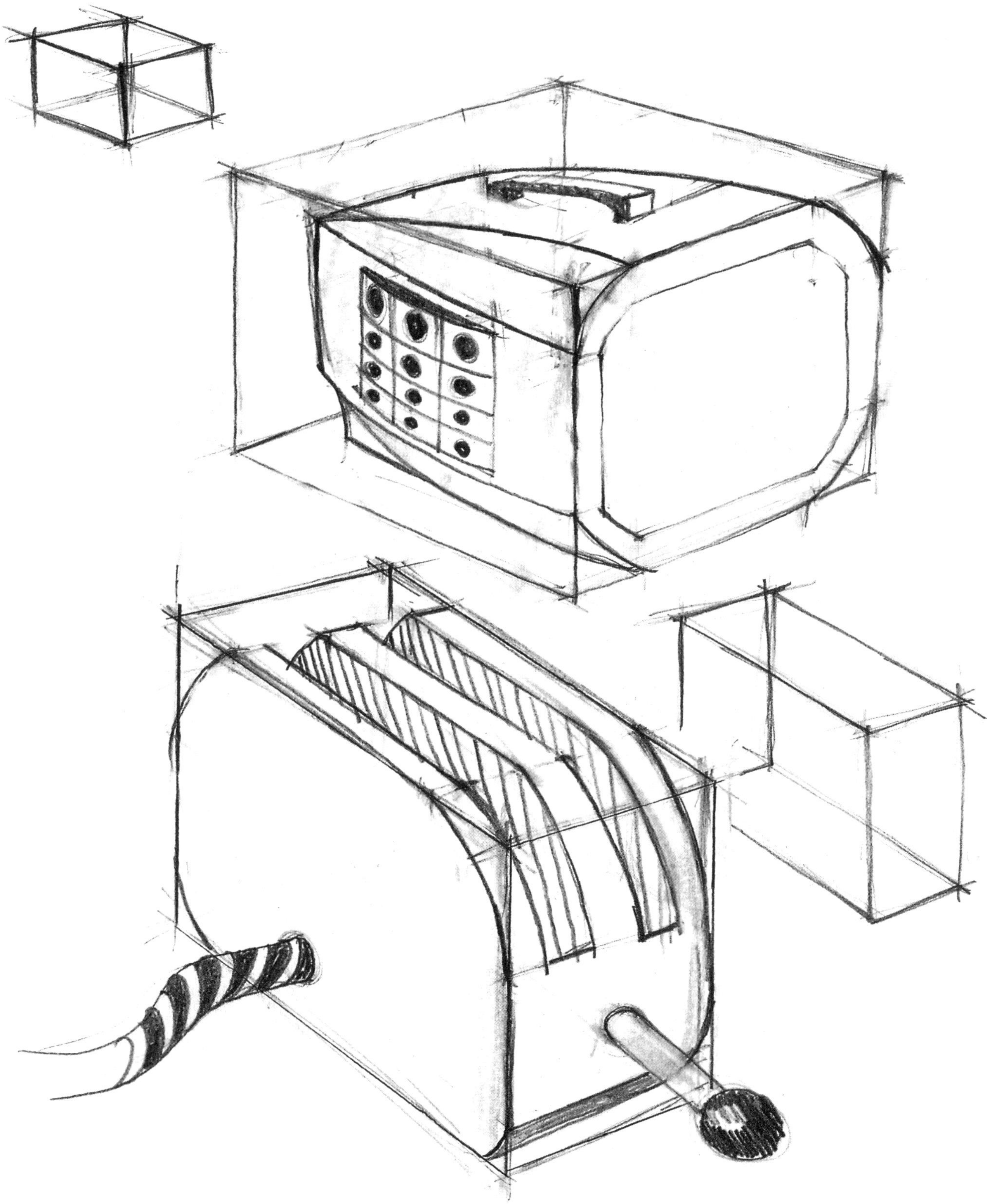

Die planometrische Projektion

Bei der planometrischen Projektion (auch Militärperspektive genannt) handelt es sich um ein Verfahren der schrägen Parallelprojektion, bei der der Grundriss unverzerrt wiedergegeben wird. Zurück geht dieser Begriff auf François Auguste Choisy, der in seinem Werk „Histoire de l'architecture" (1899) auf anschauliche Art und mithilfe planometrischer Projektionen die verschiedensten Baustile darstellte.

Mit Hilfe der planometrischen Projektion lassen sich besonders gut dreidimensionale Objekte in ihrer Form und ihrem Verhältnis zum Raum darstellen.

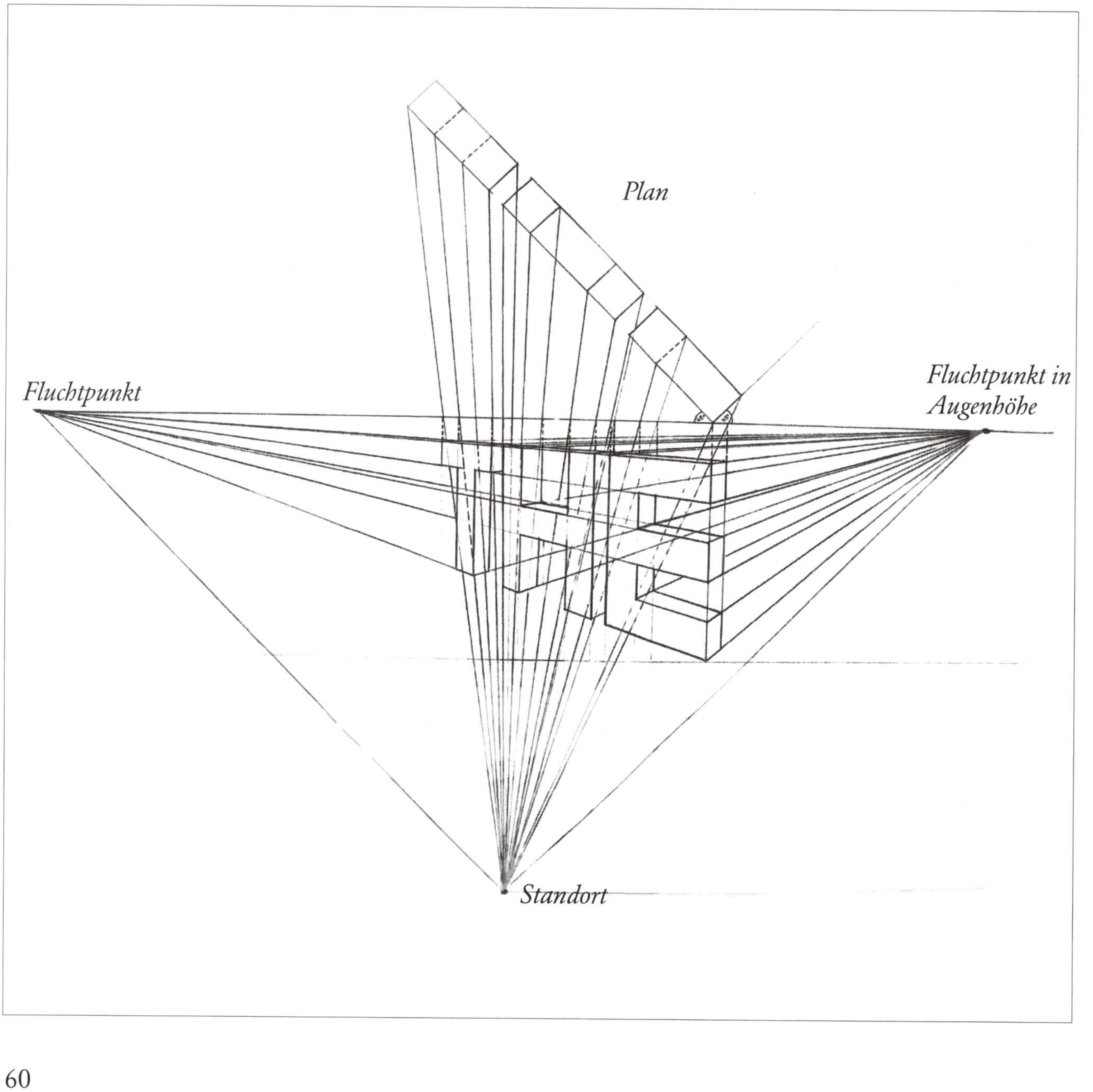

Die Perspektive

Elementar für jede technische Zeichnung ist die Perspektive, denn sie vermittelt realistische Dreidimensionalität. Der jeweilige Standort des Betrachters bestimmt die Perspektive und somit das Verhältnis der abgebildeten Gegenstände und Personen zu dem sie umgebenden Raum. So hat zum Beispiel jede Wiedergabe auf der Bildfläche einen festgelegten Bildgrund und alle Bildobjekte können in Bezug zum Horizont gesetzt werden. Bei der perspektivischen Wiedergabe schafft man die Illusion eines Raums: Hierbei scheinen parallele Linien auf einer gedachten Horizontlinie zusammenzulaufen, die in der Regel der Augenhöhe des Betrachters entspricht.

Es gibt zwei Arten perspektivischer Zeichnungen: Die freie perspektivische Zeichnung basiert auf kreativen Überlegungen und Vorstellungen, während die konstruierte perspektivische Zeichnung auf Theorien zu Fluchtpunkten und Horizontlinien fußt.

Bei freien perspektivischen Zeichnungen bestimmt der Blickpunkt das Bildgeschehen. Beide, die freie wie auch die konstruierte Perspektive, unterliegen denselben Gesetzmäßigkeiten. Um gelungene perspektivische Zeichnungen zu erhalten, bedarf es gewisser Regeln, die man befolgen sollte.

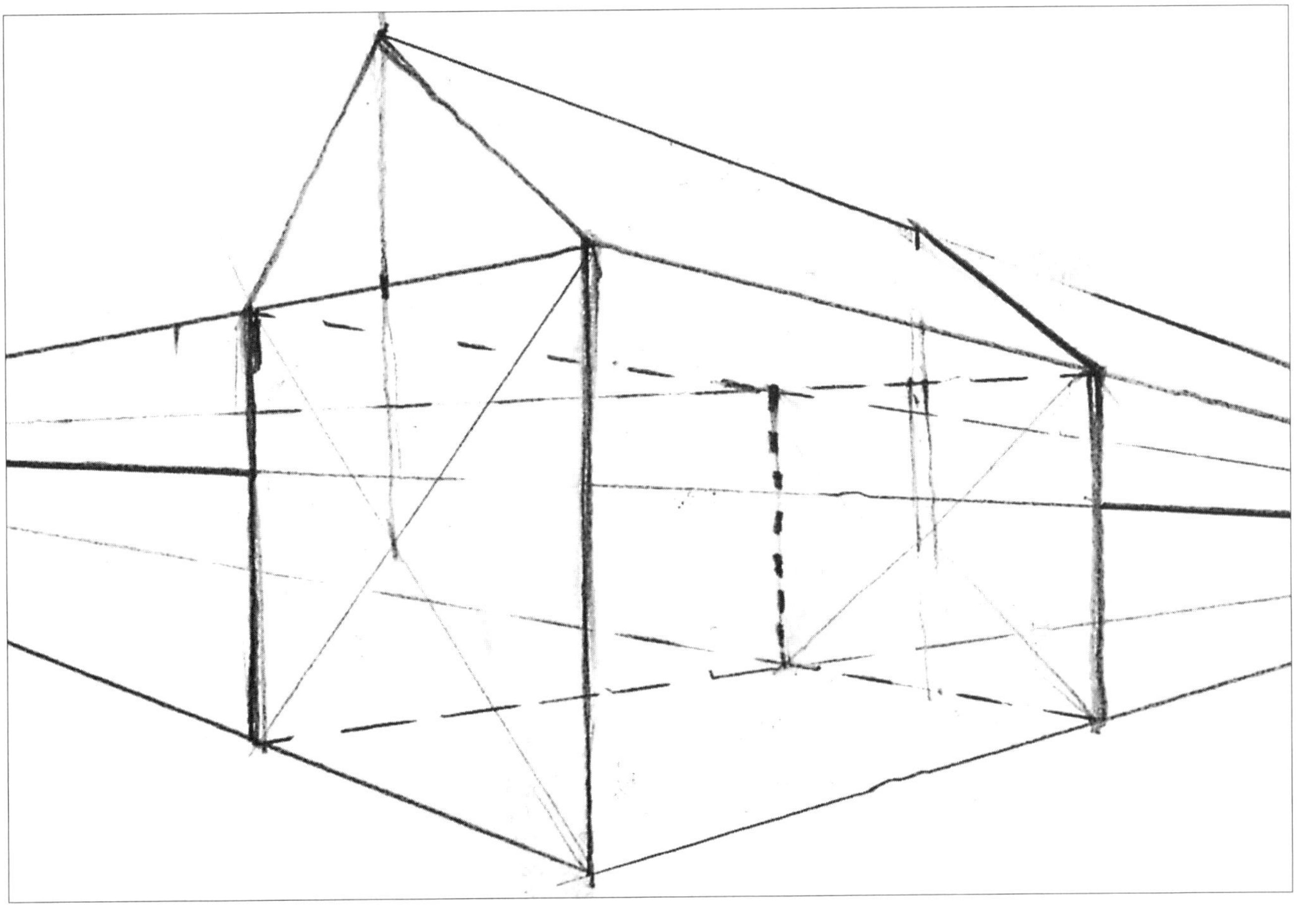

Die Perspektive mit einem Fluchtpunkt

Die folgenden Regeln gelten für perspektivische Zeichnungen mit einem Fluchtpunkt. Dabei sollten Sie bedenken, dass alle Linien, die sich nicht mit den horizontalen oder vertikalen Linien verbinden, im Fluchtpunkt enden. Als Übung können Ihnen die folgenden sieben Schritte dienen.

1. Zeichnen Sie ein Quadrat parallel zu den Rändern Ihres Zeichenblatts.

2. Danach ziehen Sie eine horizontale Linie quer über das Zeichenblatt durch das Quadrat. Diese Linie, die sogenannte Horizontallinie, entspricht bei perspektivischen Zeichnungen Ihrem Blickpunkt.

3. Auf der Ihrem Quadrat gegenüberliegenden Seite Ihres Zeichenblatts tragen Sie einen Punkt auf der Horizontallinie ein: Diesen Punkt bezeichnet man als Fluchtpunkt. Danach verbinden Sie den Fluchtpunkt mit dem nächstliegenden oberen bzw. unteren Ende Ihres Quadrats. Am besten nehmen Sie ein Lineal zur Hilfe, da diese Linien akkurat gezogen werden müssen. Ungenaue Linien geben die Perspektive verzerrt wieder.

4. Ziehen Sie nun zwei weitere Linien, die jeweils oben und unten am hinteren Ende Ihres Quadrats ansetzen, und ebenfalls bis zum Fluchtpunkt laufen. Ihre Zeichnung sollte jetzt genau so aussehen wie in Schritt 4 auf dieser Seite.

5. Im nächsten Schritt begrenzen Sie die rechte Seite des Objekts, wodurch aus Ihrem Quadrat ein Würfel wird. Dazu ziehen Sie eine vertikale Linie, die die Diagonalen kreuzt. Diese Linie müssen Sie rein nach Gefühl platzieren, damit ein Würfel entsteht.

Wenn Sie die Linie zu weit hinten ansetzen, erhalten Sie ein liegendes Rechteck, zu weit vorne angesetzt ein stehendes Rechteck.

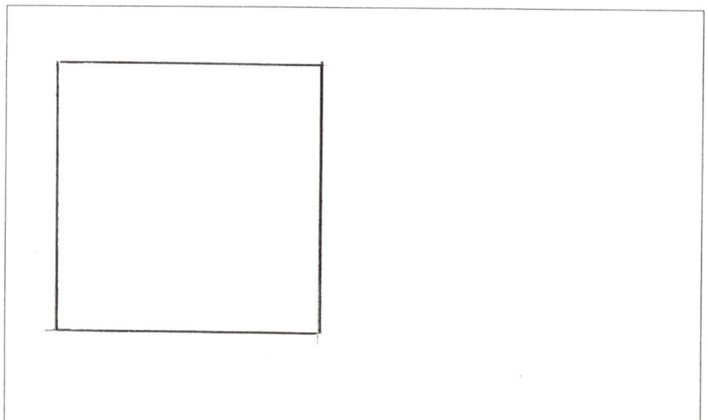

1.

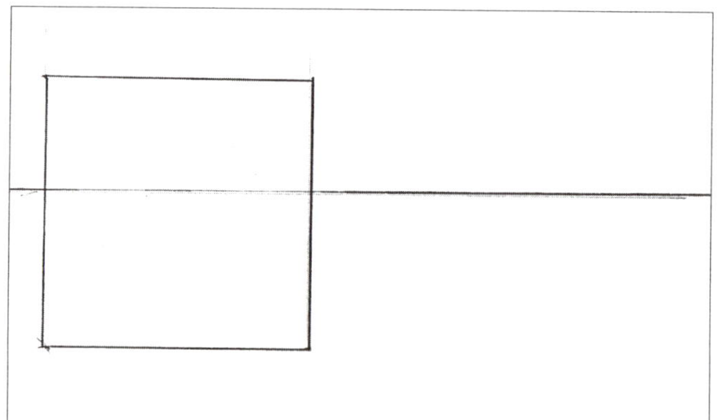

2.

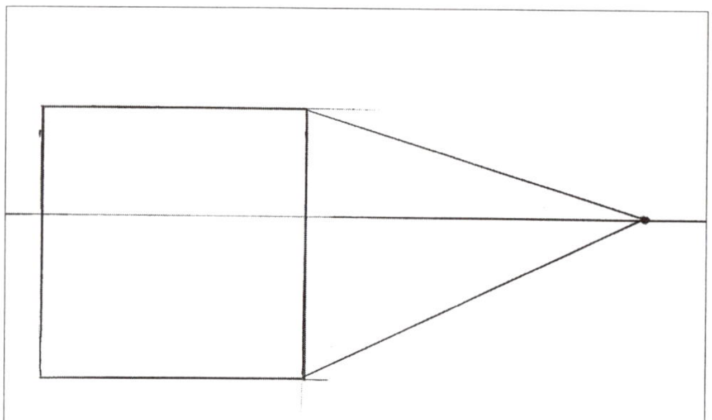

3.

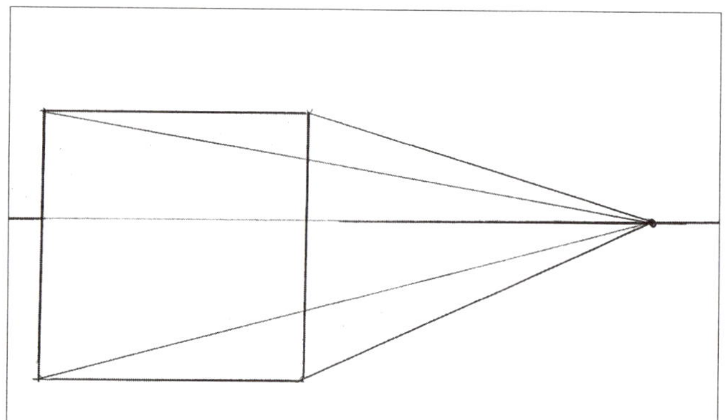

4.

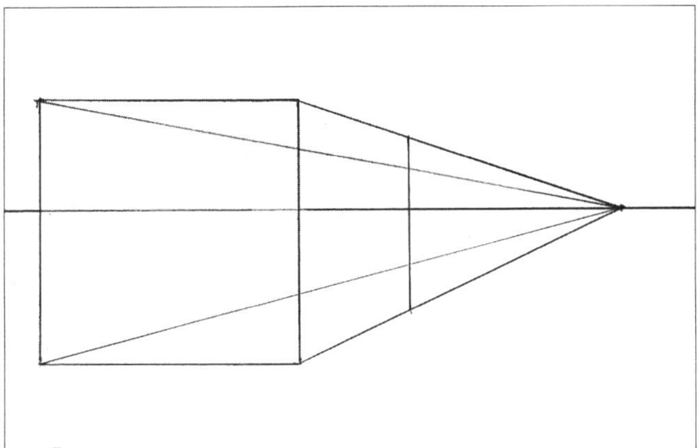

5.

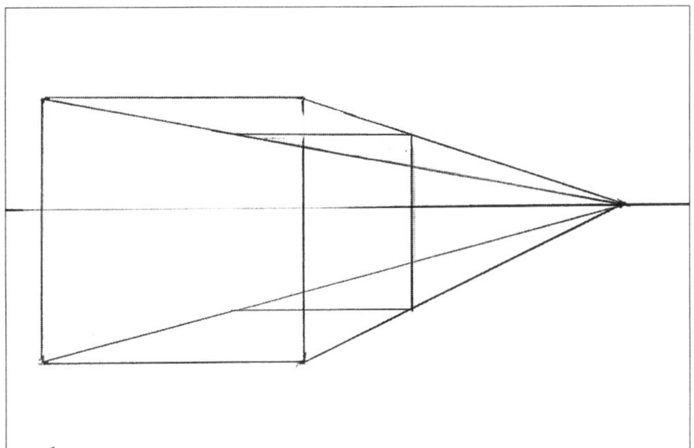

6.

6. Als Nächstes verbinden Sie mit vertikalen Linien die Fluchtpunkt-Linien im rechten Winkel (ausgehend von der rechten Seite des Würfels), um so die obere und untere Begrenzung der Rückseite des Würfels zu schaffen.

7. Um das Quadrat in perspektivischer Darstellung mit einem Fluchtpunkt zu vervollkommnen, brauchen Sie nur noch auf der linken Seite eine letzte vertikale Linie einzutragen.

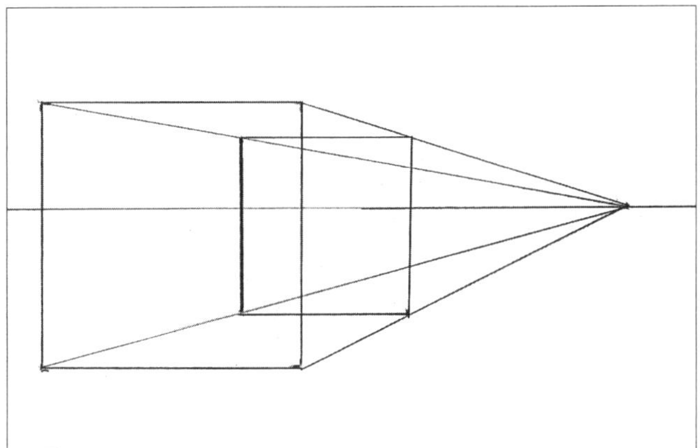

7.

Weitere Beispiele für die Perspektive mit einem Fluchtpunkt

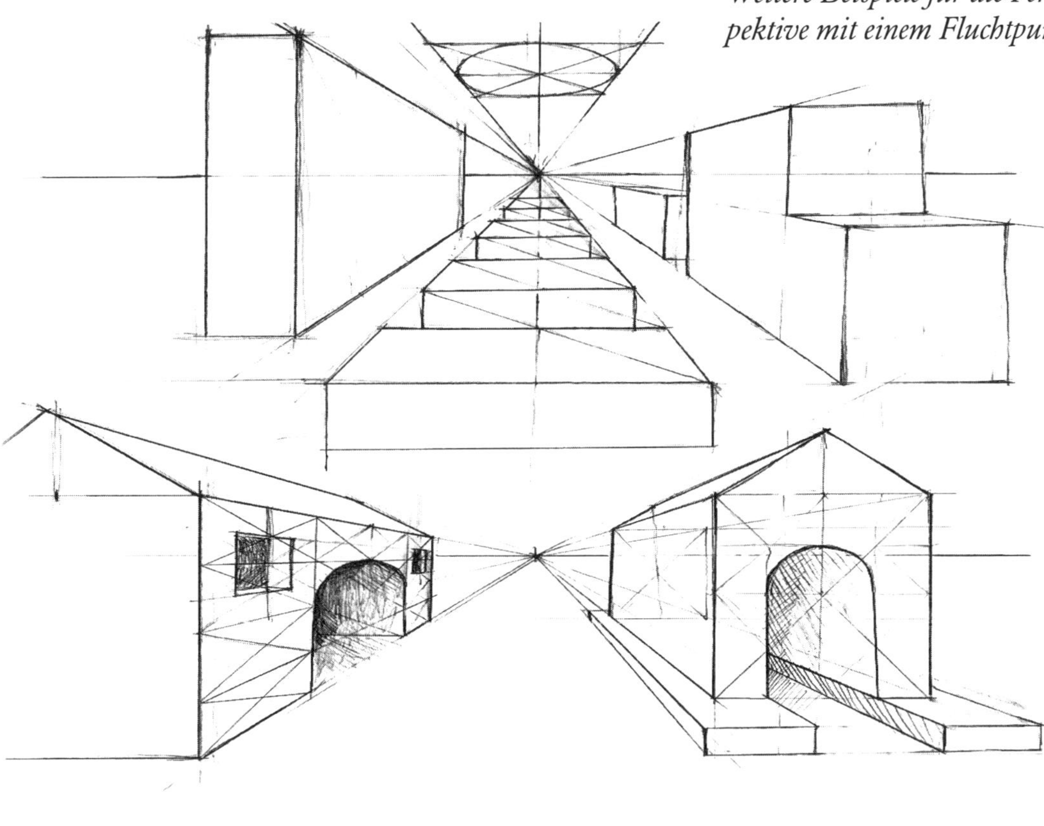

Die Perspektive mit zwei Fluchtpunkten

1. Die theoretischen Grundlagen sind bei einer Perspektive mit zwei Fluchtpunkten ähnlich wie bei der mit einem Fluchtpunkt. Der Unterschied besteht darin, dass das Verhältnis des Quadrats beziehungsweise des Würfels zur Bildfläche ein anderes ist – statt den Würfel von vorne beziehungsweise parallel zur Bildebene zu zeichnen, stellen wir ihn nun in einer Schrägperspektive dar. Zuerst zeichnen Sie dazu eine vertikale Linie rechts oder links von der Bildmitte ein.

2. Nun ziehen Sie eine horizontale Linie, die die Vertikale ungefähr in der Mitte kreuzt, von einer Seite des Blatts zur anderen. Zu Übungszwecken können Sie mit der Position dieser Horizontalen experimentieren, um die Dynamik der perspektivischen Darstellung zu ergründen.

3. Tragen Sie nun zwei Fluchtpunkte auf der Horizontallinie ein: einen links von der vertikalen Linie und den anderen rechts davon. Genau wie bei Punkt 4 der Übung zur Perspektive mit nur einem Fluchtpunkt, verbinden Sie nun die Fluchtpunkte mit den Endpunkten der vertikalen Linie. Auch hier sollten Sie zur genauen Ausführung ein Lineal zur Hilfe nehmen, um die Linien exakt gerade zu halten.

4. Zeichnen Sie anschließend die hinteren vertikalen Linien zwischen den Fluchtpunktlinien ein, um die Vorderseiten des Würfels zu

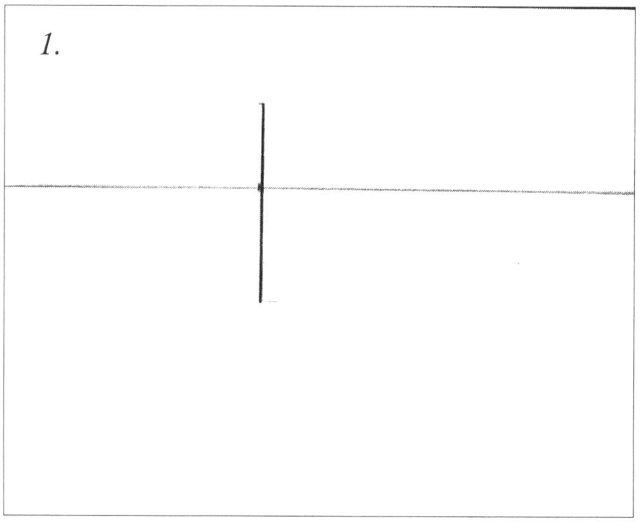

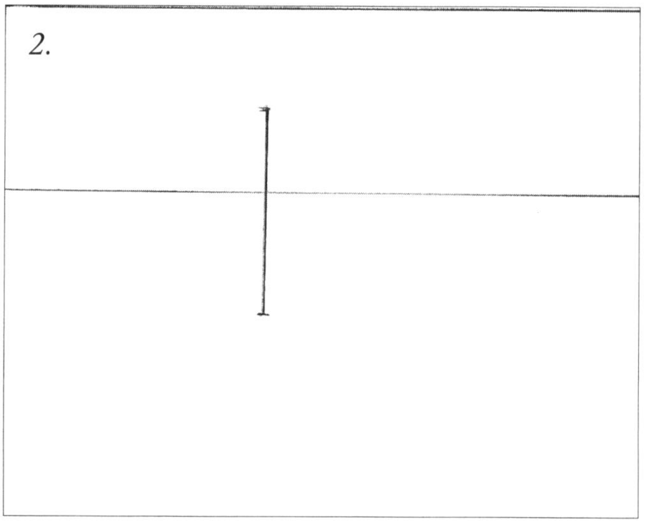

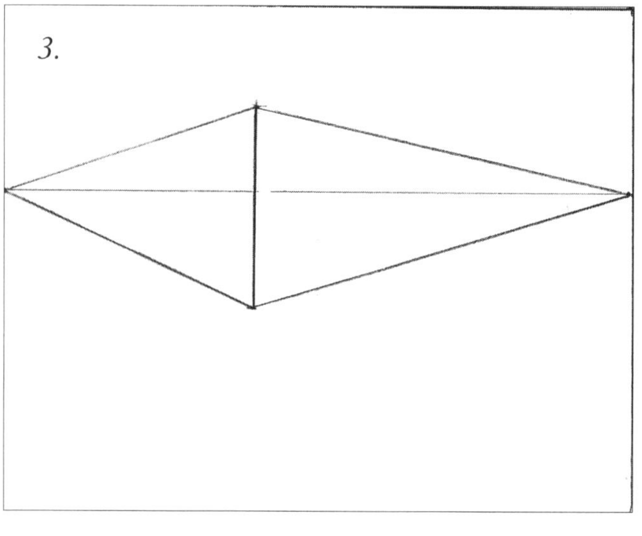

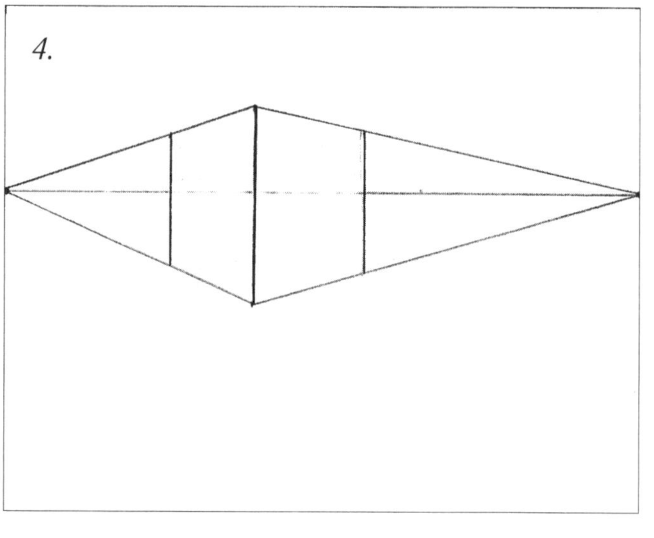

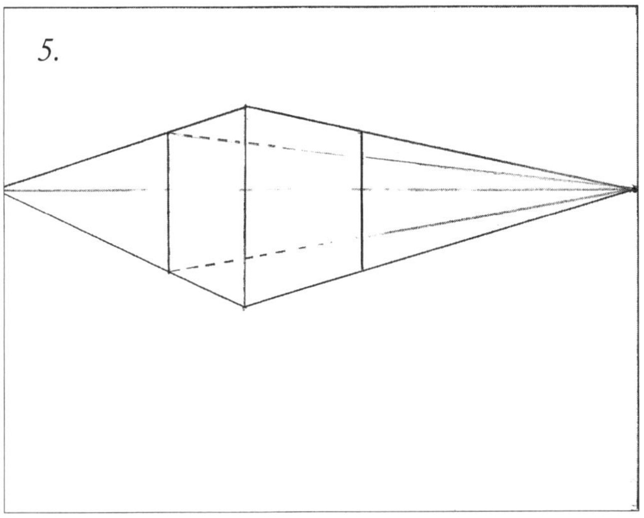

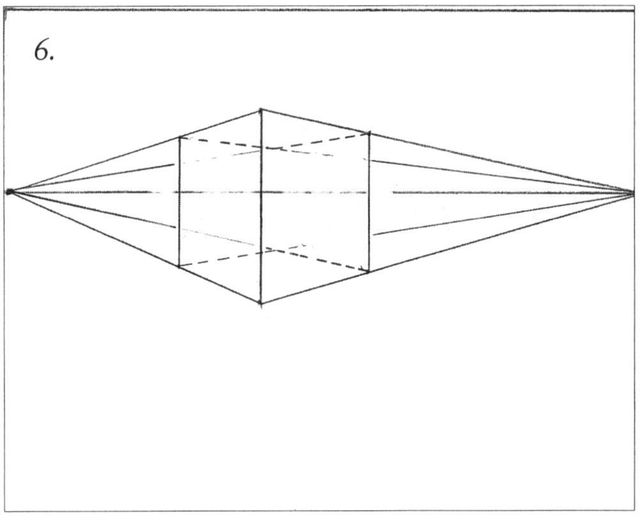

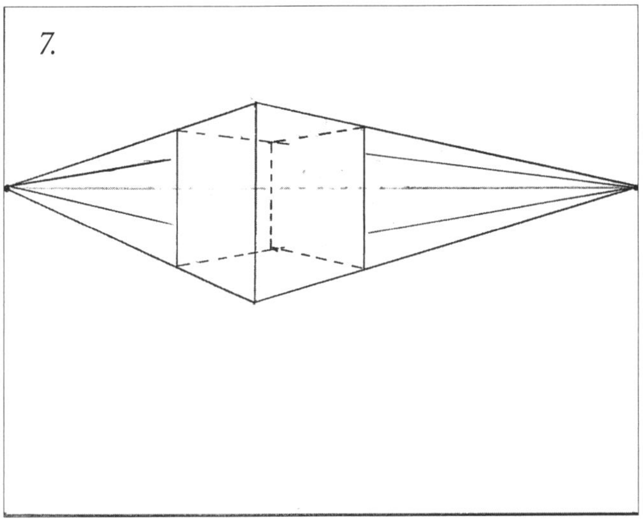

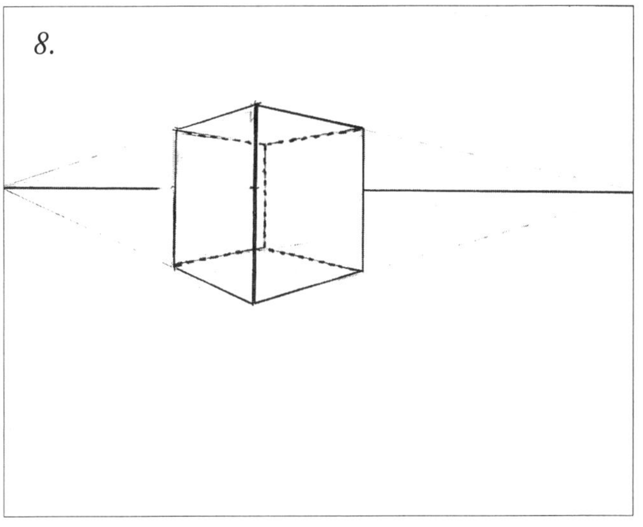

bestimmen. Sie haben jetzt den Würfel in einer Schrägperspektive gezeichnet.

5. Als Nächstes wenden Sie sich der Rückseite des Würfels zu. Dazu ziehen Sie zwei weitere Diagonalen vom oberen und unteren Ende der hinteren linken Vertikalen, die auf den rechts gelegenen Fluchtpunkt zulaufen. In Abbildung 5 sind diese als gestrichelte Linien eingetragen.

6. Jetzt machen Sie dasselbe auf der anderen Seite. Dazu ziehen Sie zwei weitere Diagonalen vom jeweils hinteren oberen und unteren Ende der Vertikalen, diesmal der hinteren Rechten, die nun auf den links gelegenen Fluchtpunkt zulaufen.

7. Als Letztes müssen Sie nur noch eine weitere Vertikale zwischen den beiden Punkten, an denen sich die gestrichelten Vertikalen am hinteren Ende des Würfels kreuzen, eintragen.

8. Wenn Sie schließlich noch den gezeichneten Würfel von den Hilfslinien befreien, erhalten Sie einen scheinbar durchsichtigen Kubus.

Mit derselben Methode können Sie einen Würfel aus unterschiedlichen Perspektiven mit verschiedenen Fluchtpunkten zeichnen. Die hier beschriebene Vorgehensweise gilt auch für perspektivische Darstellungen aus der Beobachtung, nur wurden hier Fluchtpunkte und Horizontallinien berechnet.

Die freie Perspektive

Wenn Sie Ihre Beobachtungen in einer perspektivischen Zeichnung wiedergeben wollen, sollten Sie sicher in der Bestimmung der Winkel sein. Wählen Sie daher zuerst mit Hilfe Ihres Ausschnittrahmens den Ausschnitt Ihrer Komposition.

Sobald Sie mit Ihrem Blickpunkt zufrieden sind, legen Sie die erste Hauptvertikale fest. Davon ausgehend bestimmen Sie dann die erste Horizontallinie. Die Horizontallinie befindet sich immer vor dem Betrachter, und zwar bei nach vorne gerichtetem Blick auf dessen Augenhöhe. Um Ihre Darstellung nicht zu verzerren, sollte Ihr Standpunkt immer gleich bleiben.

1. Beginnen Sie, indem Sie die erste Vertikale festlegen, die Ihnen als Ausgangs- und Orientierungspunkt dient. In Abbildung 1 stellt die Ecke des zweiten Gebäudes in der Häuserzeile den Ausgangspunkt dar: So können Sie festlegen, wo die Hausecke und wie hoch das Gebäude sein werden.

2. Von diesem Punkt aus können Sie nun Schritt für Schritt die Struktur Ihrer Darstellung aufbauen. Als Erstes bestimmen Sie – ausgehend von Ihrer ersten Vertikalen – die Endpunkte der weiteren Vertikalen. Dabei können Sie Ihren Stift als Maßeinheit benutzen und mit ihm die Position der weiteren Vertikalen festlegen, die Sie dann auf Ihr Zeichenblatt übertragen. Wenn Ihnen das zu schwierig erscheint, gehen Sie so vor wie bei einer isometrischen Projektion (vgl. S. 56).

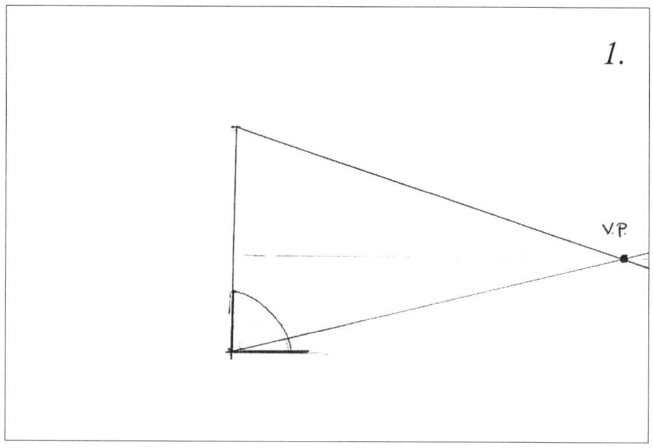

1.

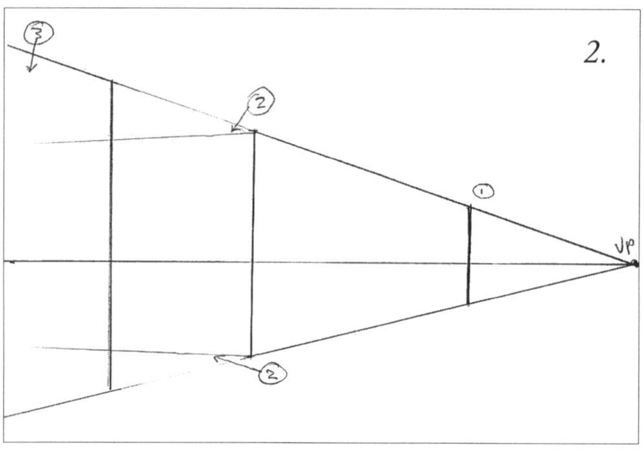

2.

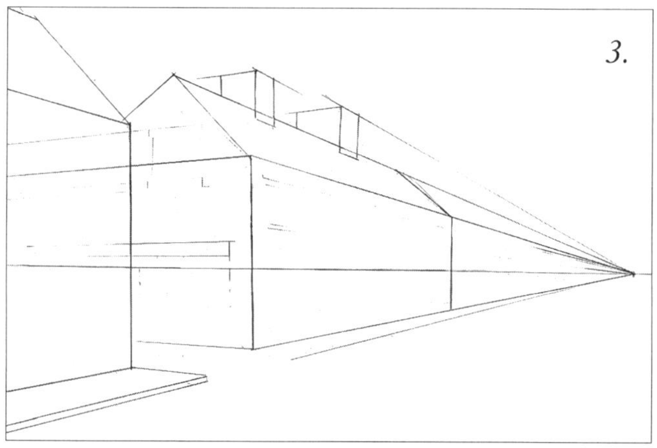

3.

4.

5.

Dazu tragen Sie zuerst auf der Vertikalen einen rechten Winkel (90 Grad) ein und bestimmen dann die weiteren Winkel nach Augenmaß.

Wenn Sie sich bei der Festlegung der Winkel sicher sind, ziehen Sie mit einem Lineal die Diagonalen bis zu dem Punkt, an dem diese sich kreuzen. Damit haben Sie den Fluchtpunkt festgelegt. Von dem Fluchtpunkt aus können Sie nun die Horizontallinie eintragen.

Vergessen Sie nicht, dass alle perspektivischen Linien – egal, ob der Fluchtpunkt ober- oder unterhalb Ihrer Augenhöhe liegt – immer zum Horizont hin im Fluchtpunkt zusammenlaufen. Um perspektivische Verzerrungen zu vermeiden, sollten Sie diesen Grundsatz verinnerlichen. Nach dem Zeichnen der Horizontallinie können Sie nun damit beginnen, die Lage der einzelnen Gebäude einzutragen.

3. Als Nächstes legen Sie die Länge der Fassade fest. Dazu werfen Sie am besten wieder einen Blick durch Ihren Ausschnittrahmen. Mit einer Vertikalen, die – korrekt eingetragen – die Diagonale kreuzt, markieren Sie das Ende des Gebäudes. Dasselbe wiederholen Sie auf der anderen Seite des Gebäudes. Dabei werden Sie feststellen, dass sich die Perspektive leicht verschiebt. Lassen Sie sich davon nicht beunruhigen – das passiert bei fast allen perspektivischen Darstellungen. In Abbildung 3 wurde, um das Haus im Vordergrund einzutragen, die Perspektive leicht nach vorne verlagert. Dazu wurden die perspektivischen Linien vom Fluchtpunkt aus verlängert. Eine Vertikale legt auch hier die Position der Hausecke fest. Wenn Sie nun die Dächer, Fenster und Kamine einzeichnen, ist die Grundstruktur der Gebäude schon fertig.

4. Danach folgen weitere architektonische Details wie Türen und Fenster sowie der Gehweg.

5. Nachdem Sie die Perspektive festgelegt haben, fehlen noch die Details, die den ganz individuellen Charakter Ihrer Zeichnung ausmachen. Dazu gehören unter anderem der Lieferwagen, die Telefonmasten, die leichte Kurve in der Straßenführung und die angedeutete Bebauung im Hintergrund.

6. Schließlich brauchen Sie Ihrer Zeichnung nur noch mit freien und aufgelockerten Linien den letzten Schliff zu verleihen.

Fluchtpunkt

Fantasiearchitekturen

Wenn Sie die perspektivische Darstellung beherrschen, können Sie so großen Künstlern wie Perineasea nacheifern, der eine Vielzahl von Fantasiearchitekturen geschaffen hat. Sie können Zeichnungen konzipieren, die den Blick des Betrachters durch geplante Perspektiven und architektonische Welten führen, egal ob Interieurs oder Exterieurs. Eine sehr gute Übung für die Vorstellungskraft, die zudem einfach Spaß macht.

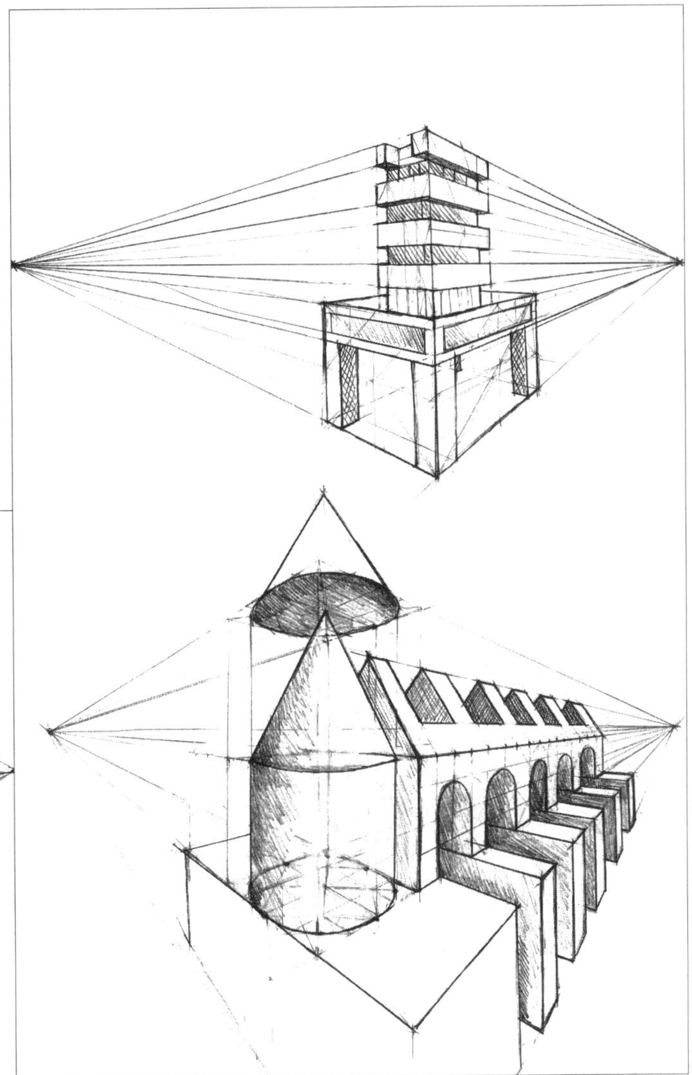

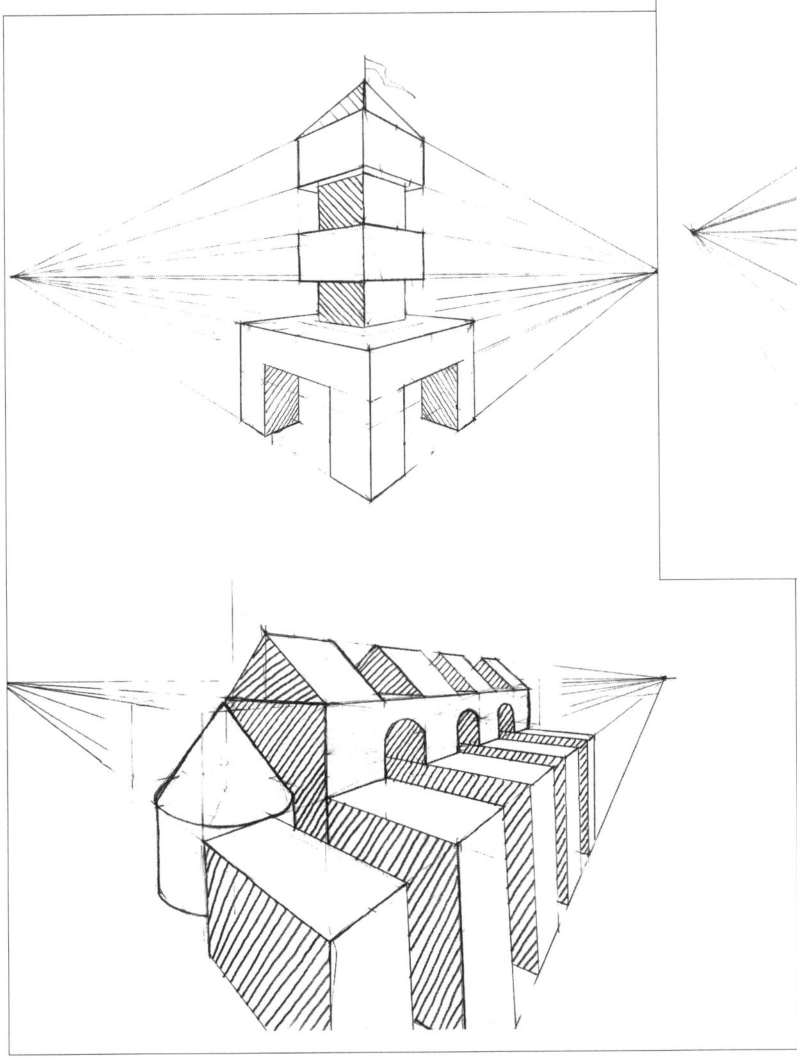

Licht und Schatten mit weichem Bleistift
Bei diesem Beispiel steht der seitliche Lichteinfall (hier von links) im Vordergrund. Im ersten Schritt müssen Sie die Grundform von Kopf, Nacken und Schultern bei seitlichem Lichteinfall wiedergeben.

Dabei sollten Sie berücksichtigen, wie das Licht Ihre Grundform modelliert, also wie von einer festgelegten Position aus der Schatten fällt und wie der Wechsel von Hell und Dunkel die Kopfform verändert. Der Kopf wirkt hier fast, als würde er zur Gänze durch das Licht geformt.

Grafit oder sehr weicher Bleistift: Hell-Dunkel-Effekte
Dieses Porträt mit unterschiedlichen Tonwerten wurde mit einem Bleistift der Stärke 8B gezeichnet.

Ausgangspunkt ist die Festlegung der Grundform – hier durch Beobachtung des Einflusses von Licht und Schatten auf das Gesicht. Wie Sie sehen, unterliegt die Zeichnung einem starken Lichteinfall, die die Form des Gesichts modelliert.

1. Indem Sie ein Oval zeichnen, haben Sie die Grundform des Kopfes. Zwei gerade Linien markieren den Nacken und zwei geschwungene die Schultern. Nun können Sie die Grundrichtung des Lichteinfalls festlegen. Das Licht trifft auf die eine Seite des Kopfes, die andere liegt im Schatten. Zusätzlich tragen Sie nun den Schatten im Hintergrund ein, auf den die Kopfform links trifft. Beachten Sie, wie die dunklen Linien in freier Strichführung platziert wurden.

2. Nach genauer Betrachtung des Porträtierten können Sie jetzt weitere Details des Wechselspiels zwischen Licht und Schatten auf Ge-

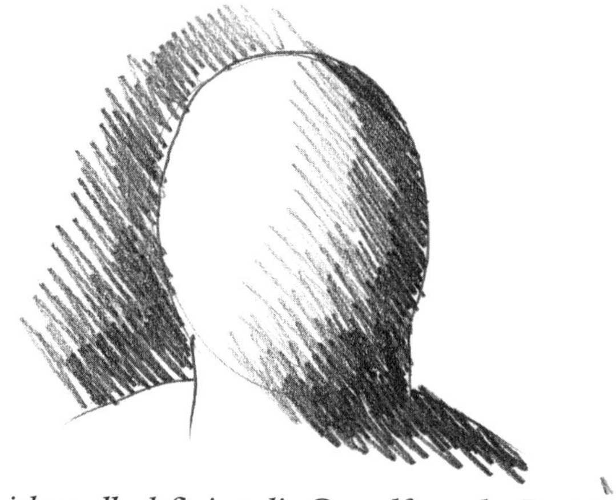

1.

Die Lichtquelle definiert die Grundform des Porträts.

2.

Wenn die Lichteffekte ausgearbeitet werden, spielen sie förmlich mit der Oberfläche des Gesichts.

3.

Mit weiteren Hell-Dunkel-Effekten werden die persönlichen Charakteristika herausgearbeitet.

sicht, Nacken und Schultern aufnehmen. Verzichten Sie darauf, Gesichtsmerkmale zu stark durch die Strichführung auszuarbeiten. Die Ähnlichkeit mit dem Porträtierten wird bei Zeichnungen in dieser Art vorrangig durch den Wechsel von Hell und Dunkel bestimmt.

3. Jetzt können Sie die feineren Hell-Dunkel-Abstufungen einzeichnen, wodurch die Zeichnung dem Abgebildeten ähnlich wird und einen Porträtcharakter erhält.

4. Um die atmosphärische Qualität des Lichts zu betonen, können Sie bei der Ausarbeitung auf einen Radiergummi zurückgreifen.

Die Dramatik dieser Zeichnung basiert fast ausschließlich auf der Chiaroscuro genannte Hell-Dunkel-Malerei.

4. Mit einem Radierer können Glanzlichter gesetzt werden.

Grafit und Radierer: eine Zeichnung mit dynamischen Tonwerten

Dieser weibliche Akt unterscheidet sich stark von der Zeichnung auf den beiden vorangegangenen Seiten. Zwar spielen auch hier die unterschiedlichen Tonwerte eine Rolle, aber während die vorherige Zeichnung vor allem auf der Analyse der Wechselwirkung von Licht und Schatten entstanden ist, handelt es sich bei dieser Zeichnung um eine ausdrucksstarke Interpretation der Wirklichkeit.

1. Im ersten Schritt zeichnen Sie die Figur in einer durchgehenden Linie. Setzen Sie den Stift erst ab, wenn Sie diese erste Stufe Ihrer Zeichnung vollendet haben. Die Idee des Körpers wird mit der Linie wiedergegeben, indem Sie der Körperkontur folgen, so als würden Sie mit dem Stift über den Körper fahren und dabei eine Spur hinterlassen. Sie erkennen unschwer, wie sich die Linie frei entfaltet und keiner vorgegebenen Richtung folgt.

2. Nun können Sie der Zeichnung Tonalität verleihen. Damit Ihnen das gut gelingt, sollten Sie Ihr Modell von einer Seite beleuchten. So können Sie gezielt Licht und Schatten setzen. Auch die „Farbgebung" durch unterschiedliche Hell-Dunkel-Effekte erfolgt in freien Bewegungen. Bei dieser Vorgehensweise sollten Sie keinen Gedanken an die Finessen der Ausgestaltung verschwenden, sondern einfach Ihre Linien frei und schwungvoll setzen. Diese Art der Zeichnung lässt sich am ehesten als spontan beschreiben, denn sie basiert nicht auf kalkulierten Beobachtungen.

3. Der nächste Schritt mag Ihnen seltsam erscheinen, denn jetzt sollten Sie zum Radierer greifen und die Zeichnung damit überarbeiten. Setzen Sie den Radierer schräg an und arbeiten Sie in Diagonalen über das gesamte Bild. So verwischt sich die Oberfläche der Zeichnung und Ihr Werk erhält eine besondere Atmosphäre.

4. Im letzten Schritt überarbeiten Sie Ihre Zeichnung, indem Sie gezielt erneut Tonabstufungen und Linien herausarbeiten. So erhält das Bild eine atmosphärische Wirkung, die den expressiven Charakter des Schaffensprozesses widerspiegelt – man bezeichnet das Vorgehen auch als gestisches Zeichnen. Künstler wie Rembrandt, Giacometti und Auerbach haben sich schon dieser Technik bedient.

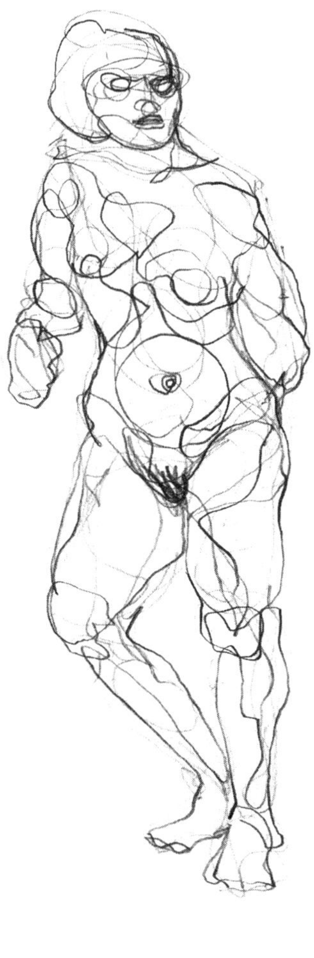

1.

2.

3.

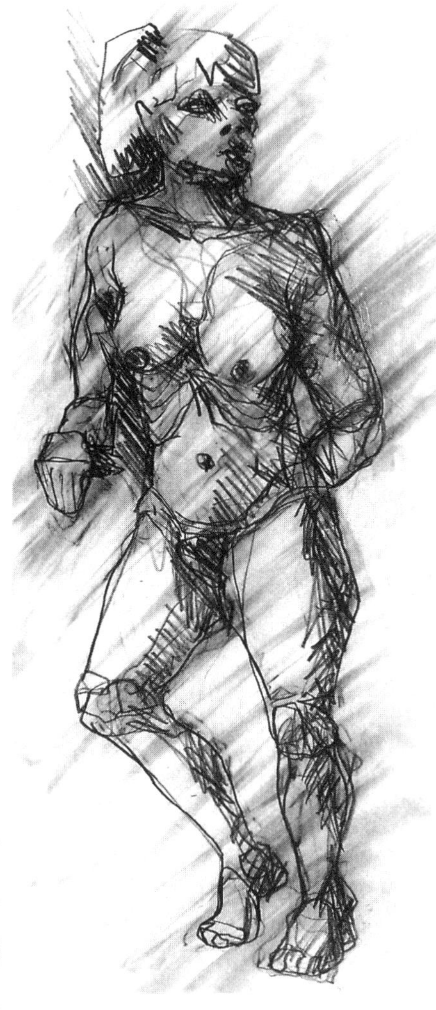

4.

Die gestische Zeichnung mit Grafit
Auch in dem Beispiel auf dieser Doppelseite basiert der Effekt auf dem Gebrauch des Radierers. Diese Methode bietet sich insbesondere bei Porträtzeichnungen an. Viele Künstler – von Giacometti bis Auerbach – greifen auf diese Herangehensweise zurück. Anfangs mag es Ihnen eigenartig erscheinen, das, was Sie gerade zu Papier gebracht haben, wieder zurückzunehmen. Mit der Zeit werden Sie jedoch die Vorzüge dieser Arbeitsweise schätzen lernen.

1. Bestimmen Sie die Form des Kopfes, indem Sie, ohne den Stift abzusetzen, mit Schwung eine durchgehende Linie ziehen. Vielleicht hilft es Ihnen sich vorzustellen, dass Sie die Linie entlang den Umrissen einer realen Person ziehen.

2. Als Nächstes definieren Sie mit gestischen Linien die Tonwerte. So bringen Sie Kraft und eine expressive Dimension in Ihr Bild.

3. Arbeiten Sie dann in diagonalen Bewegungen mit einem Radierer über die Zeichnung. Somit wird das Dargestellte auf die Bildebene reduziert und die Darstellung erhält gleichzeitig Ausdruckskraft.

4. Im letzten Schritt arbeiten Sie dann Linien und Tonwerte gezielt wieder heraus. So erhält die Zeichnung eine einzigartige Spannung und Expressivität und einen geschlossenen Grundcharakter.

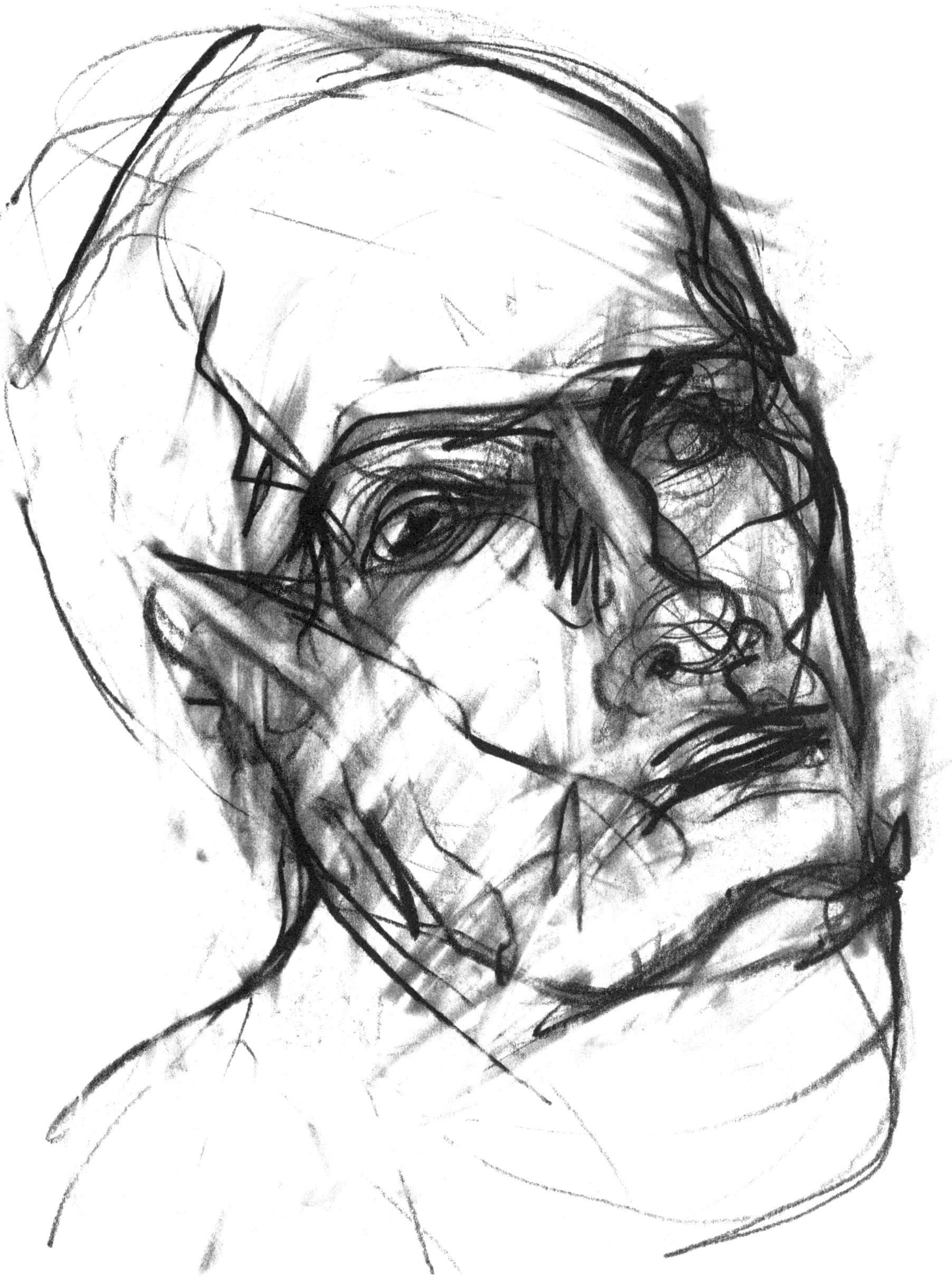

Landschaftsdarstellung nach Cézanne

Graustufen können nicht nur dazu dienen, Formen wiederzugeben oder einer Zeichnung besondere Ausdruckskraft zu verleihen, mit ihrer Hilfe lässt sich auch die Illusion eines dreidimensionalen Raums erzeugen. Die Zeichnung nach Paul Cézanne auf dieser Doppelseite geht nicht auf Beobachtung zurück, sondern basiert auf formalen Kriterien. Auch wenn ein Gebäude in einer Landschaft Ausgangspunkt der Komposition ist, dienen die Graustufen nicht zur Abbildung der Realität. Statt dem Dargestellten räumliche Tiefe zu verleihen, entscheidet sich Cézanne bewusst für eine Zweidimensionalität.

Er ignoriert die Perspektive und betont stattdessen die horizontalen und vertikalen Achsen.

Auch die Schatten an den Rändern unterstreichen die Zweidimensionalität der Wiedergabe. Bei der Darstellung dominiert die Ausarbeitung von Balance und Harmonie.

Die Schattierungen treten vor allem an den inneren und äußeren Konturen der Bildobjekte auf. Um ein Bildobjekt flächig abzubilden, müssen Sie die Ecken, die in den Hintergrund treten sollen, dunkler zeichnen. Umgekehrt müssen Sie, um etwas hervortreten zu lassen, es heller zeichnen.

Landschaftsdarstellung in Grafit

Diese Landschaftsdarstellung lässt sich in Bezug auf die Herangehensweise mit den Zeichnungen auf den Seiten 72 bis 75 vergleichen, nur wurde hier ein anderes Thema gewählt. Auch hier wurde mit Grafit und Radierer gearbeitet, um durch Graustufen dem Ganzen einen besonderen Ausdruck zu verleihen. Es handelt sich allerdings nur um eine Skizze.

Während eine Zeichnung oft schon das fertige Kunstwerk darstellt, dient eine Skizze zumeist nur als Vorlage für die spätere Ausarbeitung. Allerdings sollten Sie nicht unterschätzen, welche Inspirationsquelle solche Skizzen oder zufälligen Kritzeleien für spätere Zeichnungen sein können.

Die Zeichenkohle

Kohle, Conté-Kreide und gepresste Zeichenkohle

Eines haben alle diese Zeichenkohlen gemeinsam: Sie eignen sich hervorragend für eine starke Strichführung und ausdrucksstarke Oberflächengestaltung und verleihen so Ihrer Zeichnung eine besondere Atmosphäre und Ausdruckskraft.

Zeichenkohle

Die Kohle ist das älteste der hier vorgestellten Medien. Kohle wird aus Zweigen und dünnen Ästen gewonnen. Das Holz wird verkohlt, ohne dass der Verbrennungsvorgang zu Ende geführt wird. Die größte Zeichenkohle, auf dem Markt, eine Jumbo-Kohle, ist rund 5 cm dick.

Zeichenkohle gibt es bereits so lange wie es Menschen gibt. Als der Mensch das Feuer entfachte, entdeckte er die Kohle. Aus dieser zufälligen Entdeckung entwickelte sich im Laufe der Zeit die geplante Herstellung. Die Kohle ermöglichte es dem Menschen, erste Zeichnungen zu schaffen, in denen er seine Beobachtungen und Gedankengänge festhielt. Bald schon sollte sich der simple Kohlenstrich zu einer komplexen visuellen Sprache entwickeln. Die frühen Menschen hielten in ihren Höhlenzeichnungen mit Kohle unter anderem Momente ihres Alltagslebens fest.

Seitdem hat sich das Medium weiterentwickelt; heute sind neben der reinen Kohle auch Conté-Kreide, Wachskreide oder gepresste Kohle erhältlich. Um die empfindlichen Kohle- oder Kreidezeichnungen zu schützen, werden Sie mit einem Fixativ behandelt. Zudem gibt es spezielle Radierer, mit denen sich das Potenzial einer Zeichnung herausarbeiten lässt.

Zeichenkohle unterscheidet sich grundlegend von anderen Zeichenmaterialien. Verglichen mit einem Bleistift oder Grafit ist die Kohle weicher und die Oberfläche der Kohlepartikel breiter. Als Material ist Kohle empfindlich gegenüber Verschmutzung oder Reibung und sollte deswegen fixiert werden. Mit Zeichenkohle lässt sich ähnlich kräftig und flächig arbeiten wie mit Grafit, aber die Kohle unterscheidet sich in ihrem Charakter. In Kohlezeichnungen drücken sich Materialeigenschaften am deutlichsten aus: Arbeiten in Kohle haben etwas Flüchtig-Atmosphärisches. Verglichen mit Grafit, der eine gewisse Härte besitzt, ist die Kohle weicher, sodass Zeichnungen damit weniger streng wirken.

Die gepresste Zeichenkohle wird aus Holzkohle hergestellt. Entwickelt wurde sie in der ersten Hälfte des 18. Jahrhunderts. Bei gepresster Zeichenkohle handelt es sich um eine fein pulverisierte Kohle, die mit einem pflanzlichen Bindemittel verdichtet wird. Erhältlich ist sie in Form runder oder eckiger Kohlestäbchen. Gepresste Zeichenkohle muss so beschaffen sein, dass sie nicht bricht, und dennoch weich genug ist, um Linien auf dem Papier zu hinterlassen. Genau wie Bleistifte ist auch gepresste Zeichenkohle im gut sortierten Künstlerbedarf in verschiedenen Härtegraden (Gradationen) erhältlich.

Schließlich ist Zeichenkohle auch in Stiftform als Reißkohle erhältlich. Der Vorteil ist, dass man die Kohle fast wie einen Bleistift verwenden und sie sogar anspitzen kann. Ob die Qualität der Stifte der von naturbelassener Kohle entspricht, darüber gehen die Meinungen auseinander.

Conté-Kreiden
Im Prinzip sind Conté-Kreiden dasselbe wie gepresste Zeichenkohle, aber bei ihrer Herstellung werden andere Pigmente und Bindemittel verwendet. Bei ihnen handelt es sich um runde oder eckige Stäbchen aus Pigmenten, die mit Ton und Bindemitteln gemischt werden. Sie sind härter als naturbelassene oder gepresste Zeichenkohle. Die traditionelle Farbpalette umfasst Schwarz, Weiß, Rötel, Ocker und Sepia bzw. Dunkelsepia. Conté-Kreiden sind auch in Stiftform, vergleichbar mit Bleistiften, erhältlich. Genau wie Zeichenkohle können sie verwischt werden, allerdings haften sie stärker an und ihr Schwarz ist intensiver. Conté-Kreiden eignen sich besonders, wenn intensivere Tonabstufungen und Strichführungen gefordert sind.

Wachskreiden
Wachskreiden unterscheiden sich sehr von den anderen hier vorgestellten Medien. Hergestellt werden Sie aus Paraffin und Pigmenten. Sie sind in vielen verschiedenen Farben erhältlich und in der Konsistenz leicht wächsern. Da sie nicht so trocken wie Kohle sind, lassen sie sich schlechter verwischen. Wenn Sie Wachskreide entfernen wollen, müssen Sie zu einem Lösungsmittel greifen. Damit lässt sich das Wachs lösen, allerdings bleiben meist Flecken zurück. Wachskreide eignet sich hervorragend, um verschiedene Farbschichten aufzutragen. Eine Variante besteht darin, dunkle Farbschichten über hellen aufzulegen und danach die oberen Schichten abzutragen, sodass die hellen Farben wieder aufscheinen. Diese Kratztechnik findet sich unter anderem bei Paul Klee. Ihre Besonderheit ist, dass die Linien, die man in die Oberfläche kratzt, fast durchscheinend wirken. Insgesamt eine Technik, die zwar keine spontane Wiedergabe erlaubt, sich aber zum Ausdruck symbolischer oder abstrakter Inhalte eignet.

Spanisch Schwarz
Unter Spanisch Schwarz versteht man die schnelle und einfache Art, Korkkohle – auch die Zeichenkohle des armen Mannes genannt – herzustellen. Hierzu hält man das Ende eines Korkens in die Flamme, bis es sich schwarz färbt. Als Student habe ich manchmal auf diese Methode zurückgegriffen, wenn ich kein Geld für Zeichenkohle hatte. Zudem eignet sich Spanisch Schwarz als Theater-Makeup, um zum Beispiel einen falschen Bart oder Augenbrauen aufzumalen.

Das Fixativ
Mithilfe des Fixativs wird die empfindliche Kohlezeichnung geschützt. Das Fixativ wird

in mehreren Schichten auf das Zeichenpapier aufgesprüht und bindet so die Kohlepartikel an das Papier. Die gängigen Fixative bestehen aus in Alkohol gelöstem Schellack oder transparentem Harz. Heute werden zunehmend auch Kunstharze eingesetzt. Kohle, die vor dem Zeichnen in Leinöl getränkt wird, braucht nicht fixiert zu werden; allerdings geht dabei die weiche Qualität, das Hauptcharakteristikum dieses Materials, verloren.

Fixieren einer Zeichnung
Kohle ist, wie bereits erwähnt, ein sehr instabiles Medium. Einmal auf die Bildoberfläche (in der Regel Papier) aufgetragen, kann sie einfach verwischt oder ausradiert werden – auch unbeabsichtigt. Wenn Sie das Gefühl haben, dass Ihre Zeichnung fertig ist, sollten Sie sie umgehend fixieren.

Bei einem Fixativ handelt es sich um eine Lösung, die die Kohle oder Pastellkreide auf dem Bildträger, in der Regel Papier, versiegelt. Wenn Sie Ihre Arbeit nicht fixieren, besteht die Gefahr des Verblassens und der Beschädigung.

Handelsübliche Fixative werden in der Regel aufgesprüht. Zur Fixierung sprühen Sie das Fixativ in mehreren gleichmäßig dünnen Schichten auf die Zeichnung. Bevor Sie die nächste Schicht auftragen, müssen Sie warten, bis die vorherige getrocknet ist. Diesen Vorgang wiederholen Sie zwei- bis dreimal, bis ein feiner unsichtbarer Schutzfilm entstanden ist. Da bei selbst hergestellten Fixativen die Gefahr des Vergilbens besteht, empfiehlt es sich, auf in jedem gut sortieren Künstlerbedarf erhältliche Fixative zurückzugreifen.

Fixative werden in zwei Darreichungen angeboten: in Spraydosen und in Flaschen. Spraydosen (Abbildung 1) sind am einfachsten in

1.

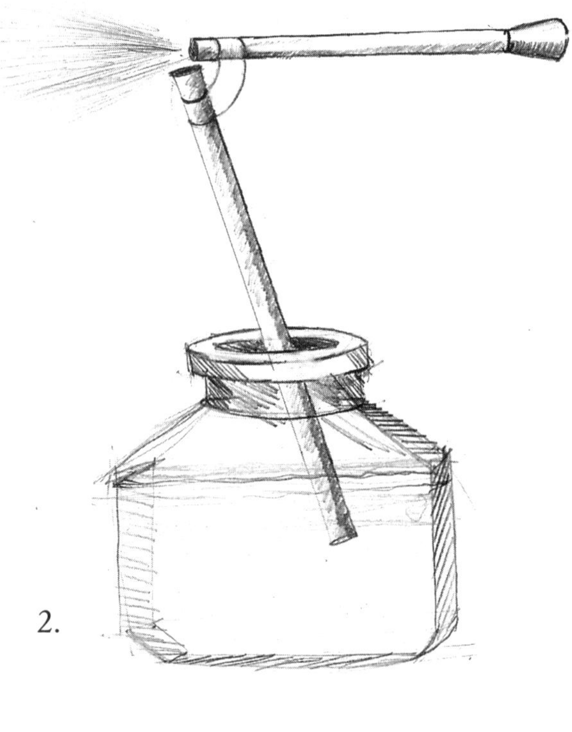

2.

der Handhabung. Zwar ist das Fixativ in Spraydosen teurer, aber meiner Meinung nach lohnt sich die Ausgabe. Sie können das Fixativ aber auch in der Flasche kaufen; aufgetragen wird es mit einem Zerstäuber (Abbildung 2). Ein Ende des Zerstäubers stecken Sie in die Flasche und das andere in den Mund. Wenn Sie nun regelmäßig pusten, entsteht ein feiner Nebel. Um eine gute Fixierung zu erreichen, müssen Sie genau wie mit einer Spraydose diesen Vorgang zwei- bis dreimal wiederholen.

Preiswerter wird es, wenn Sie ihr Fixativ selbst aus in Alkohol gelöstem und verdünntem Harz herstellen. Allerdings ist dies ein sehr zeitaufwendiger Prozess und nur demjenigen zu empfehlen, der dafür die nötige Geduld und auch die entsprechenden Kenntnisse im Umgang mit Lösungsmitteln hat. Auch für ein Fixativ aus Eigenproduktion benötigen Sie einen Zerstäuber.

Radiergummis

Die gängigen Radiergummi für Grafit eignen sich auch für Kohle. Jedoch sind manche empfehlenswerter als andere. Mit einem knetbaren Radiergummi aus weichem Plastik lässt sich die Kohle förmlich vom Papier „saugen", und da er verformbar ist, kann man auf jede erdenkliche Art mit ihm arbeiten.

Aber auch ein einfaches sauberes Baumwolltuch eignet sich hervorragend zum Entfernen von Kohlestrichen. Dies geschieht, indem Sie das Tuch über das gezeichnete Areal schlagen, von dem Sie die Striche entfernen wollen. Dabei wird die Zeichnung nicht gänzlich wegradiert, sondern es bleibt ein Fragment, eine Ahnung des ursprünglich Dargestellten, erhalten. Dies kann für das weitere Übermalen durchaus nützlich sein, denn so vermeiden Sie es, unnötige Fehler zu wiederholen.

Kohle lässt sich aber auch mit Schmirgelpapier „ausradieren". Schwieriger ist es hingegen, gepresste Kohle oder Conté-Kreiden zu entfernen. Hier rate ich zu einem guten Plastikradiergummi. Wachskreide lässt sich mit einem Lösungsmittel beseitigen oder indem Sie behutsam mit einer Rasierklinge die oberste Farbschicht abtragen.

Zeichenpapier

Die meisten Zeichnungen mit Zeichenkohle, gepresster Kohle, Conté-Kreide oder Wachskreide werden auf Papier ausgeführt. Experimentieren Sie ruhig auch einmal mit den verschiedenen Zeichenpapieren, die in unterschiedlichen Stärken und mit verschiedenen Oberflächen erhältlich sind. Auf glatten Oberflächen lassen sich gerade Linien ziehen und Flächen gestalten, während bei unregelmäßig strukturierten Oberflächen die Textur des Papiers durchscheint. Solche Strukturen können je nach gewähltem Motiv sehr sinnvoll sein und eignen sich zum Beispiel zur Imitation von Holz oder Mauerwerk.

Materialien und Beispiele für Strichführungen

Zeichenkohle aus Weidenholz
Bei Zeichenkohle aus Weidenholz oder Rebstock (auch als Willow Charcoal erhältlich) handelt es sich um eine feine englische Naturkohle. Sie ist sehr weich und fein und hat, da sie unter Luftabschluss verkohlt wird, einen relativ hohen Feuchtigkeitsgehalt. Deswegen kann man mit ihr wesentlich spontaner arbeiten als mit Bleistift. Sie eignet sich gut für großflächige Gemälde. Im Folgenden finden Sie einige Beispiele für Strichführungen mit Zeichenkohle aus Weidenholz.

1. Die diagonale Linie bewegt sich von Dunkel nach Hell. Mit Kohle lassen sich Tonabstufungen sehr gut wiedergeben.

2. Bei dieser Tonwertabstufung von Dunkel zu Hell wurden die Linien mit dem Finger verwischt und mit einem Radierer bearbeitet.

3. Hierbei wurde die Seite der Kohle über das Papier gezogen, sodass eine Tonwertabstufung mit Strukturierung entstand.

4. Bei dieser breiten und kräftigen Linie wurde die Kohle mit starkem Druck über das Papier gezogen.

5. Das entgegengesetzte Vorgehen zu 4. Die Kohle wurde mit wenig Druck über das Papier gezogen.

6. Im Verlauf wird diese Linie dünner: Anfangs wurde starker Druck auf die Kohle ausgeübt, der zum Ende hin abnahm.

7. Eine scharfe Linie entsteht, wenn die Kohle mit der Kante über das Papier gezogen wird.

8. Die Kohle wird auf dieselbe Art wie bei Nummer 7 über das Papier gezogen, nur diesmal in einer Auf- und Abwärtsbewegung.

9. Eine Zickzacklinie wie in Nummer 8, nur sind die Linien enger gezeichnet.

1.

2.

3.

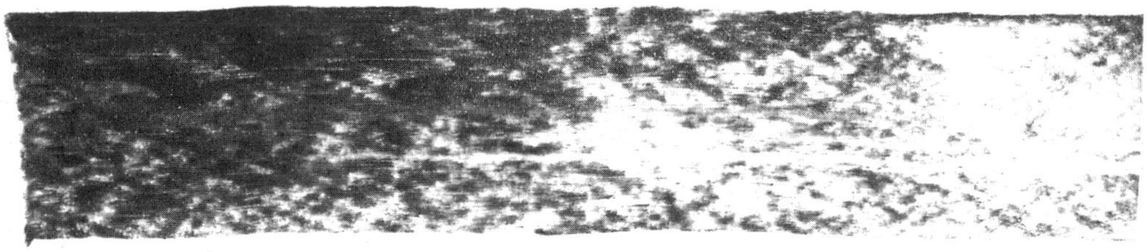

4.

5.

6.

7.

8.

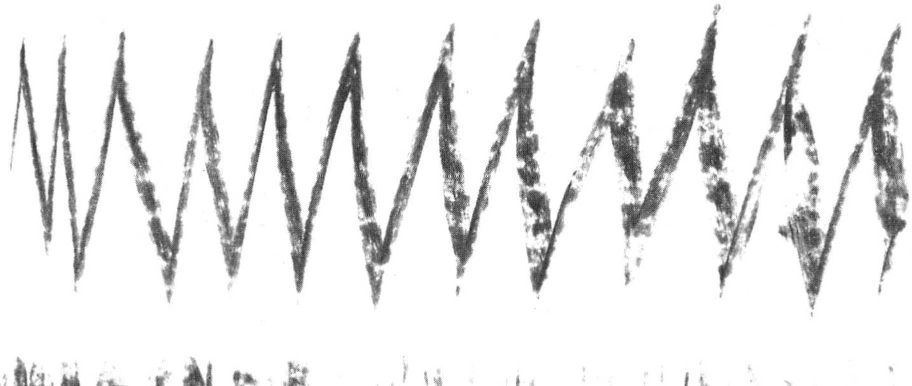

9.

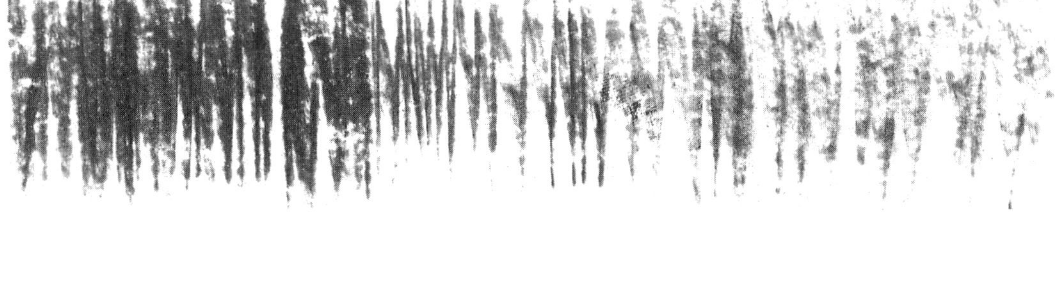

Kontrollierte Strichführung mit Kohle

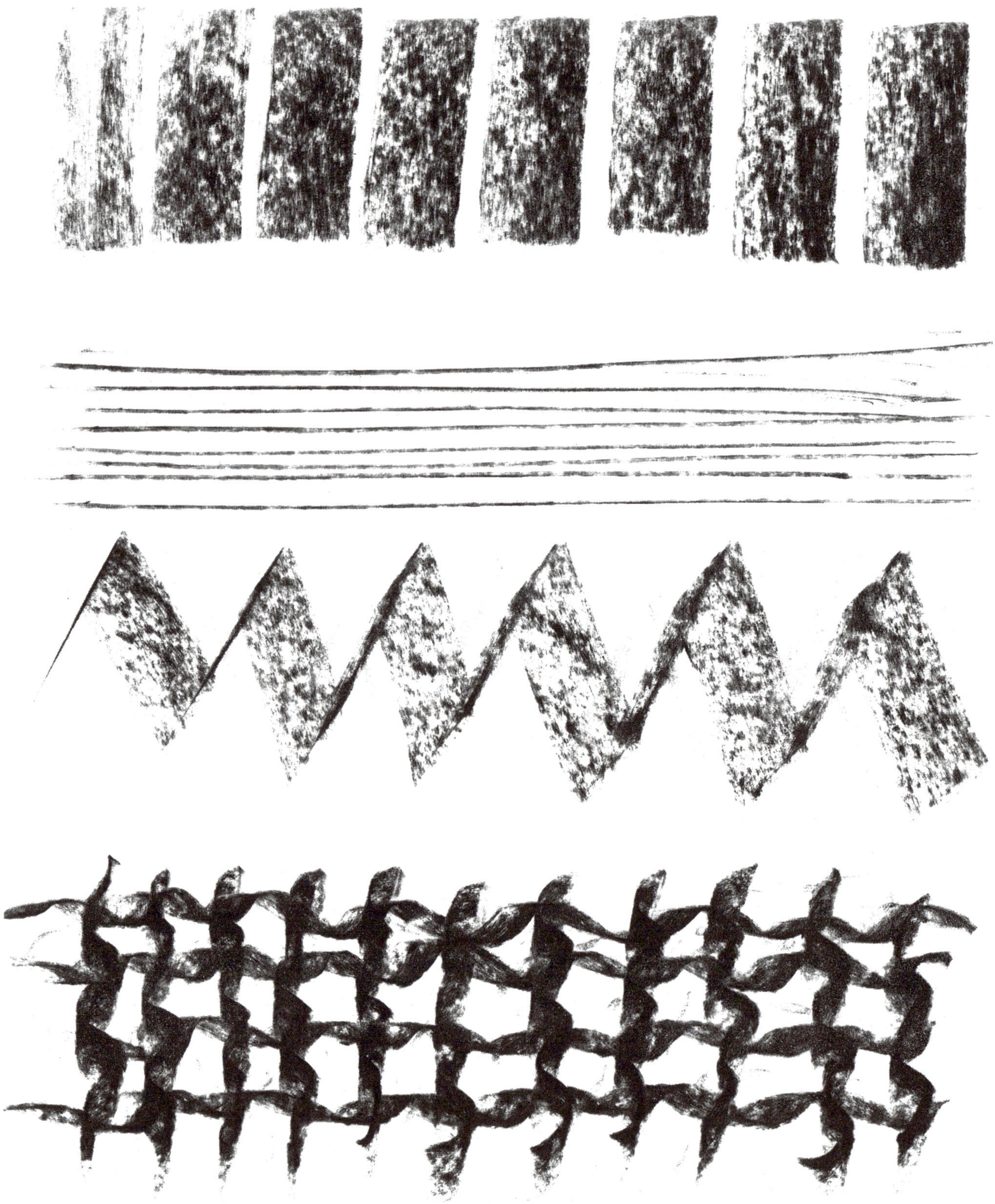

Ausdrucksstarke und flüssige Strichführung mit Kohle

Lineare Schraffuren mit Zeichenkohle aus Weidenholz

Unter 1 bis 6 sehen Sie die verschiedenen Techniken der Schraffur, mit der sich zarte Schatten zeichnen lassen, die ihrerseits der Formgebung dienen.

1. Diese parallel verlaufenden diagonalen Linien wurden mit der seitlichen Kante der Kohle gezeichnet (siehe Handhabung der Kohle, S. 98–99).

2. Bei der sogenannten Kreuzschraffur werden parallel verlaufende diagonale Linien in einem 90-Grad-Winkel übereinandergelegt.

3. Parallel verlaufende vertikale Linien

4. Die parallel verlaufenden vertikalen Linien werden von parallelen horizontalen Linien im rechten Winkel überlagert.

5. Einen dunklen Ton erzielen Sie, wenn Sie verschiedene Strichlagen übereinanderlegen (hier die Schraffuren aus Abbildung 2 und 3).

6. Hierbei wurden die Schraffuren aus Abbildung 2 und 4 übereinandergelegt, das Ergebnis ist ein sehr dunkler Ton.

7. und **8.** Diese Technik heißt gebogene Schraffur und betont die räumliche Wirkung.

7. Durch die gebogene Schraffur wird der Eindruck einer Kugel erzeugt.

8. Eine Kombination aus Kreuzschraffur und gebogener Schraffur: Künstler wie Leonardo da Vinci oder Michelangelo verstanden es, mithilfe dieser Schraffuren die menschliche Gestalt wiederzugeben

1.

2.

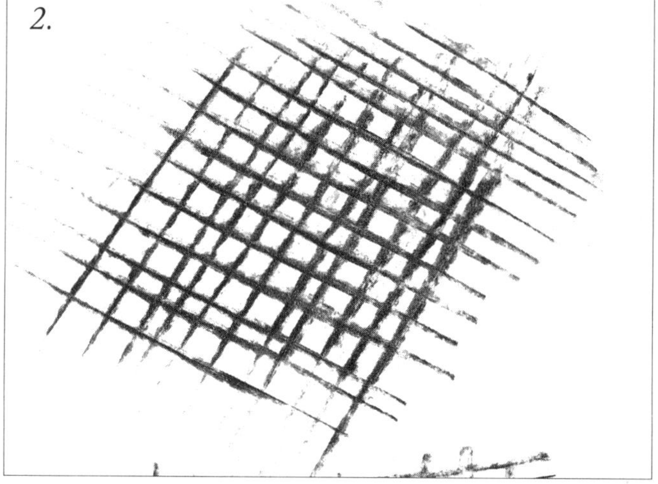

3.

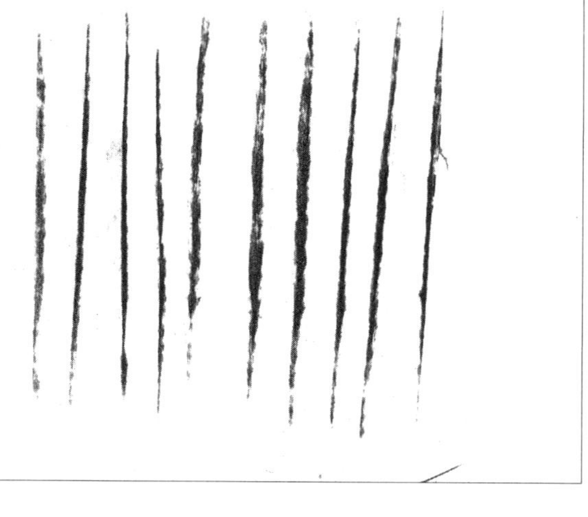

Es lohnt sich, die verschiedenen Schraffuren zu üben, denn sie sind ein wesentliches Element vieler Kohlezeichnungen.

4.
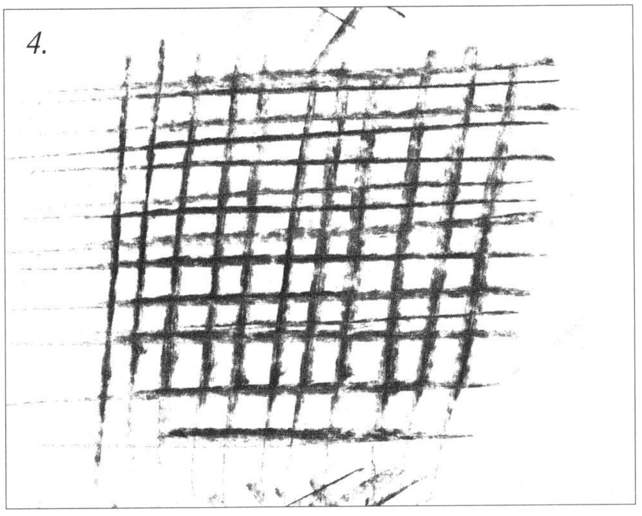

5.
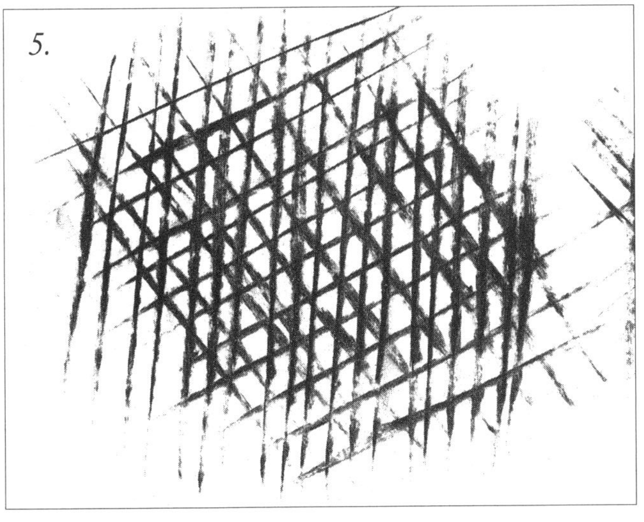

6.
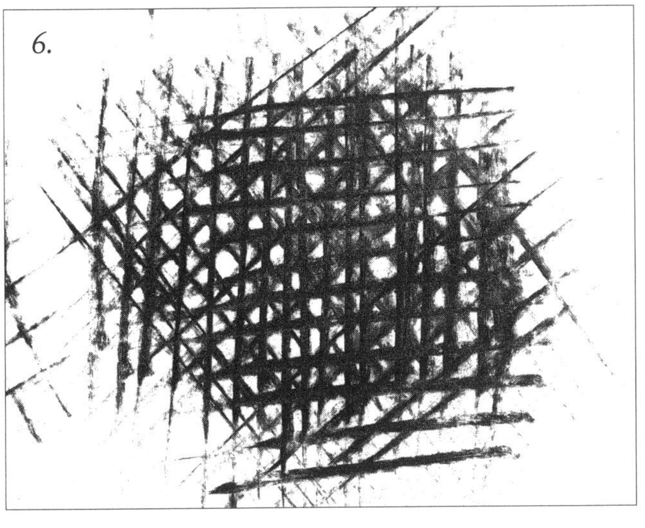

7.
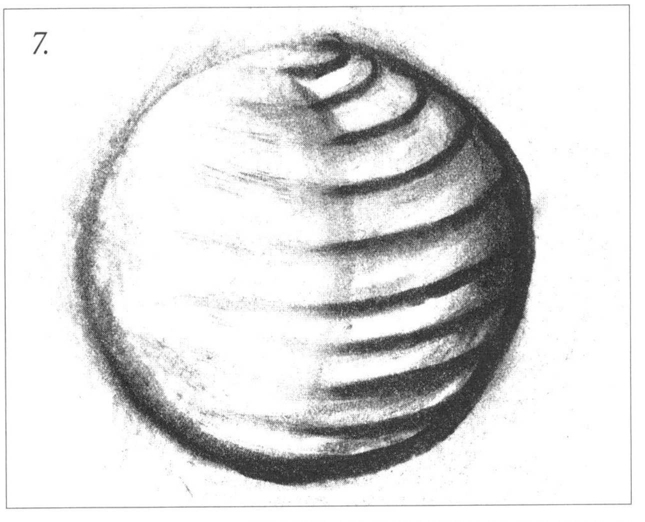

8.
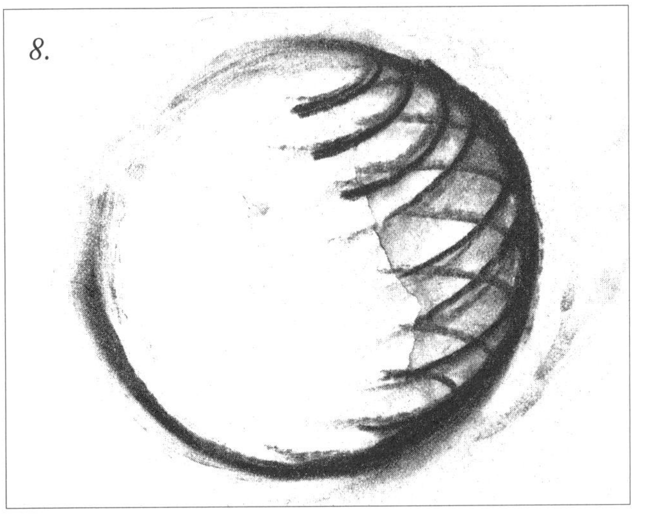

Übungen und Experimente mit Zeichenkohle

Genau wie beim Bleistift sollten Sie zunächst die Möglichkeiten des Mediums Kohle erkunden, bevor Sie ernsthaft mit Zeichenkohle zu arbeiten beginnen. Als naturbelassenes Medium eignet sich Kohle nicht für schematische Darstellungen oder technische Zeichnungen, dafür würde sie zu schnell verwischen. Von ihrer Beschaffenheit her bietet sich Kohle vielmehr für bildende Kunst und ausdrucksstarke Zeichnungen an.

Die hier vorgestellten verschiedenen Arten der Strichführung vermitteln den Eindruck von Strukturen und eignen sich deswegen vor allem bei Bildern, die eine Oberflächentextur wiedergeben sollen. Von 1 bis 9 sehen Sie rechts einige Beispiele für verschiedene Strichführungen, die Ihnen als Ideengeber für eigene Experimente mit dem Medium dienen sollen.

Ich rate meinen Schülern immer, sich so oft wie möglich in den verschiedenen Strichführungen zu üben. So können sie sich ein eigenes Repertoire der Linienführung zulegen, auf das sie bei zukünftigen Arbeiten zurückgreifen können.

1. Legen Sie ein 2,5 bis 5 cm langes Kohlestück flach auf die Oberseite Ihres Zeichenpapiers. Dann drehen Sie es mit einer leichten Bewegung im Kreis. Das Muster erhalten Sie durch die Wiederholung der Bewegung.

2. Legen Sie dasselbe Kohlestück wieder flach auf das Papier und ziehen Sie es jetzt in einer Wellenbewegung über das Papier. Setzen Sie ober- oder unterhalb der Welle eine zweite Welle an, die sich leicht mit der ersten überschneidet. Das so entstandene Muster wirkt wie gestrickt.

3. Gleiches Vorgehen wie in Punkt 2, aber in einer eckigeren Bewegung.

4. Mit demselben Kohlestück zeichnen Sie nun kurze Striche, die sich regelmäßig wiederholen. Diese Technik empfiehlt sich, um beispielsweise ein Hochhaus mit vielen angedeuteten Fenstern zu zeichnen.

5. Dasselbe Vorgehen wie unter 4 beschrieben, aber nun wird das Kohlestück schräg angesetzt und die Striche werden breiter. So lassen sich zum Beispiel die Oberflächenstruktur eines Korbs oder Parkettbodens wiedergeben.

6. Hierzu fassen Sie die Kohle am Ende an. Mit der Kante beschreiben Sie einen Bogen, dann setzen Sie – wie ein Spiegelbild – einen zweiten Bogen an. In der Aneinanderreihung wirken die Bögen wie das Flechtmuster eines Pullovers..

7. Diese Technik entspricht der unter Punkt 6. Die Bögen verlaufen s-förmig und das Muster wirkt wie ein Seil.

8. Wenn Sie die Kohle in engen horizontalen Linien über das Papier ziehen, entsteht eine Art Holzmaserung.

9. Mit einer leichten Abwandlung der in 8 beschriebenen Technik wird der Eindruck einer anderen Holzmaserung erzeugt, die sich ebensogut einsetzen lässt.

1.

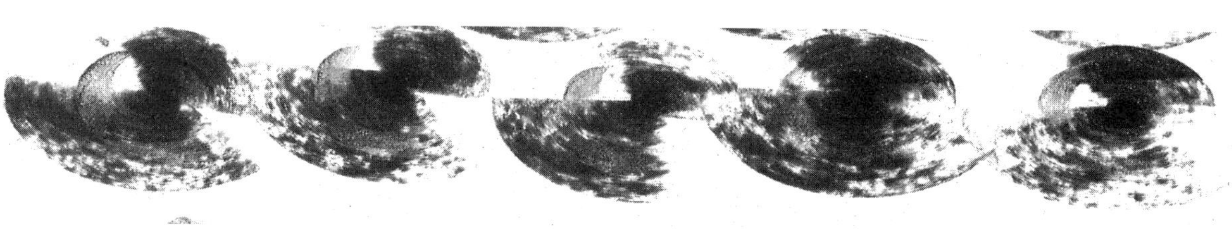

2.

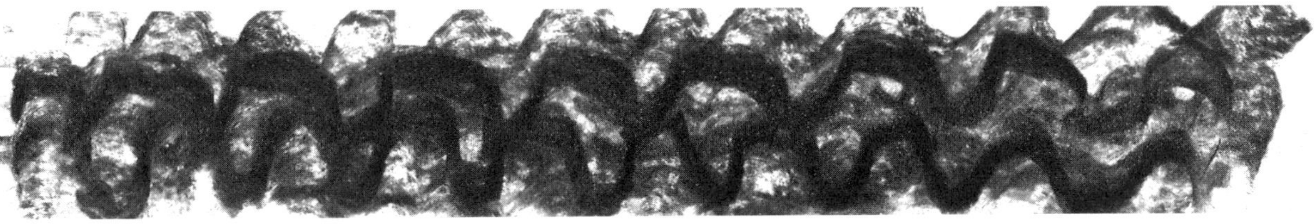

3.

4.

5.

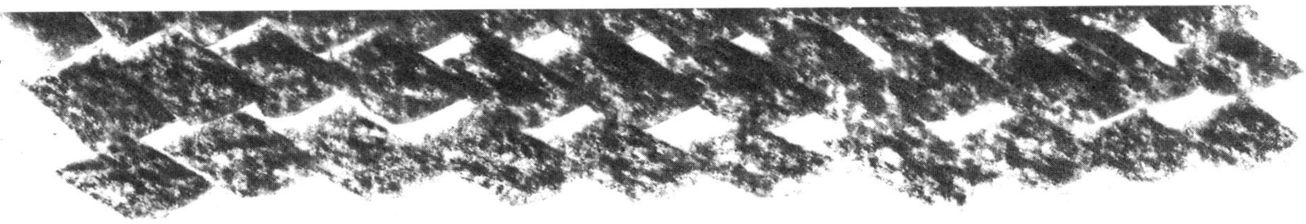

6.

7.

8.

9.

Zeichnen mit dem Radiergummi
In Kombination mit der Zeichenkohle kann der Radiergummi zu einem nützlichen Zeichenutensil werden. Mit ihm können Sie Linien ziehen oder bestimmte Tonwerte unterstreichen. Wenn Sie mit dem Radiergummi dunkle Flächen zurücknehmen, erhalten Sie eine ausdrucksstarke Zeichnung. Zugleich wird er so als Zeichenmittel eingesetzt, anstatt wie sonst nur zur Fehlerentfernung. Genau wie mit anderen Medien lohnt sich auch hier die Übung, um Ihr eigenes Repertoire an Zeichentechniken zu entwickeln. Dabei sollten Sie darauf achten, den Radiergummi sauber zu halten. Dazu ziehen Sie ihn einfach über eine saubere Oberfläche, Plastikradiergummis kann man sogar waschen.

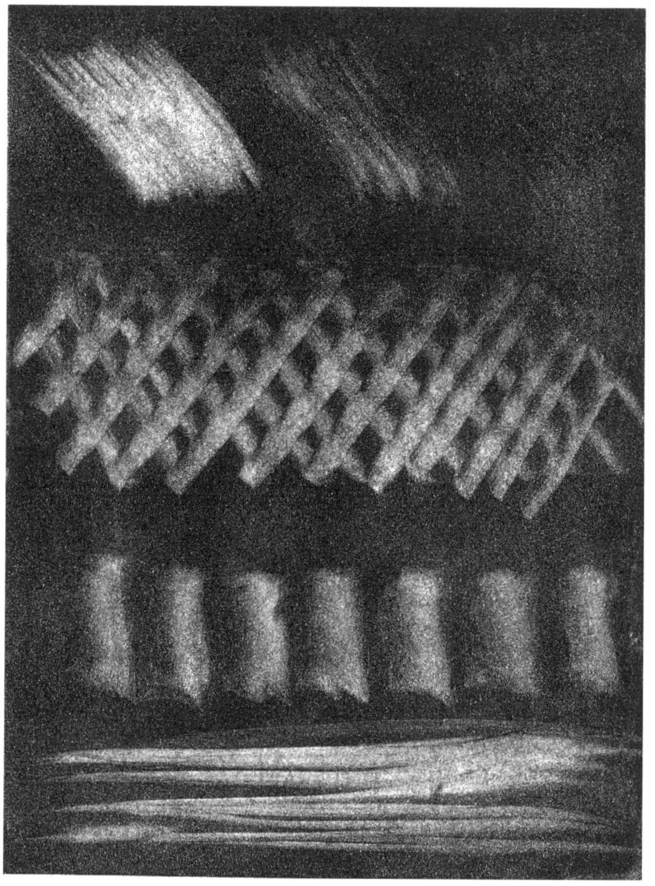

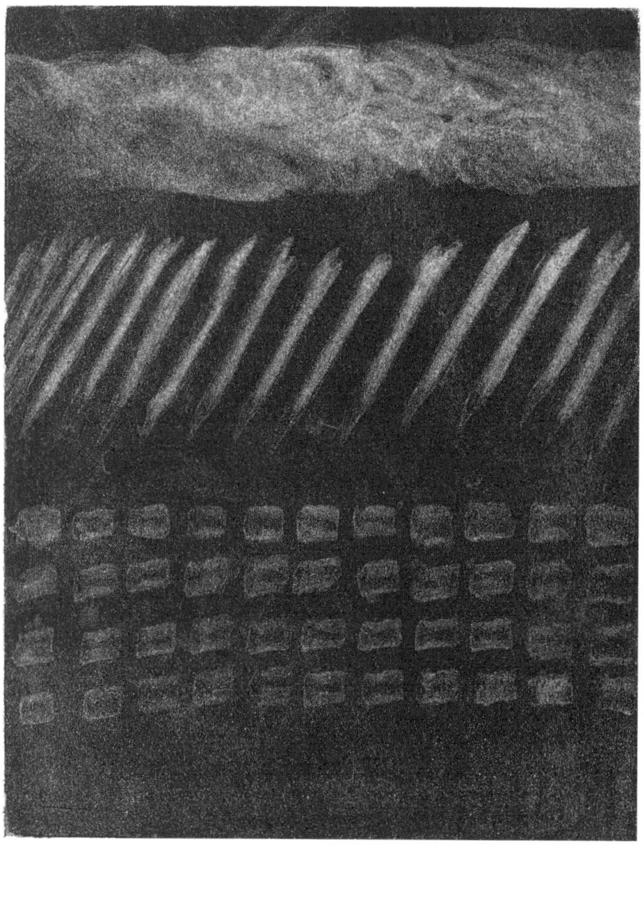

Die Tonabstufungen in diesem Bild wurden durch den Einsatz eines Radiergummis erzielt.

Tonking

Beim Tonking handelt es sich um eine Technik, Kohlezeichnungen optisch zurückzunehmen. Entwickelt wurde diese Technik von einem gewissen Professor Sir Henry Tonks.

1. Fertigen Sie eine grobe Skizze der Komposition an, die Ihnen vorschwebt. Dann tragen Sie die verschiedenen Hell-Dunkel-Flächen ein. Es reicht, dies wenig nuanciert zu tun. Wichtig ist, dass Ihre Zeichnung einen ausgeprägten Schwarz-Weiß-Charakter erhält.

2. Nehmen Sie ein weiches Tuch und schlagen Sie damit leicht über Ihre Zeichnung. So werden die dunklen Pigmente der Kohle verteilt und gleichzeitig die Dichte des schwarzen Farbauftrags reduziert. Ihre Zeichnung erhält eine stimmungsvolle Zartheit, da die ersten Umrisse nur andeutungsweise bestehen bleiben.

3. Nun können Sie daran gehen, Ihre Zeichnung wieder neu aufzubauen, indem Sie über die Grundstruktur der alten malen. Dabei sollten Sie sowohl die Komposition als auch die Tonwerte weiter ausarbeiten, um die Chiaroscuro genannte Hell-Dunkel-Malerei entstehen zu lassen. Sie können diesen Prozess solange wiederholen, bis Sie schließlich mit dem Endergebnis zufrieden sind. Vergessen Sie das abschließende Fixieren nicht.

1.

2.

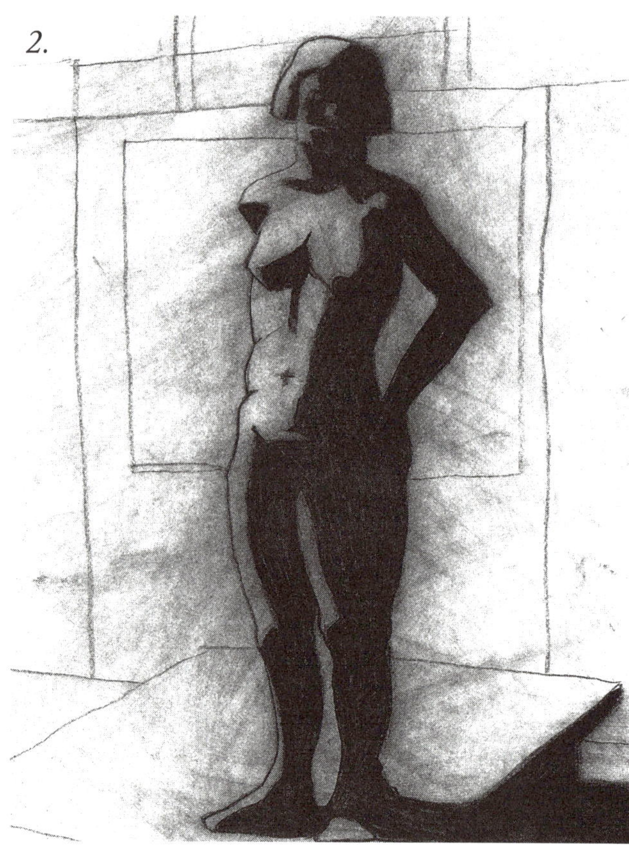

3.

Auch Stillleben können mit der Tonking-Technik bearbeitet werden. Hier wurde dieses Vorgehen selektiv auf einzelne Objekte angewandt.

Die Grundkomposition

Das Zurücknehmen der Zeichnung durch Verwischen mit einem Tuch

Durch das Übermalen und Verstärken der Tonwerte erhält jedes Objekt eine klare Gestaltung.

Die richtige Handhabung der Zeichenkohle

Wie man Zeichenkohle hält
Zeichenkohle wird anders gehalten als ein Bleistift, denn sie ist kein Medium für die Wiedergabe von Details und Feinheiten. Normalerweise zeichnet man mit ihr großformatige Darstellungen und diese dann auch meist mit größerem Abstand zum Papier oder zur Staffelei, um die Linien mit Schwung und eher skizzenhaft aufs Papier zu bringen. Aus diesem Grund ist bei der Arbeit mit Zeichenkohle eine andere Haltung gefragt als bei der mit Bleistiften; bei einer Bleistiftzeichnung erfolgt die Zeichenbewegung aus Hand und Handgelenk, bei einer Kohlezeichnung dagegen werden häufig Hand, Arm und Schulter zugleich eingesetzt.

Vier Arten, Zeichenkohle zu halten
1. und **2.** Diese beiden Arten, Zeichenkohle zu halten, sind für das Skizzieren am besten geeignet. Beachten Sie, dass dabei die Hand nicht aufgestützt wird.

3. Wenn Sie die Zeichenkohle wie in Abbildung 3 halten, können Sie scharf konturierte Linien ziehen, die wirken, als wären sie ins Papier geritzt.

Dazu nimmt man ein rund 5 cm langes Stück Kohle und legt es flach auf das Papier. Halten Sie die Kohle zwischen Daumen und Finger und ziehen Sie sie dann mit Druck über das Papier.

4. Als Henri Matisse im Alter die Zeichenkohle nicht mehr gut halten konnte, befestigte er ein Stück Jumbo-Kohle an einen Stock und schuf so seine großformatigen Zeichnungen. Dabei stand er etwas entfernt von seiner Staffelei, wodurch die stark geschwungenen Linien seiner Zeichnungen eine überzeugend einfache Wirkung erzielten.

1.

2.

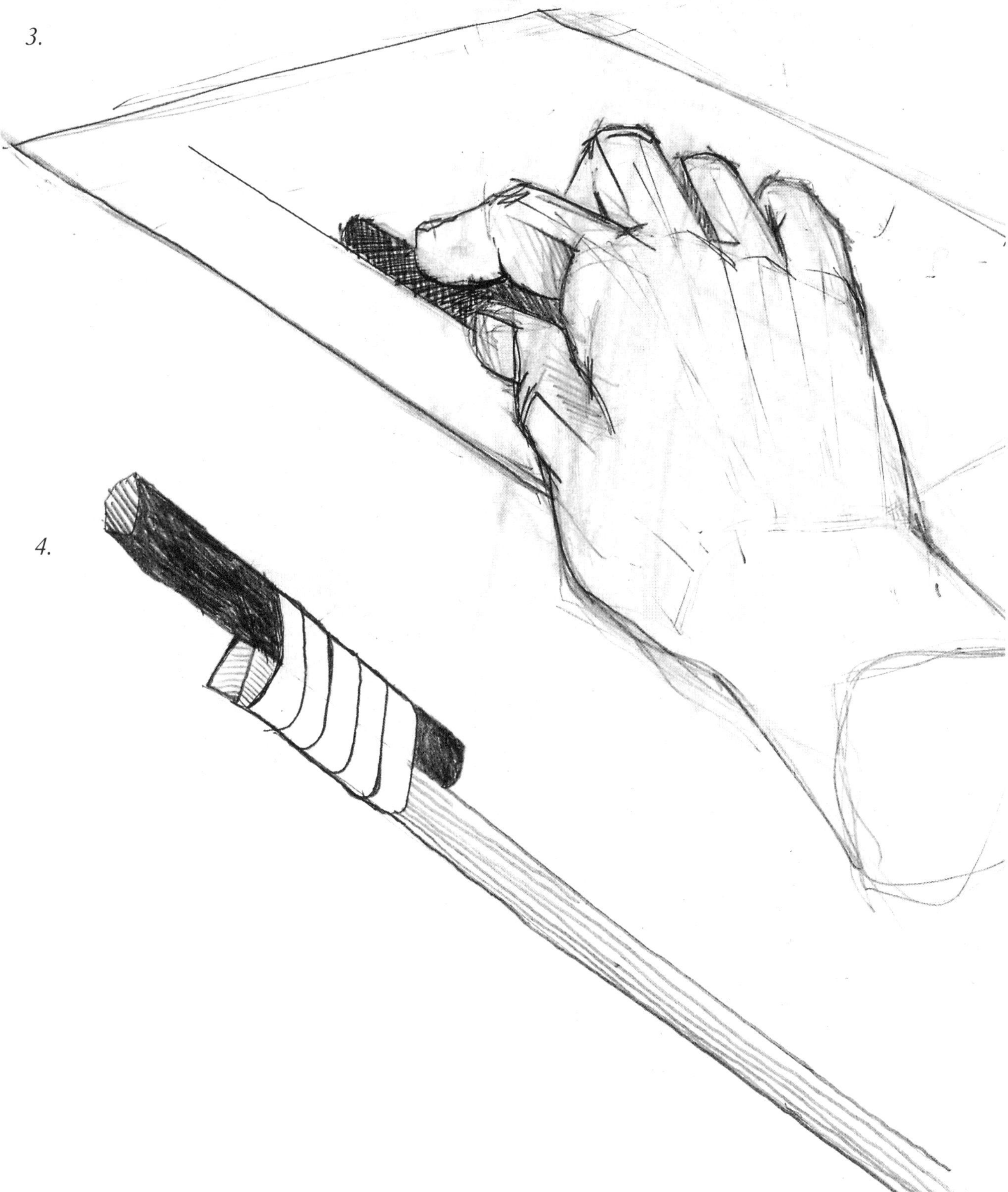

3.

4.

Weitere Arten von Zeichenkohle

Kohlestift
Von seinem Aussehen her erinnert der Kohlestift an einen Bleistift. Sein Ausdruckspotenzial entspricht dem der Kohle, obwohl Sie ihn genauso kontrolliert einsetzen können wie einen Bleistift.

1. Diagonale, flüchtig skizzierte Schatten

2. Eine Reihe vertikaler Linien

3. Vertikale Schlangenlinien

4. Vertikale und horizontale Schlangenlinien

5. Kurze horizontale Striche

6. Verschiedene gegenläufige Striche

7. Punkte

8. Diagonale Linien

9. Zarte horizontale Linien

10. Vertikale und horizontale Linien von Dunkel nach Hell

11. Schlangenlinien

12. Rechte Winkel von Dunkel nach Hell

1.

2.

3.
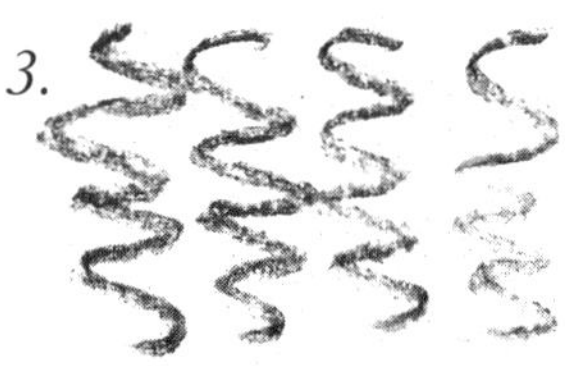
4.

5.

6.
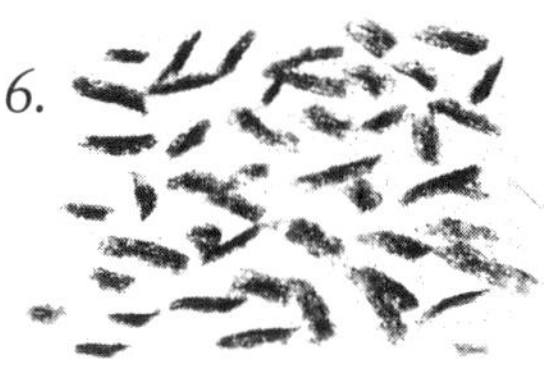
7.
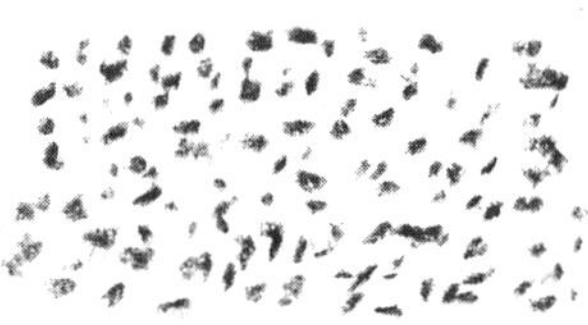
8.
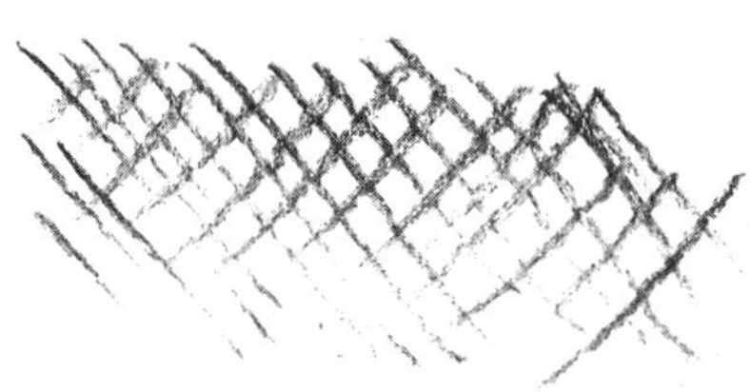
9.

10.

11.
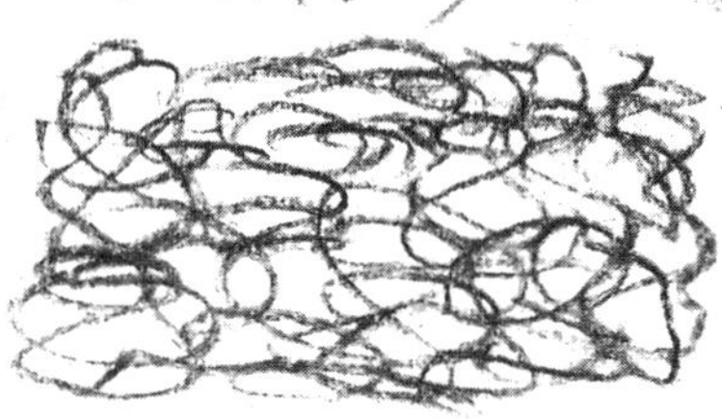
12.

Jumbo-Kohle

Jumbo-Kohle ist viel breiter (meist über 1 cm dick) als andere Zeichenkohlen.

Mit ihr lassen sich kräftigere und stärkere Linien ziehen und große Flächen schneller dunkel einfärben. Unten auf dieser Seite sehen Sie Beispiele für die Farbintensität und Möglichkeiten der Strichführung mit Jumbo-Kohle.

1. Eine breite geschwungene Linie

2. Eine breite gerade Linie

3. Zwei Reihen kurzer horizontaler Striche

4. Eine dunkle Farbfläche

Conté-Kreide

Conté-Kreiden sind in Stäbchenform und in verschiedenen Gradationen von weich bis hart erhältlich. Die Herstellung von Conté-Kreiden ist vergleichbar mit der von gepresster Zeichenkohle. Die fein pulverisierten Pigmente werden mit einem Bindemittel gemischt und zu runden oder eckigen Stäbchen gepresst. Conté-Kreiden sind härter als naturbelassene Zeichenkohle. Zeichnungen mit Conté-Kreiden sind im Vergleich zu Kohlezeichnungen weniger flüchtig, andererseits eignen sie sich besonders für ausdrucksstarke Strichführungen.

Die Strichführungen von Conté-Kreiden, wie sie in den Beispielen von 1 bis 16 zu sehen sind, wirken wegen der stärkeren Anhaftung am Papier kontrollierter. Mit ihnen lassen sich leicht strukturierte Oberflächen nachahmen. Mit gezielter Strichführung lässt sich so die Struktur von Holz, Metall, einem Seil oder Schwamm und vielem anderen wiedergeben.

1. und **2.** Die Strichführung erzeugt eine gewebte oder gestrickte Oberfläche.

3. Linienführung, die den Eindruck einer holzartigen Oberfläche vermittelt.

4. Strichanordnung, die an einen Teppich oder an einen Rasen erinnert.

5. Ein Webmuster

6. Ein Flechtmuster wie bei einem Strohhut

7. und **8.** Strichführung, die eine Schnur bzw. ein Seil abbildet.

9. und **10.** Eine Wabenstruktur und ein Kreismuster

11. Linien wie Borsten an einen Bürstenkopf

12. Diese Striche lassen eine scharfe harte Oberfläche vermuten.

13. Linien, die wie Grasbüschel wirken.

14. Linien, die ein Blattmuster entstehen lassen.

15. Linien, die wie fließendes Wasser erscheinen.

16. Wellenbewegungen

1.

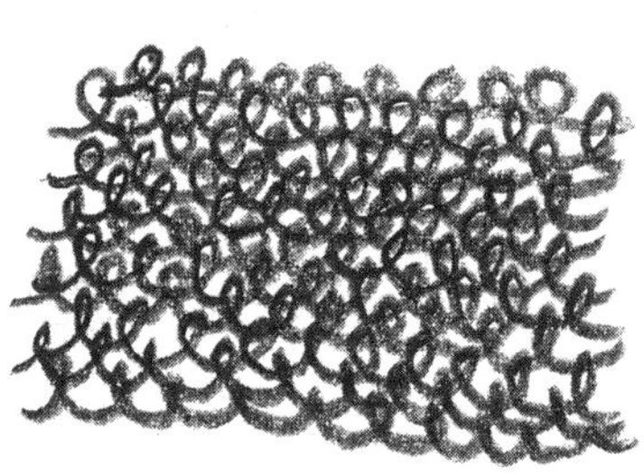

2.

3.

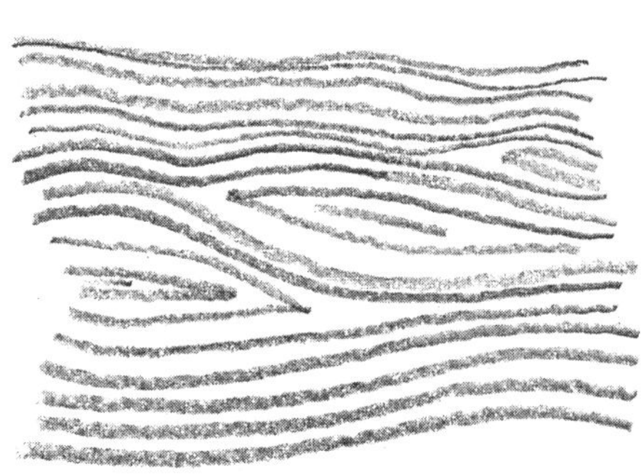

4.

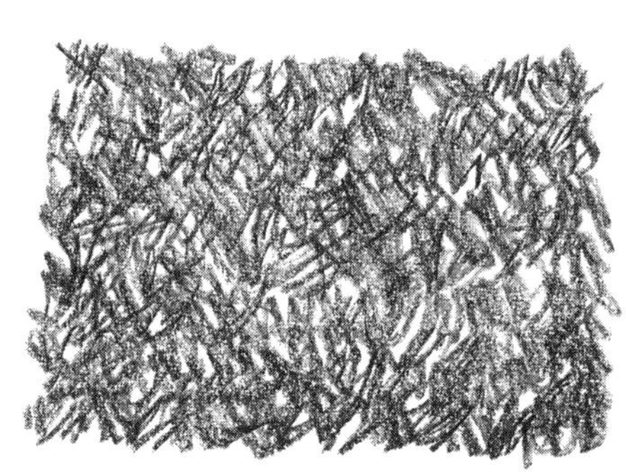

5.

6.

7.

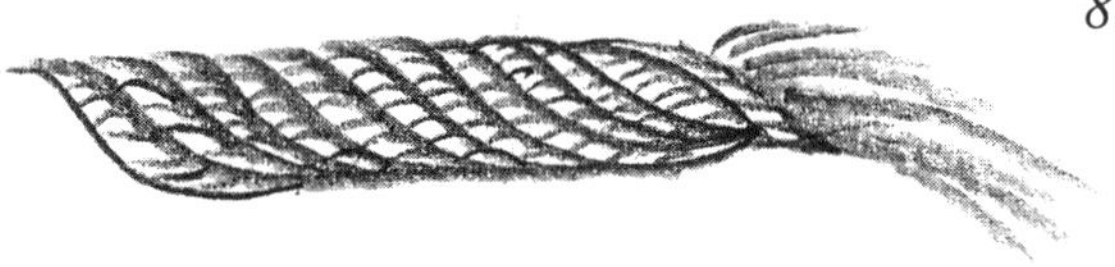

8.

9.

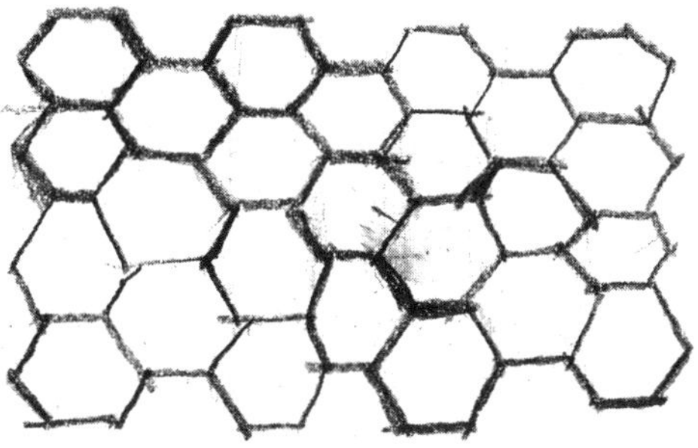

10.

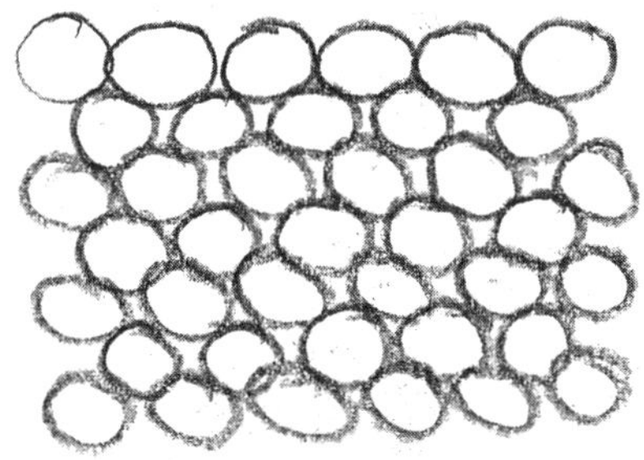

11.

12.

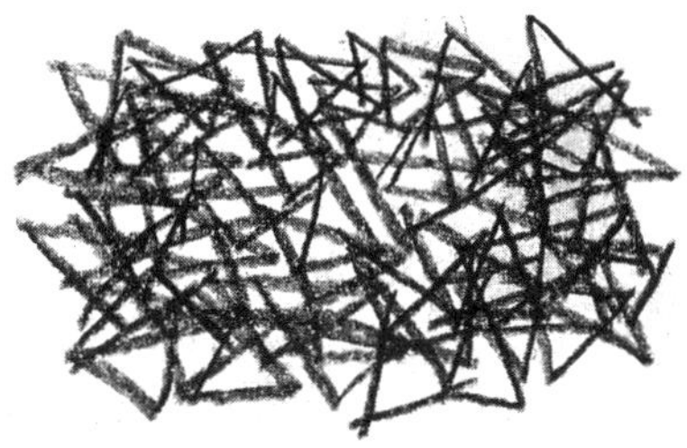

13.

14.

15.

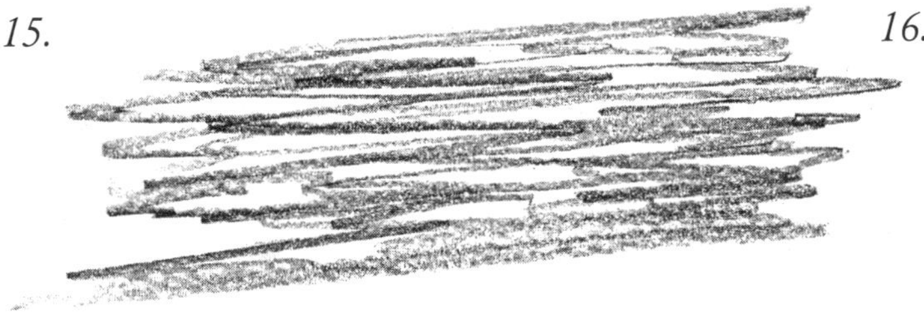

16.

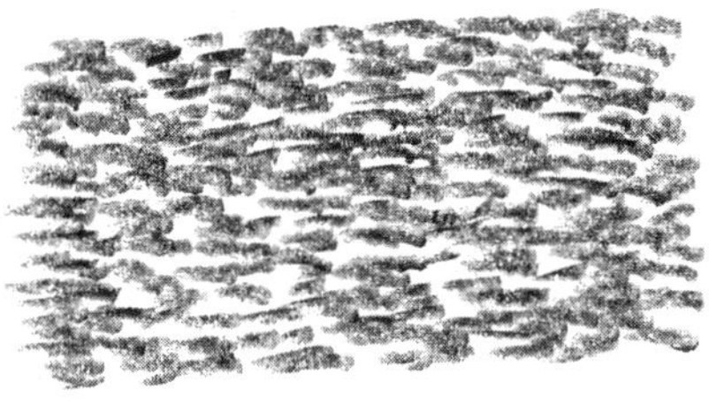

Die Abbildungen auf diesen Seiten dienen als Beispiel für das, was möglich ist. Experimentieren Sie einfach mit dem Medium und versuchen Sie sich in immer neuen Strichführungen. All das wird Ihre Zeichentechniken vervollkommnen und Ihnen zu mehr Selbstvertrauen im zeichnerischen Ausdruck verhelfen.

Übungen mit Zeichenkohle

Unterschiedliche Strichführungen
Die folgenden Studien und Zeichnungen sollen Ihnen dazu dienen, sich in der Strichführung zu üben. Gegenstand der Zeichnungen, die alle Bestandteil eines Grundkurses für Kunststudenten sind, ist die Wiedergabe verschiedener Oberflächen.

Die verschiedenen Strichführungen haben Sie ja bereits ausprobiert, jetzt können Sie diese Erfahrungen umsetzen. Dabei empfiehlt es sich, vorab Skizzen von Objekten mit unterschiedlichen Beschaffenheiten und Strukturen anzufertigen. Bei den Endzeichnungen sollte dann die Wiedergabe dieser Charakteristika im Vordergrund stehen.

Bei den Zeichnungen auf dieser und den beiden folgenden Seiten sehen Sie, dass das Hauptaugenmerk bei der Wiedergabe auf Form und Oberfläche liegt. Dabei geht es nicht um eine genaue Abbildung, vielmehr wurde metaphorisch gearbeitet, also eine Darstellungsform gewählt, die unserer Vorstellung von der Abbildung der Wirklichkeit am nächsten kommt. Nutzen Sie jede Gelegenheit für Skizzen dieser Art, sie sind eine gute Übung.

Als Beispiele habe ich einige Nahansichten von Objekten, die so in der Natur vorkommen, gewählt und mich auf die Strichführung konzentriert. Zuerst wird der Umriss des Objekts gezeichnet, danach werden die Linien gesetzt, die die Details der Form bestimmen und das Objekt.

Beispiel 1
Alle Beispiele basieren auf einer fast schon mikroskopischen Betrachtung. Im ersten Beispiel, einer Getreideähre, stehen die kleinen Samenkörner und ihre Form in der Zeichung im Vordergrund. Arbeiten Sie diese daher detailliert aus.

Beispiel 2
Im zweiten Beispiel geht es um die geschlossenen Samenkapseln und den aufgerauten Stängel. Hier kontrastieren zwei Darstellungsweisen miteinander: Der Stängel und die Samenkapseln sind sorgfältig ausgearbeitet, während die aus den Kapseln ragenden Blütenansätze und die Blattansätze freier gezeichnet sind. Durch diesen Gegensatz wird die Zeichnung visuell ansprechender.

Beispiel 3
Derselbe Ansatz findet sich auch in der dritten Zeichnung. Während Struktur und Beschaffenheit des Stängels mit Bedacht wiedergegeben werden, scheint die Blüte schneller hingeworfen, wobei sich ihre Beschaffenheit in der Strichführung wiederspiegelt.

Beispiele 4 bis 8
In den Beispielen 4 bis 8 wurde ein formalerer Ansatz gewählt. Diese Studien sind allesamt klar strukturiert und durchdacht. Bei den Pflanzenstudien markieren einige wohlgesetzte Striche die sichtbare Struktur der Rispen, Blüten oder Blätter. Das Ergebnis schmeichelt nicht nur den Augen des Betrachters, es bewirkt auch den Wunsch, die Pflanze weiter zu erforschen.

Beispiele 9 bis 12
Zu empfehlen ist ein Blick auf die noch heute faszinierenden Naturstudien Leonardo da Vincis. Diese Art der Betrachtung lässt sich auch auf unbelebte Objekte übertragen. Bei der Sandale (Abbildung 9, S. 107) erzeugen die verschiedenen Strichführungen eine komplexe Oberfläche und verleihen der Zeichnung einen unverwechselbaren Charakter. Auch Vincent van Goghs Darstellung eines Paars Schuhe ist eine Betrachtung wert.

1.

2.

3.

4.

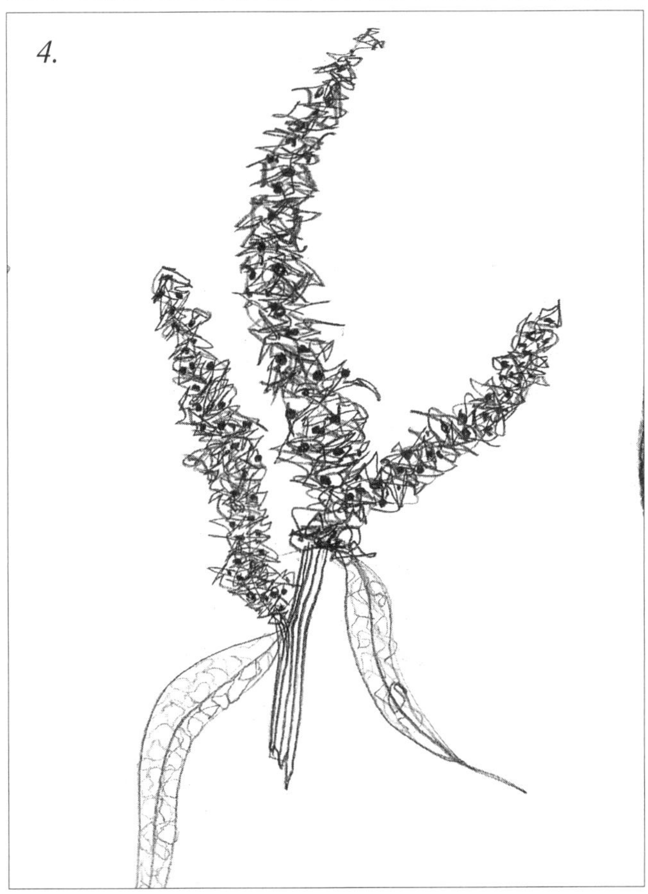

5.

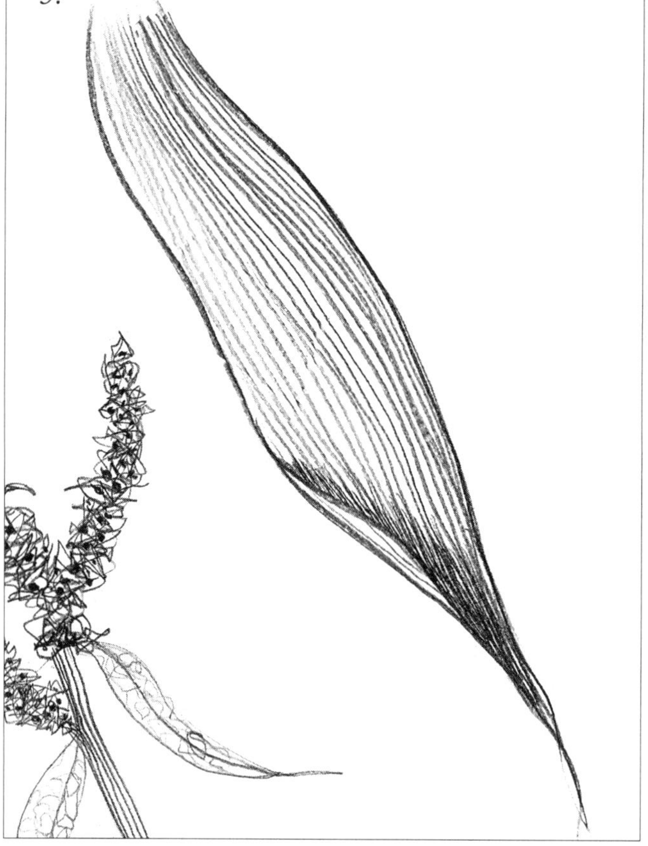

6.

7.

8.

9.

10.

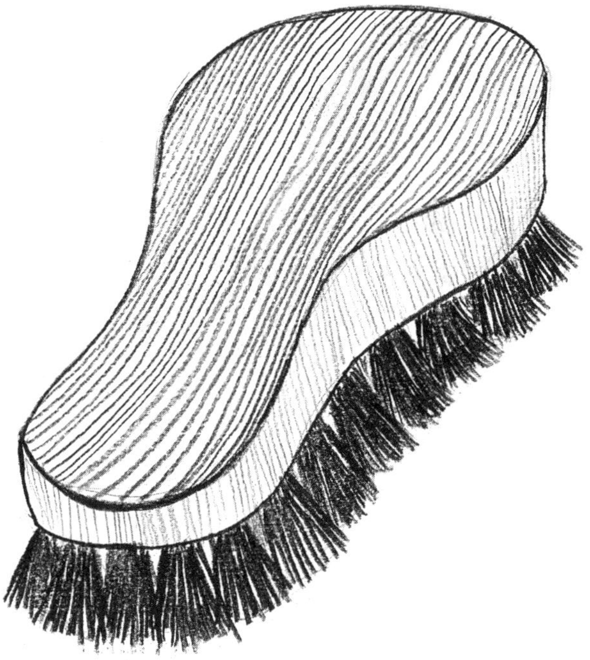

11.

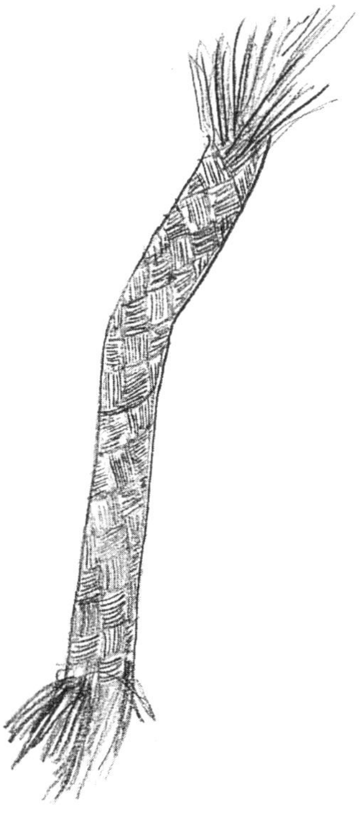

12.

Stillleben mit Textur

Auf der nächsten Doppelseite sehen Sie einige Beispiele für Stillleben, die durch die darin ausgearbeitete Wiedergabe der Beschaffenheit der verschiedenen Objekte bestechen. Die Zusammenstellung so unterschiedlicher Objekte mit sehr verschiedenen Oberflächen und Formen baut eine visuelle Spannung auf.

Um ein vergleichbares Stillleben zu zeichnen, sollten Sie Objekte auswählen, die interessante Oberflächen aufweisen und sich in ihrer Gesamtkomposition ergänzen. Kombinieren Sie zum Beispiel ruhig etwas Raues mit etwas Sanftem, etwas Hartes mit etwas Weichem oder etwas Plüschiges mit Metallischem. Um den Ausschnitt zu bestimmen, greifen Sie zu Ihrem Ausschnittrahmen oder Sucher. Danach sollten Sie die Umrisse der Objekte zeichnen und dann die verschiedenen Texturen ausarbeiten.

Im Vorgehen können Sie sich an dem Beispiel nach van Goghs Sonnenblumen orientieren (s. S. 40–43). Nachdem Sie die Umrisse in der Negativform gezeichnet haben, gehen Sie zur Ausarbeitung der Positivform über. Oberflächen und Beschaffenheit der einzelnen Objekte werden durch die unterschiedliche Strichführung herausgearbeitet. Am besten experimentieren Sie mit verschiedenen Strichführungen, die die verschiedenen Oberflächen der abgebildeten Gegenstände repräsentieren können. Auf den folgenden Seiten zeige ich Ihnen das Vorgehen anhand verschiedener Beispiele.

1a. Die verschiedenen Beschaffenheiten dieses Strohhuts machen ihn zu einem dynamischen Objekt. Seine Grundstruktur basiert auf einer Reihe von Linien, die der Form entsprechen. Zwischen diesen Linien bilden unterschiedliche Striche das Webmuster des Huts.

Die Webstruktur öffnet sich zu einer breiten Krempe, ergänzt um kleine Ausstanzungen, die die Luftzirkulation ermöglichen und so den Kopf kühl halten. Um diese Textur zu analysieren, übertragen Sie zuerst die Oberfläche, indem Sie eine Reihe sich kreuzender

1a.

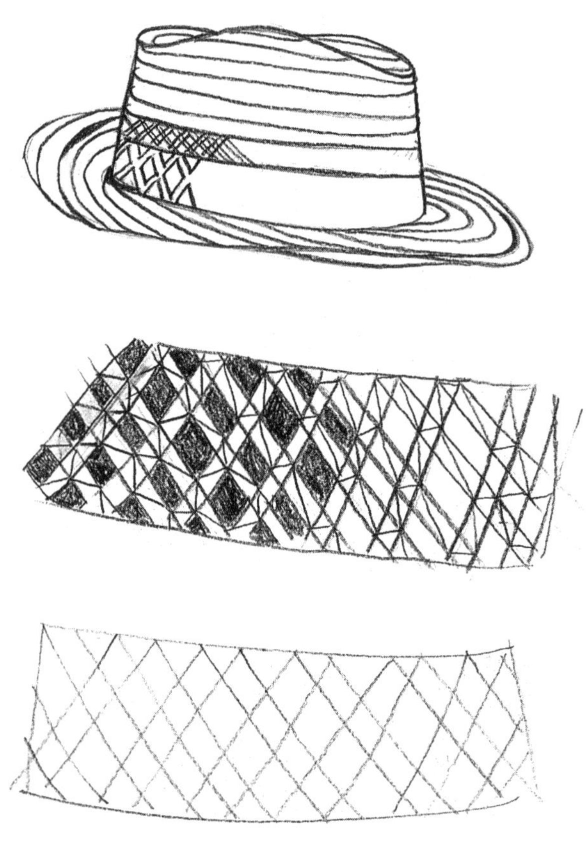

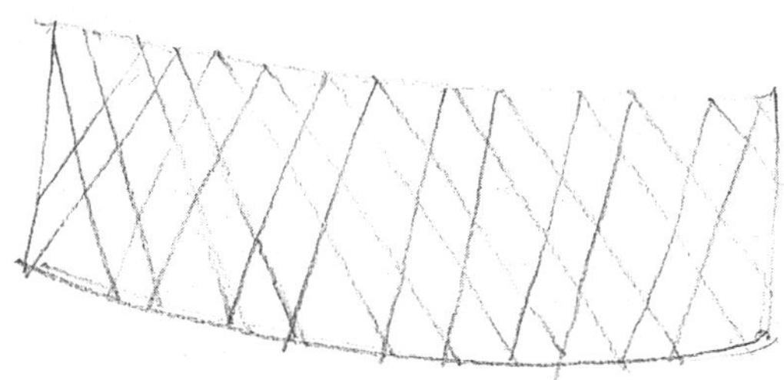

Bänder zeichnen. Die Schnittpunkte markieren die „Löcher" im Muster. Wenn Sie diese schwarz ausmalen, haben Sie eine Struktur ausgearbeitet, die den Originalausstanzungen entspricht.

Zugleich geben die kreuzenden Bänder das Webmuster des Strohs wieder, dem Sie nur noch die Charakteristika einer Webstruktur zu verleihen brauchen.

1b. Bei diesem Arbeitsschritt gehen Sie genauso vor wie unter 1a beschrieben. Die sich kreuzenden Bänder formieren sich zu einem Karomuster. In regelmäßigen Abständen malen Sie einige der Rauten schwarz aus, sodass ein geflochtenes Band entsteht. Dass das Band wie mit Stichen gewoben wirkt, erreichen Sie, indem Sie in regelmäßigem Abstand kleine schwarze Striche setzen. Oben und unten wird das Band durch einen anderen Stich begrenzt. Um ihn wiederzugeben, zeichnen Sie jeweils eine Reihe kleiner Vertikalen, die dem Rand folgen.

1b.

2. Die Textur des Brokkolis ergibt sich aus einer Serie kleiner Punkte oder Kreise, die eng nebeneinander platziert werden, um den Eindruck des Brokkolikopfs wiederzugeben. Eine Reihe paralleler Linien gibt die Form des Stängels wieder.

2.

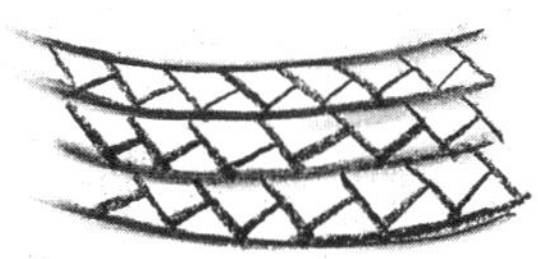

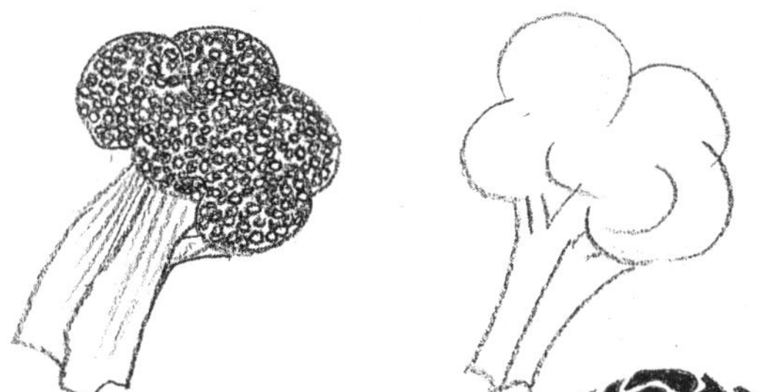

3. Um Kohl zu zeichnen beginnen Sie mit einer organischen Form, zu der sich immer neue gleichartige Formen gesellen, bis daraus ein Kohlkopf entstanden ist.

Kleine gleichmäßige Lücken zwischen den Formen suggerieren die Blattadern der Kohlblätter. Danach werden die organischen Formen dunkel eingefärbt, damit der Kohl möglichst echt wirkt.

3.

4. Einfacher ist es, einen Sellerie abzubilden. Zuerst zeichnen Sie die Grundform. Danach brauchen Sie nur noch gerade Linien zu zeichnen, die eng nebeneinander den Stängel entlang laufen.

5. Auf ähnliche Art und Weise lässt sich eine Zwiebel zeichnen. Auf die Grundform folgen die Linien der Zwiebelschale. Diese Linien sind gebogen, um die bauchige Form der Zwiebel abzubilden. Am oberen Ende ragen einige verwelkte Blattspitzen hervor. Nur noch einige letzte Feinheiten und schon wirkt das Ganze sehr naturgetreu.

Das fertige Stillleben

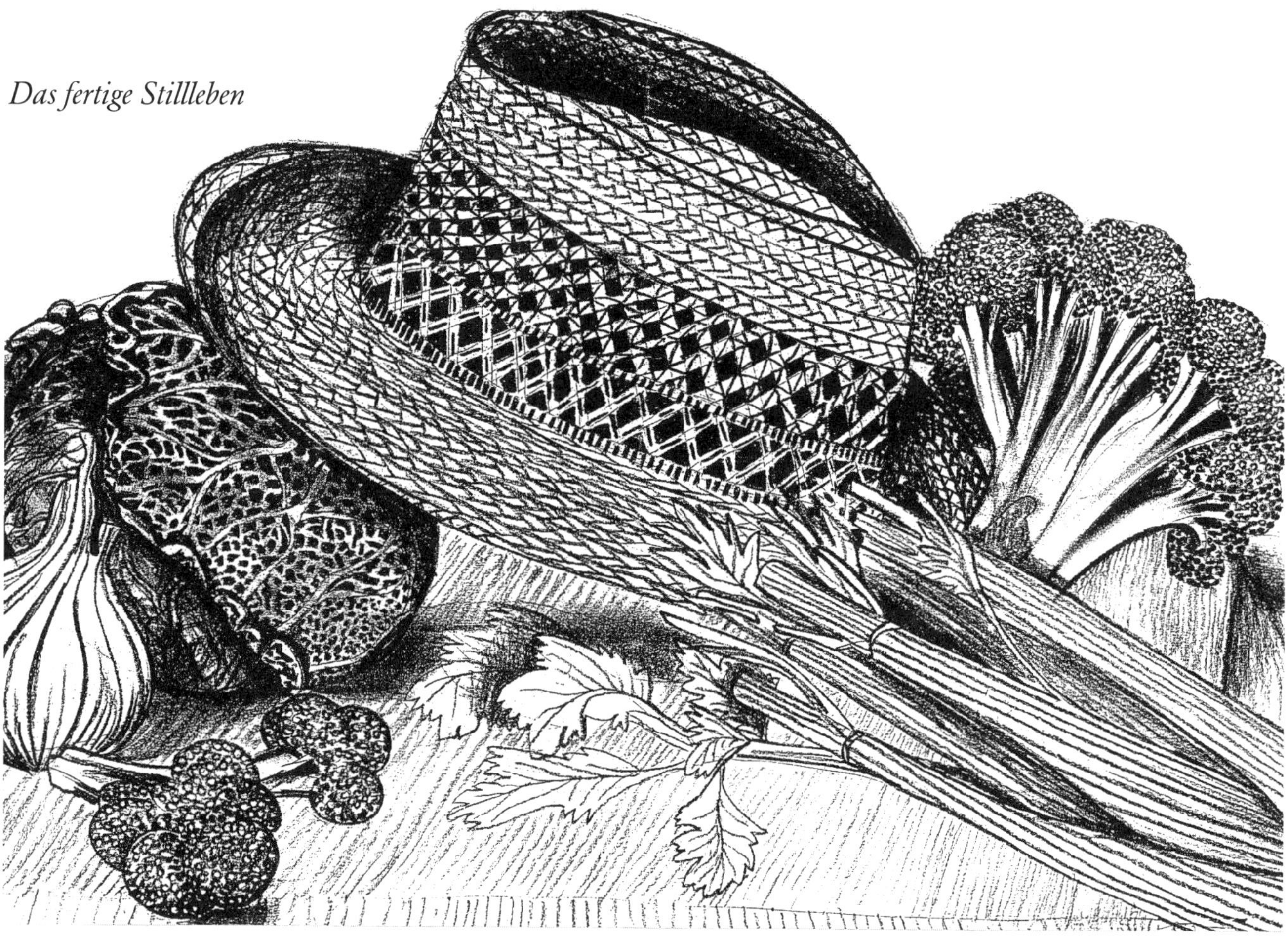

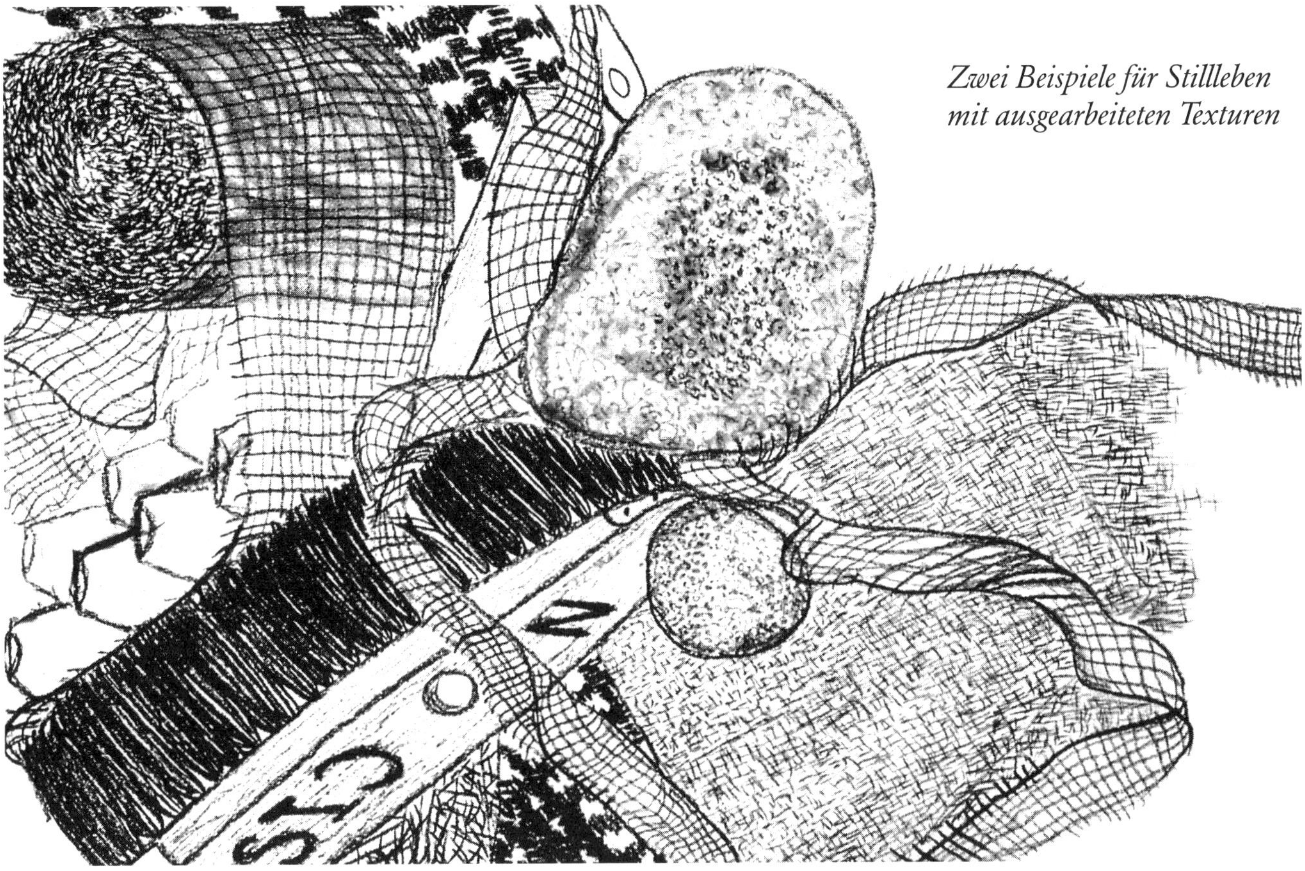

Zwei Beispiele für Stillleben mit ausgearbeiteten Texturen

Naturstudien mit Textur

Hier sehen Sie einige hervorragende Zeichnungen von Zeichenschülern, die ihre Kenntnisse der Oberflächenbeschaffenheit auf ein anderes Thema übertragen haben: die Natur. Zuerst haben sich die Schüler auf einzelne Objekte konzentriert. Es lohnt sich, alle Arten visueller Informationen für einen späteren Gebrauch zu sammeln.

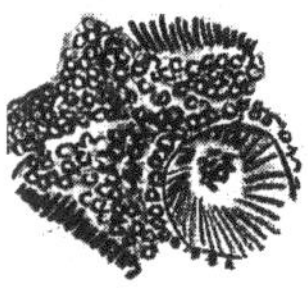

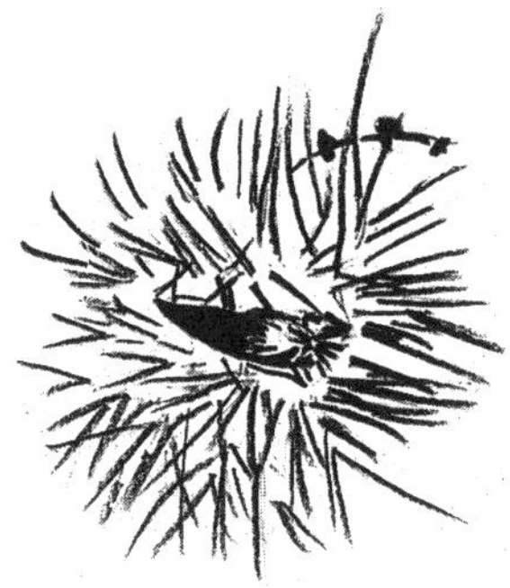

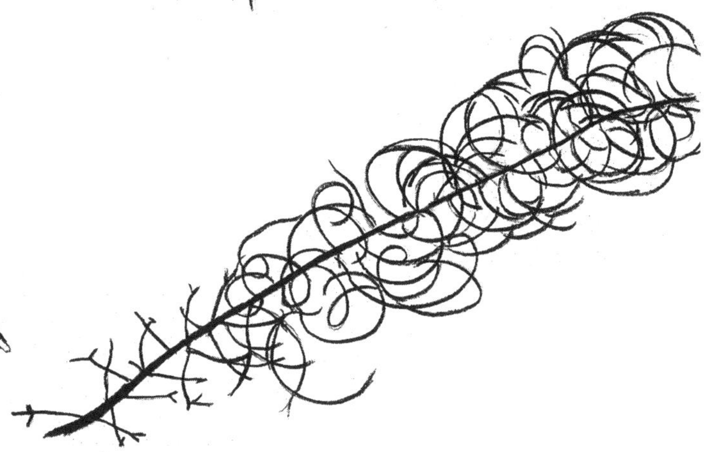

Bei einem Blick in die Skizzenbücher eines Künstlers wie Leonardo da Vinci werden Sie viele inspirierende Naturstudien entdecken. Das Festhalten von Beobachtungen und Gedanken in Skizzenbüchern ist eine Art visuelle Untersuchung. Als notwendige „Feldarbeit“ ist sie allen Zeichenschülern anzuraten, die ihr visuelles Repertoire erweitern wollen, um künstlerisch ausgereifte Arbeiten zu schaffen. Solche Beobachtungen im Freien lassen sich gut in einem Skizzenbuch festhalten und im Atelier ausarbeiten.

Landschaftszeichnungen mit Textur

Nachdem Sie eine Vielzahl von Naturstudien gezeichnet haben, können Sie sich nun hinaus in die Landschaft begeben, um das Thema umfassender wiederzugeben. Genau wie bei allen anderen Zeichnungen sollten Sie zuerst Ihre Komposition festlegen; am besten greifen Sie dabei auf Ihren Ausschnittrahmen oder Sucher zurück. Zuerst zeichnen Sie mit einer leichten Strichführung die Umrisse der ausgewählten Landschaft. Danach arbeiten Sie die einzelnen Details mit Conté-Kreiden aus. Als Letztes tragen Sie die unterschiedlichen Texturen, wie in den hier abgebildeten Vorstudien, sorgfältig ein.

1. Eine Reihe rechteckiger Formen mit angedeuteten Schatten suggerieren eine Steinmauer.

2. Die Dachziegel liegen übereinander geschichtet. Wenn Sie die Unterseite der Dachziegel etwas dunkler und schwerer zeichnen als deren Oberseite, wirkt es, als würden die Ziegel einen Schatten werfen. Gleichzeitig erhält die Zeichnung so eine dreidimensionale Struktur.

In dieser Abbildung wurde dieselbe Technik auf die einzeln Mauersteine übertragen.

1.

3.

2.

Um bei Abbildung 2 zu bleiben: Die Dachziegel auf dem Vorbau im unteren Teil des Hauses werden als eine Reihe parallel verlaufender horizontaler Linien abgebildet. Diese Reihen werden dann von diagonalen Linien durchbrochen, die die leichte Neigung des Daches wiedergeben. Zuletzt werden mit vertikalen Linien das Fenster und die Tür eingezeichnet. Enge horizontale Linien auf der Tür suggerieren den Holzcharakter, während sie auf dem Fenster an eine Spiegelung des Lichts erinnern.

3. Eine Vielzahl unterschiedlicher Strichführungen steht für die verschiedenartige Vegetation, zu sehen am Busch und den beiden Laubgewächsen. Für die Stämme der Bäume werden wiederum andere Linien genutzt.

Die Wirkung dieser Abbildung basiert auf den unterschiedlichen Tonwerten. Die grobe Körnung des Zeichenpapiers ist die Grundlage der Textur.

Gepresste Zeichenkohle

Bei gepresster Zeichenkohle handelt es sich um fein pulverisierte Kohle, die mit einem pflanzlichen Bindemittel verfestigt wurde. Die weiche und brüchige Beschaffenheit der gepressten Zeichenkohle ermöglicht es Ihnen, ein sattes Schwarz auf das Papier zu bringen. Verglichen mit naturbelassener Zeichenkohle, wirkt die gepresste Kohle rauer.

1. Ein breiter Strich entsteht, indem die Zeichenkohle mit wechselndem Druck über das Papier gezogen wird.

2. Eine dichte Abfolge von Graustufen, von Dunkel bis Hell. Es ist gut zu erkennen, wie viel satter das Schwarz im Vergleich zur naturbelassenen Zeichenkohle ist.

3. Eine Farbfläche, hervorgerufen durch die Kombination vertikaler und horizontaler Linien. Dafür wird die Kante des Stifts genutzt.

4. Eine Reihe willkürlicher kurzer Striche, die von kräftigen dunklen Linien hin zu helleren weiter gesetzten variieren.

1.

2.

3.

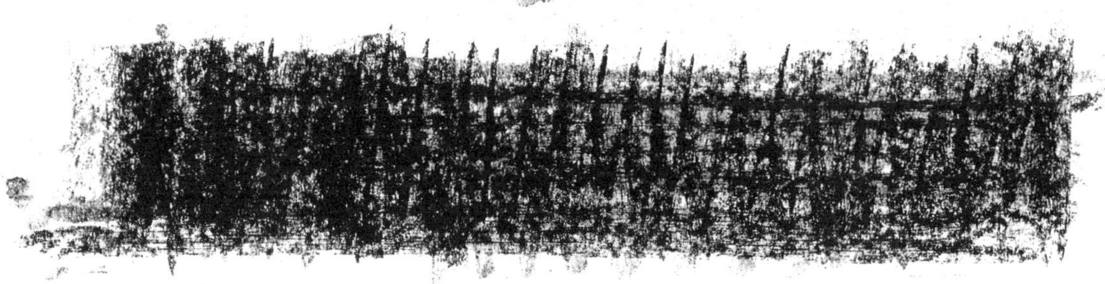

4.

5. Eine Kugel entsteht, wenn Sie den Kohlestab seitlich auf das Papier legen und einen Kreis damit beschreiben. Wenn dabei auf der einen Seite des Kreises ein stärkerer Druck ausgeübt wird, erzeugt dies die Illusion von Licht und Schatten.

6. Mit der Seite des Kohlestabs kann ebenso ein dunkles Viereck entstehen. Ein direkt daneben mit leichterem Druck gezeichnetes weiteres Quadrat erweckt den Eindruck eines Würfels.

7. Eng gezeichnete, vertikale Striche erzeugen Farbtiefe.

8. Vertikale, horizontale und diagonale Striche schaffen Tiefe durch Kreuzschraffur.

9. Offene vertikale Striche lassen die Oberfläche gestreift aussehen.

10. Sich verkleinernde rechte Winkel, deren Tonintensität nachlässt, erzeugen einen räumlichen Eindruck.

5.

6.

7.

8.

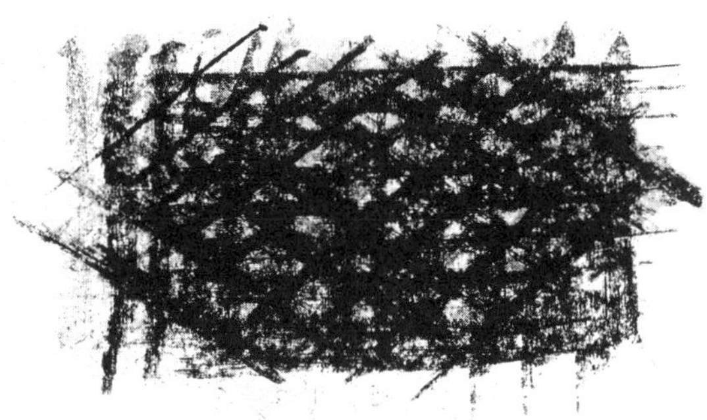

9.

10.

Übungen mit gepresster Zeichenkohle

Frottage
Frottage ist der französische Begriff für eine Zeichentechnik, bei der die Oberflächenstruktur eines Objekts durch Reiben auf Papier übertragen wird. Wahrscheinlich hat jeder als Kind schon einmal die Oberfläche einer Münze mit Hilfe von Frottage „durchgepaust". Eine Sonderform der Frottage ist das Übertragen des Reliefs von Grabsteinen berühmter Personen.

Als Zeichentechnik können Sie die Frottage nutzen, um Ihren Ideen Gestalt zu verleihen. Im 20. Jahrhundert setzten viele Künstler Frottage-Techniken ein, angefangen mit Max Ernst, der in den 1920er Jahren die Frottage für die Kunst entdeckte.

Für den Anfang genügen billiges dünnes Zeitungspapier, gepresste Zeichenkohle, ein Fixativ sowie Freude am Experimentieren. Als Objekt Ihrer Frottage kann jeder Gegenstand dienen, der eine für Sie interessante Struktur hat.

Als Thema für Ihre Frottage bietet sich eine Landschaft mit ihren vielen verschiedenen Strukturen an. Zunächst gilt es, einzelne Abdrücke von Alltagsgegenständen zu schaffen. Dazu müssen Sie lediglich das Papier auf die abzubildenden Objekte legen und mit der Zeichenkohle mehrfach fest darüber reiben. So übertragen Sie die Oberflächenstrukturen des jeweiligen Gegenstands auf das darunterliegende Papier

Um viele verschiedene Frottagen zu erhalten, sollten Sie Gegenstände mit möglichst unterschiedlichen Oberflächen wählen: von gleichmäßig oder geometrisch geformten bis hin zu organischen/naturbelassenen. So schaffen Sie sich eine umfassende Materialiengrundlage für Ihr späteres Collage-Bild. Falls erforderlich, fixieren Sie zusätzlich die Frottagen. Unser Ziel ist es, mithilfe der einzelnen Frottagen einer Landschaftscollage Struktur zu verleihen. Dafür schneiden oder reißen Sie die Frottagen in passende Stücke, mit denen dann die Konturen Ihrer Landschaftsdarstellung gefüllt werden. Sobald Sie genügend Material zusammen haben, können Sie den nächsten Schritt angehen.

Zunächst sollten Sie die Landschaft, die Sie wiedergeben möchten, eingehend studieren. Am besten skizzieren Sie die Landschaft vorab aus unterschiedlichen Blickwinkeln, bevor Sie sich für eine Perspektive entscheiden.

Beginnen Sie damit, Ihre Skizze auf ein großes Blatt Papier zu übertragen, vorzugsweise DIN A1. Damit das spätere Bild eine räumliche Struktur hat, sollte Ihr Entwurf einen klar erkennbaren Vorder- und Mittelgrund haben sowie einen sichtbaren Horizont. Um die angestrebte Tiefenwirkung zu erreichen, achten Sie beim Einzeichnen der Umrisse einzelner Objekte darauf, dass Sie eindeutig im Bildraum positioniert sind und nicht in der Luft zu schweben scheinen.

Im letzten Schritt verleihen Sie der Landschaft Struktur, indem Sie die Umrisslinien mit den zuvor gefertigten Frottagen füllen. Eventuell müssen Sie für einzelne Bereiche noch weitere Frottagen herstellen. Arbeiten sie hier je nach Bedarf.

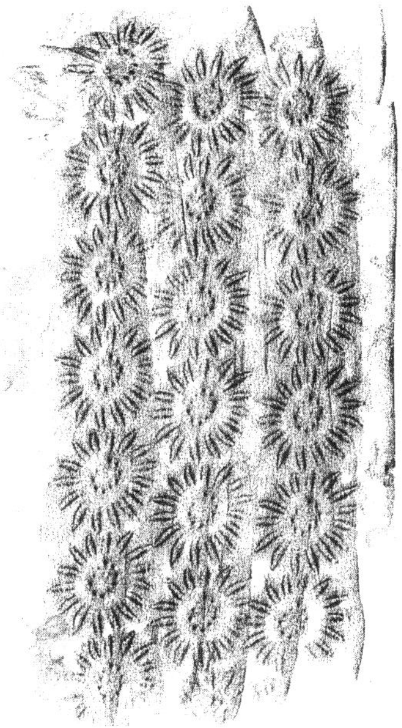
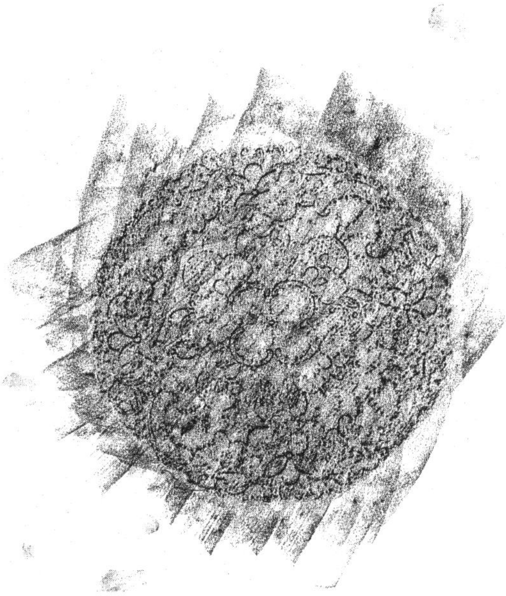
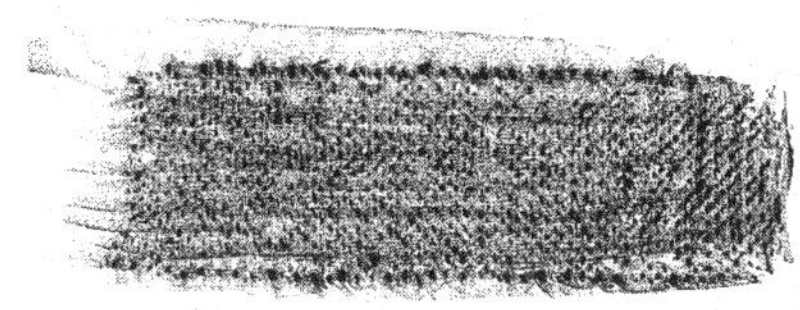
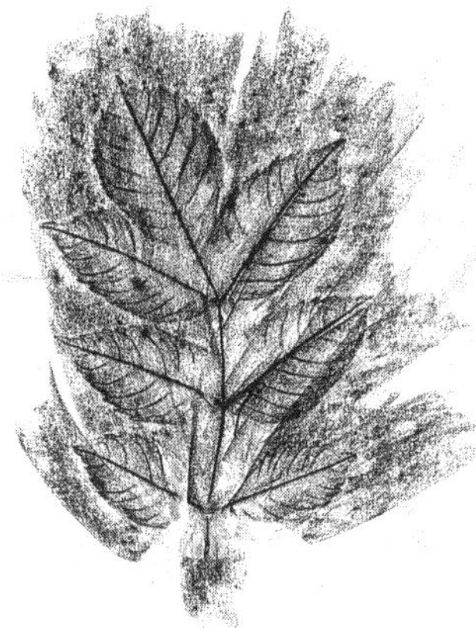
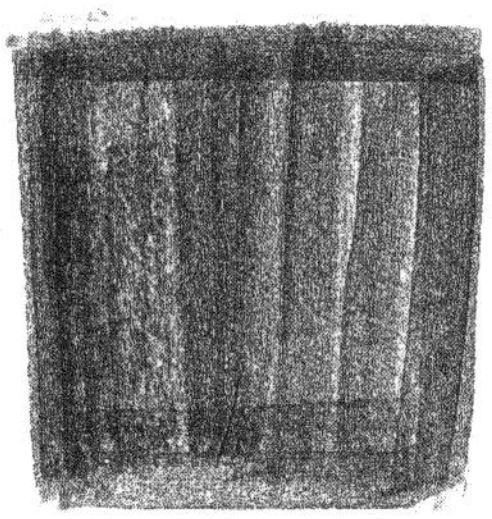

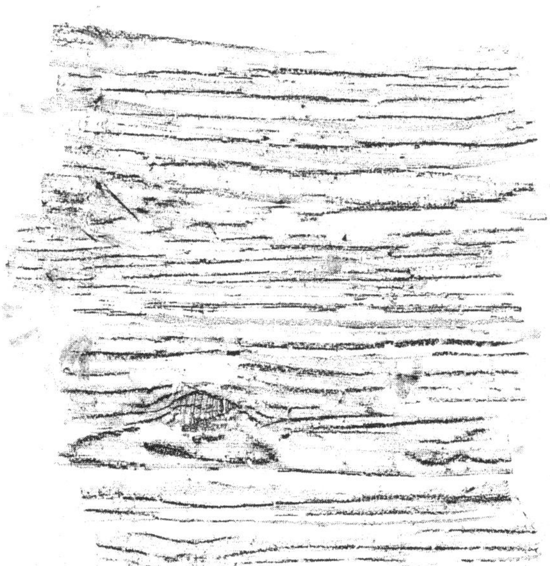

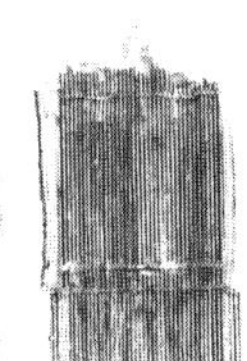
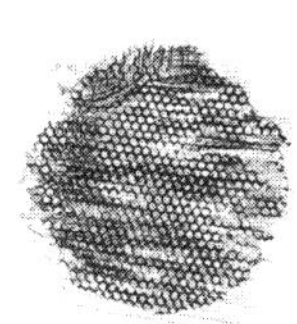

Ausarbeitung einer Frottage

1. Übertragen Sie Ihre Ausgangsskizze auf ein DIN-A1-Blatt. Damit haben Sie die grundlegende Bildkomposition und die räumliche Struktur festgelegt.

2. Nehmen Sie nun die einzelnen Frottagen und legen Sie sie an die Stelle, an der sie später fixiert werden sollen.

3. Beim Festkleben der einzelnen Collageteile beginnen Sie an dem am weitesten entfernten Punkt, normalerweise ist das der Horizont. Für diesen Arbeitsschritt können Sie einen einfachen Papierkleber verwenden.

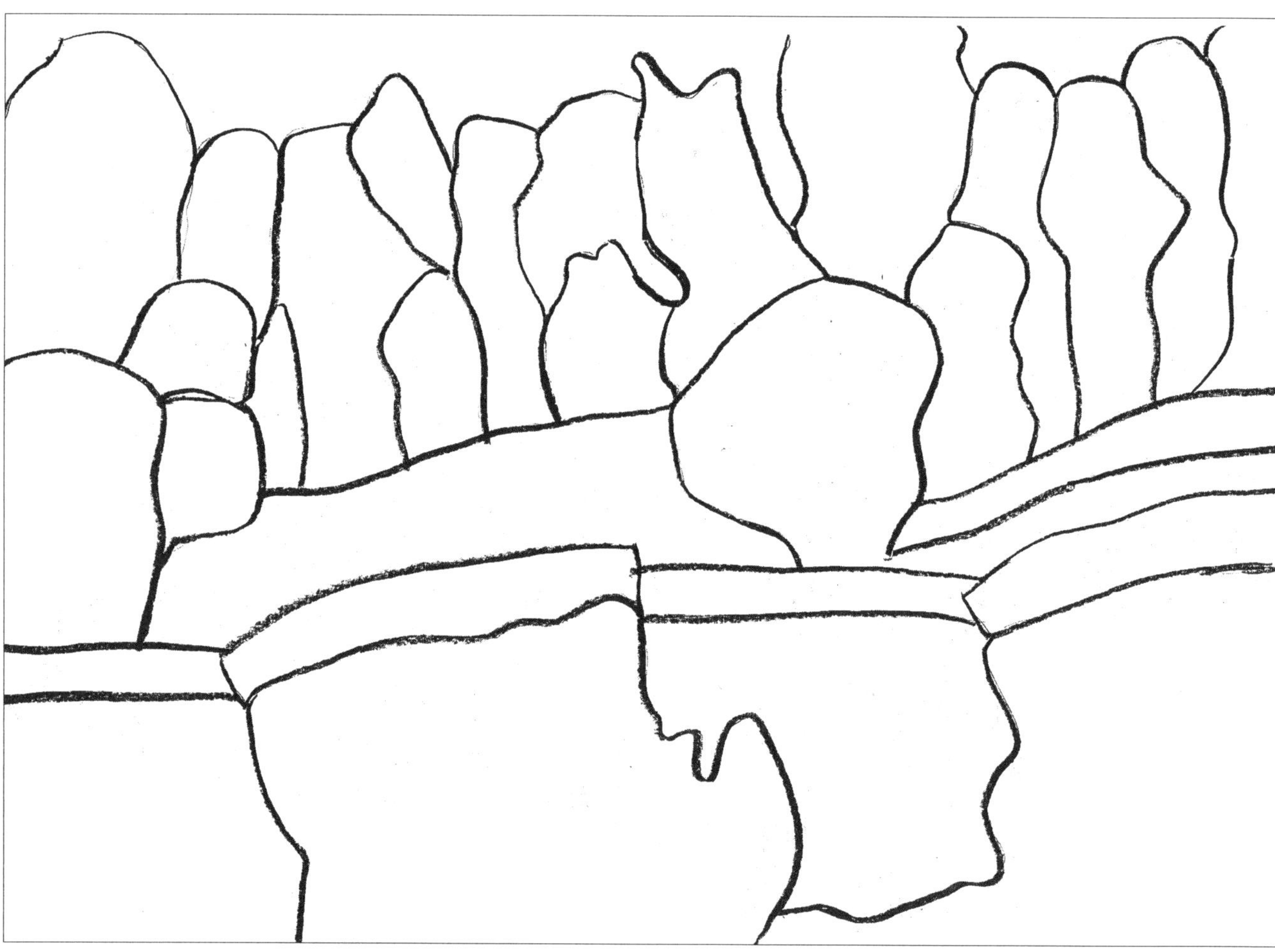

4. Nachdem Sie Ihre Frottagen in die passende Form geschnitten oder gerissen haben, beginnen Sie damit, den Bildhintergrund mit den verschieden strukturierten Oberflächen zu füllen.

5. Danach gehen Sie zum Mittelgrund über. Jetzt wird auch deutlich, warum Sie von hinten nach vorne arbeiten sollten: So können Sie eventuelle Fehler leichter kaschieren oder korrigieren.

6. Sobald der Mittelgrund fixiert ist, können Sie den Vordergrund vollenden. Hierbei können Sie, falls erforderlich, noch letzte Änderungen vornehmen.

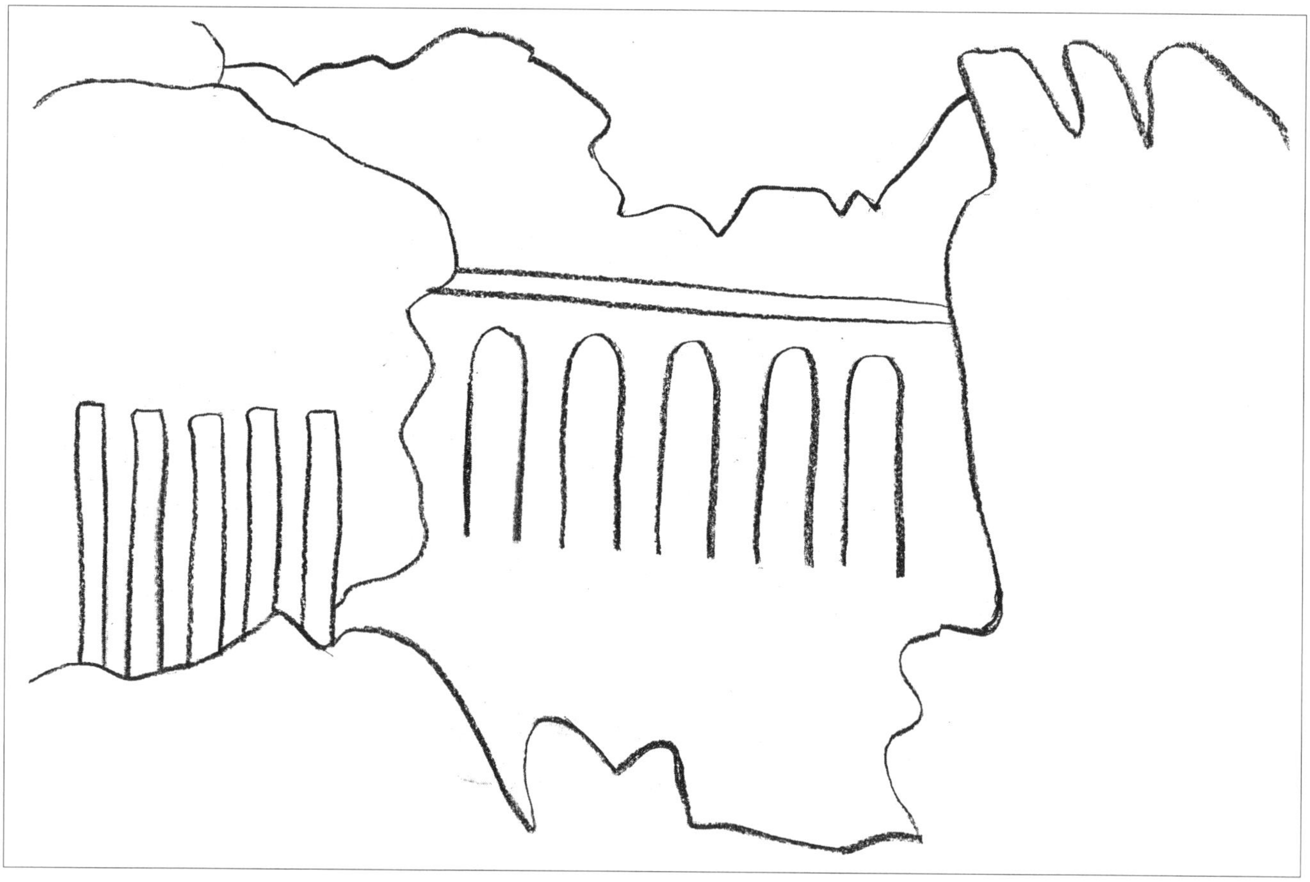

Bei Frottagen lohnt es sich immer, abschließend noch einmal letzte Hand an die Gesamtkomposition zu legen. Obwohl das Arbeiten von hinten nach vorne die Korrektur von Fehlern ermöglicht, ist es doch die letzte Feinabstimmung, die ein Bild ausmacht, auf das Sie stolz sein können.

Negativform und Hell-Dunkel-Malerei
Mit gepresster Zeichenkohle lassen sich hervorragend kräftige Striche ziehen und dramatische Effekte erzielen. Im Folgenden zeige ich Ihnen einige Beispiele für die Hell-Dunkel-Malerei mit Kohle.

In diesen Beispielen arbeiten wir mit der Negativform, die Sie bereits im Kapitel über Bleistifte kennen gelernt haben (siehe Beispiele nach Vincent van Gogh, S. 40 – 43). Dabei wird – anders als bei der Positivform – der Raum, der die einzelnen Bildobjekte umgibt, gezeichnet. Im zweiten Schritt wenden wir uns der Lichtlogik zu, mit deren Hilfe sich Szenerie und Stimmung passend wiedergeben lassen.

Bevor Sie mit dem Zeichnen beginnen, arrangieren Sie bitte die Objekte, die Sie abbilden wollen, auf einem Tisch.

1. Legen Sie zunächst Ihre Komposition auf dem Papier fest. Hilfreich bei der Bestimmung des Ausschnitts ist ein Ausschnittrahmen oder Sucher.

2. Beginnen Sie am unteren Rand des Blatts mit der Wiedergabe des gewählten Ausschnitts. Bedenken Sie, dass Ihr Blickwinkel durch den Rahmen immer der Gleiche sein muss, damit es nicht zu perspektivischen Verzerrungen kommt.

Wichtig ist auch die maßstabsgetreue Abbildung: Wenn Sie zum Beispiel ein A1-Format gewählt haben, sollte Ihr Ausschnittrahmen das Format A5 haben. Ziehen Sie nun von links nach rechts die obere Umrisslinie der Objekte nach.

3. Um die Kontur Ihres Stilllebens fertig zu stellen, beginnen Sie wieder an Ihrem Ausgangspunkt und ziehen diesmal die untere Umrisslinie der abzubildenden Objekte nach.

4. Jetzt können Sie Formen und Konturen der Objekte ausarbeiten.

5. Als Nächstes werden die Lichtakzente gesetzt. Beleuchten Sie Ihr Arrangement von der Seite, dabei sollte die Lichtquelle unverändert bleiben und möglichst starke Schatten erzeugen. Die von den Bildobjekten geworfenen langen Schatten schaffen eine besonders dramatische Atmosphäre.

Der Verlauf der Schatten wird durch Linien eingezeichnet. Dabei ist es wichtig ist, dass die Schatten als Formen auf und hinter den Objekten aufscheinen. Es kann hilfreich sein, die Augen zusammenzukneifen, denn so lassen sich die Schatten besser erkennen.

6. Malen Sie nun die Schatten mit der gepressten Zeichenkohle aus, sodass die schattigen Bereiche in ein tiefes Schwarz getaucht werden. Das Ergebnis ist eine kontrastreiche Schwarz-Weiß-Zeichnung.

7. Verwischen Sie anschließend das Gezeichnete, vorzugsweise mit den Fingern. Alternativ können Sie auch einen Lappen benutzen oder die Tonking-Technik (siehe S. 19 und S. 94 – 97) einsetzen.

8. Zum Setzen von Spitzlichtern verwenden Sie einen sauberen guten Plastikradierer. Seien Sie unbesorgt, wenn sich dabei einige Kanten der Objekte im Dunkeln verlieren – so geschieht es auch in der Realität. Zudem ist dies eines der Charakteristika der Hell-Dunkel-Malerei.

Sie müssen nicht jedes Detail ausarbeiten, lassen Sie ruhig einige Bereiche im Dunkeln, damit der Betrachter seine Fantasie spielen lassen kann.

1.

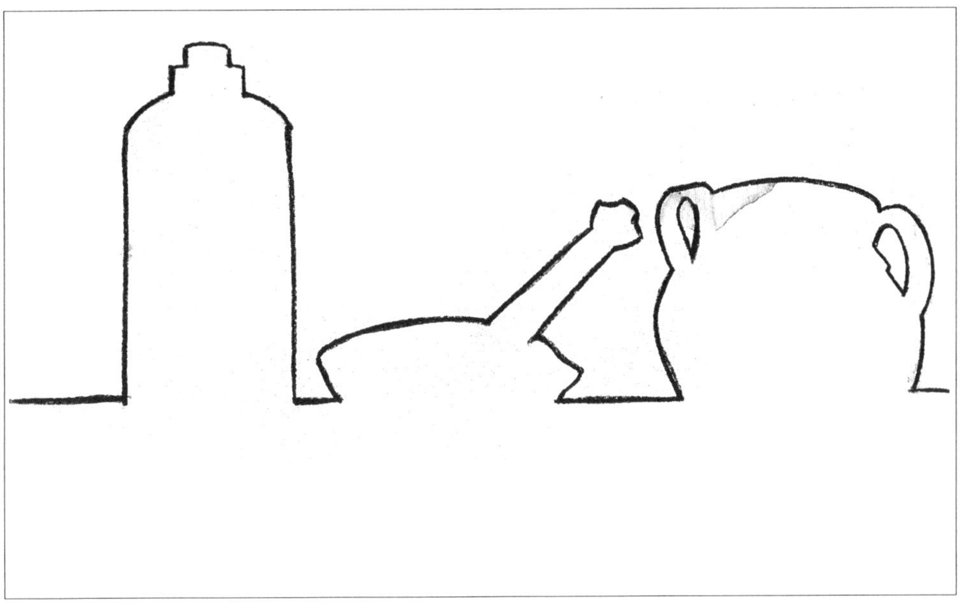

2.

3.

4.

5.

6.

7.

8.

Hell-Dunkel-Effekte bei Stoffen

Faltenwürfe mit gepresster Zeichenkohle
Viele große Künstler bedienten bzw. bedienen sich bis heute des Faltenwurfs als bedeutendem Element ihrer Bildkomposition. Der Faltenwurf wird entweder dynamisch oder statisch ausgeführt und trägt wesentlich zur Strukturierung des Bildes bei. Er gibt die Bewegungsrichtung vor und lenkt so das Auge des Betrachters durch den Bildaufbau.

Seit Jahrhunderten studieren Zeichenschüler die Faltenwurfzeichnungen ihrer Meister. Schon in den Studien Leonardo da Vincis lässt sich die Bedeutung des Faltenwurfs für seine Arbeiten entdecken.

Die folgenden Beispiele und Übungen helfen Ihnen, Ihr visuelles Repertoire zu erweitern. Das perfekte Medium zur Zeichnung eines Faltenwurfs bei Stoffen ist gepresste Zeichenkohle.

Dynamischer Faltenwurf
Beim dynamischen Faltenwurf wird durch die Formgebung der Falten der Eindruck von Bewegung im Bild erzeugt. Sowohl Nicholas Poussin (1593–1665) als auch El Greco (1541–1614) waren Meister des Faltenwurfs und ihre Werke sind Paradebeispiele für diese Zeichentechnik.

Beim Faltenwurf handelt es sich um eine rein akademische Malweise und nicht um die spontane Wiedergabe einer Beobachtung. Vielmehr soll der Faltenwurf den Blick des Betrachters lenken und sein Verständnis der Bildintention vertiefen.

1. Um eine Studie zu zeichnen, müssen Sie zunächst ein Stillleben mit Faltenwurf arrangieren.

Nehmen Sie dafür ein großes Laken und schlingen Sie es sowohl fest als auch locker um ein hohes Objekt, in unserem Beispiel eine Staffelei. So wird der Eindruck von Bewegung im Stillleben hervorgerufen, vergleichbar dem ersten Eindruck von der Aufwärtsbewegung einer Wendeltreppe. Auch in unserem Arrangement ist der aufstrebende Bewegungsimpuls bereits angelegt.

2. Für die Zeichnung eignet sich am besten ein großer Bogen Papier – je größer desto besser. Beginnen Sie wie gewohnt, mit den Umrisslinien der Falten. Allein durch die Charakteristik und Richtung der Linien können Sie den Anschein von Bewegung in Ihrem Bild zum Ausdruck bringen.

3. Nun geht es darum, dem Faltenwurf Volumen zu verleihen, um den Eindruck von Bewegung zu verstärken. Dazu werden Schlaglichter (das Licht fällt unmittelbar auf den Gegenstand) und Schlagschatten (der dunkelste Schatten) eingesetzt. Diese Form der Ausarbeitung stammt bereits aus der Frührenaissance. Künstler wie Cenni di Pepo (Giovanni), genannt Cimabue, und Duccio di Buoninsegna haben sie meisterhaft eingesetzt. Für das fertige Bild wird die Tiefenwirkung auf die gleiche Art und Weise erzeugt wie im Detailbild.

Die Oberfläche des Faltenwurfs, die uns am nächsten zu sein scheint, ist weiß. Mit jeder Vertiefung – und je weiter die Oberfläche von uns entfernt scheint – wird der Stoff dunkler gezeichnet, bis hin zum tiefsten Schwarz. So lässt sich eine abgestufte Tiefenwirkung erzeugen. Diese Vorgehensweise ist analytisch geprägt und eher theoretisch. Ohne Ihre konkrete Vorlage weiter zu berücksichtigen, können Sie zum Abschluss die Schatten des Faltenwurfs ausarbeiten.

1.

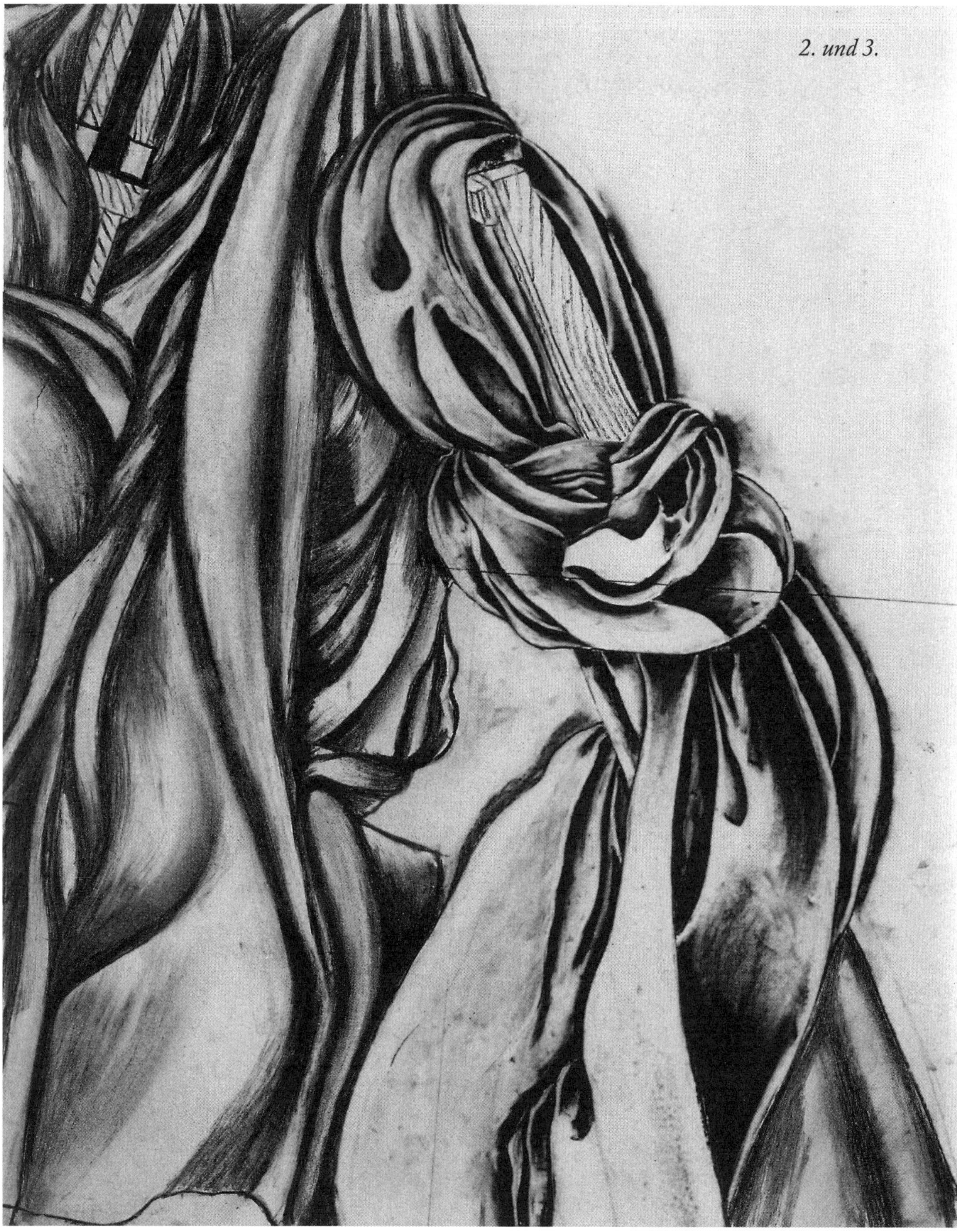
2. und 3.

Statischer Faltenwurf

Der statische Faltenwurf ist mehr oder weniger das Gegenteil des vorherigen Ansatzes. Hierbei geht es weniger darum, den Anschein von Bewegung zu erzeugen, als vielmehr darum, ein Gefühl für die Form zu erwecken. Der Künstler gibt nicht die Bewegung, sondern die unter dem Faltenwurf liegende Gestalt wieder und verleiht ihr dabei ein massives, stabiles Aussehen. Schauen Sie sich das Beispiel des mit einem Tuch bedeckten Stuhls an und vergleichen Sie es mit den Arbeiten von Massacio, Paul Cézanne oder einigen Werken von Pablo Picasso.

Legen Sie ein großes Laken über eine einfache Form, am besten einen Stuhl. So bleibt unter dem Faltenwurf die Form des Objekts erkennbar. Anschließend gehen Sie Schritt für Schritt genauso vor wie in der ersten Übung.

Trompe-l'œil

Trompe-l'œil heißt übersetzt „das Auge täuschen“ und zielt darauf ab, eine realistische Abbildung zu schaffen. Es gibt viele verschiedene Trompe-l'œil-Effekte. Einer der einfachsten ist es, ein flaches Objekt zu wählen, das entweder vor einer glatten Fläche wie beispielsweise einer Wand hängt oder auf eine ebene Oberfläche gelegt wird. Als Beispiele habe ich einen Gartenhandschuh und einen Tennisschläger gewählt.

Wählen Sie Ihren Gegenstand sorgfältig aus, beispielsweise Ihren Lieblingsmantel oder etwas anderes, das sie in- und auswendig kennen und das flach hängend oder liegend einige Falten aufweist. Sobald Sie Ihre Auswahl getroffen haben, hängen Sie den Gegenstand, den Sie abbilden wollen, vor eine glatte Oberfläche, um allzu tiefe Falten zu vermeiden.

Damit ein Schatten auf die Wand hinter dem Objekt fällt, muss der Gegenstand zu-

nächst seitlich beleuchtet werden. Dazu können Sie eine beliebige Lichtquelle wählen, etwa eine Schreibtischlampe. Beleuchten Sie Ihr Objekt von der Seite, denn die Richtung, aus der das Licht auf den Gegenstand trifft, erzeugt die Schatten, die charakteristisch für ein Trompe-l'œil sind.

Beginnen Sie mit dem Zeichnen der Grundlinien, wie bereits in den Übungen zum Faltenwurf. Ihr besonderes Augenmerk sollte dabei den Proportionen und der maßstabsgetreuen Umsetzung gelten. Der nächste Schritt unterscheidet sich vom Zeichnen des Faltenwurfs, denn er basiert auf genauer Beobachtung der Tonwerte und Oberflächenstrukturen.

Achten Sie unbedingt auch auf Knitterfalten, Knöpfe, Futterstoff und andere Details und berücksichtigen Sie deren Schatten bei Ihrer Ausarbeitung.

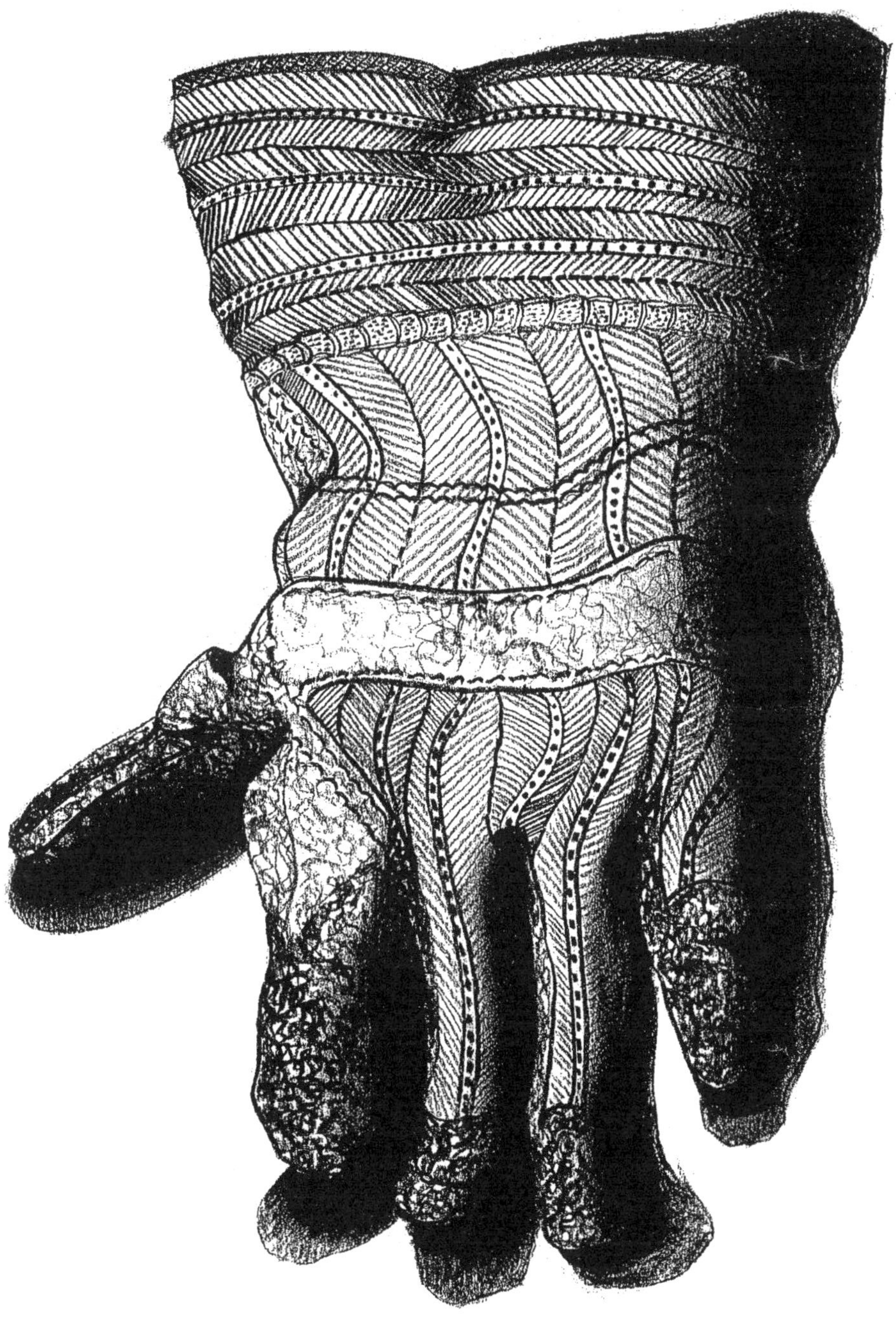

Trompe-l'œil-Zeichnungen:
Ein Gartenhandschuh

Nachdem Sie die Umrisse des Gartenhandschuhs gezeichnet haben, ist es nun an der Zeit, sich der komplexen Beschaffenheit des Objekts zuzuwenden. Im Folgenden habe ich den Bildgegenstand Handschuh in seine einzelnen Elemente aufgegliedert, um im Detail zu zeigen, wie solch ein Handschuh hergestellt wird.

1.
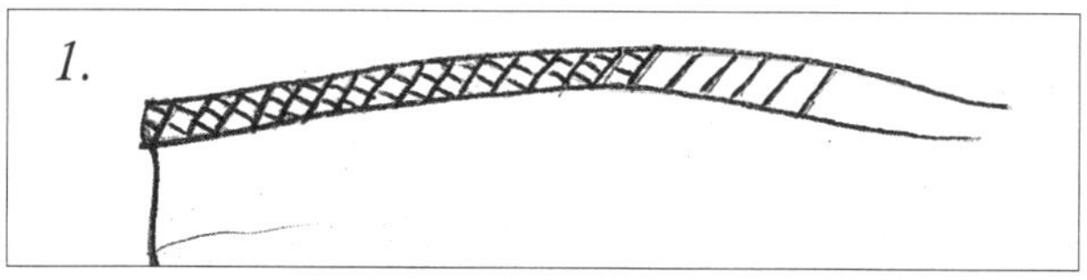

2.
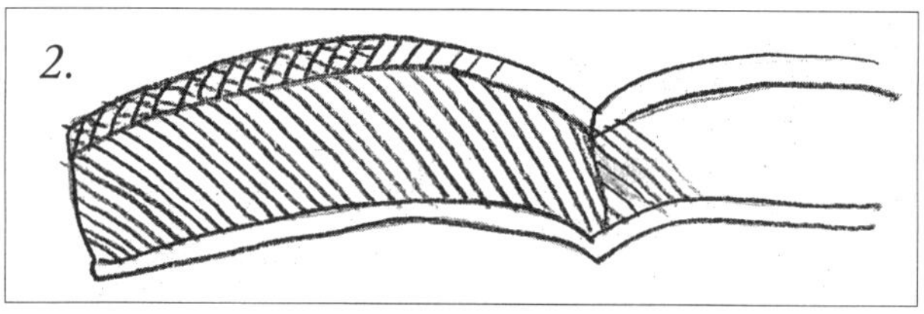

3.
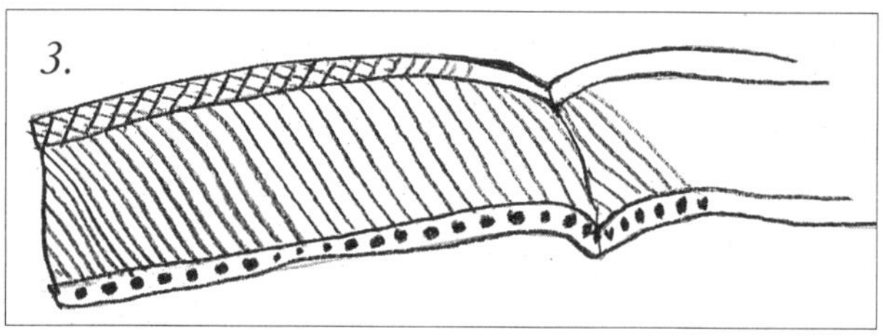

4.
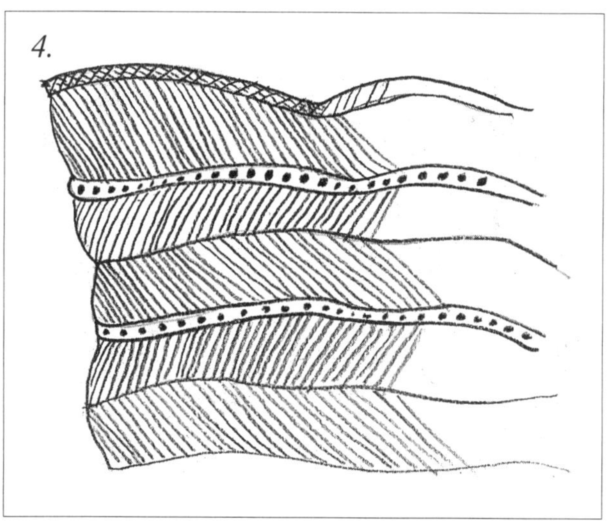

5.
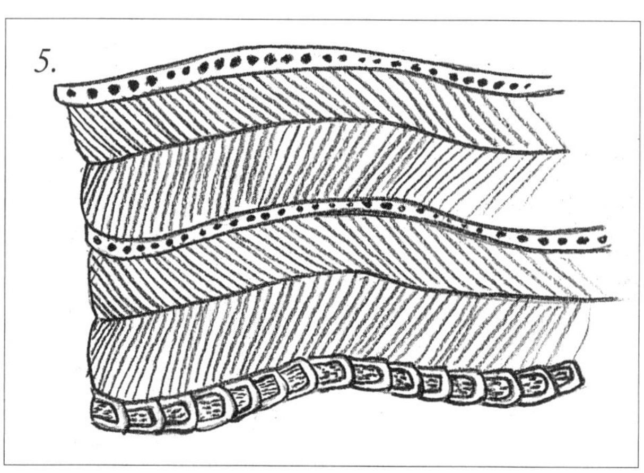

6.
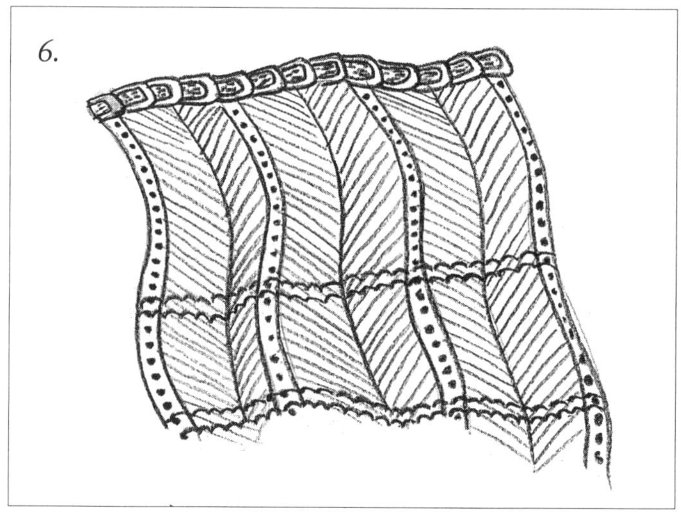

7.
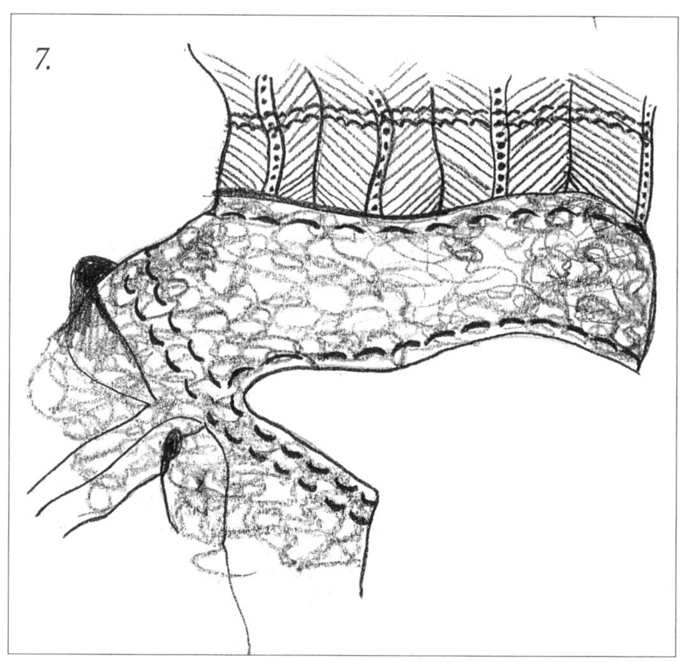

1. Am offenen Ende des Handschuhs ist ein saumartiger Stich erkennbar, der den Abschluss bildet. Hierbei handelt es sich um einen Tunnelzug, der aus zwei parallelen Linien entsteht, die dem Rand des Handschuhs folgen. Auf diesen Tunnelzug wird nun das Stichmuster platziert. Um die Stichführung zu imitieren, zeichnen Sie zunächst einige diagonale Linien. Die dabei entstehenden Leerräume füllen Sie dann mit gegenläufigen Linien.

2. Nun wenden wir uns dem nächsten Abschnitt des Handschuhs zu. Das Band ist hier viel breiter als am Anfang. Daher sollten Sie bei der Wiedergabe besonders auf die Proportionen des Handschuhs achten. Auch dieses Band folgt dem Umriss und der Form des Handschuhs, seine Struktur wird in diagonalen Linien wiedergegeben.

3. Auf das breite Band folgt erneut ein schmaleres Band, allerdings mit einer anderen Oberflächenstruktur. Das verwendete Muster entsteht hier durch eine Aneinanderreihung von Punkten, die sich, je nach Faltenwurf des Handschuhs, in Winkel und Anordnung leicht unterscheiden.

4. Legt man die bisherigen Strukturen aneinander, entsteht ein Fischgrätmuster. Für solch ein Muster werden zwei gleich proportionierte Reihen aneinandergefügt, die ihrerseits der Form des Handschuhs folgen. In die obere zeichnen Sie eine Reihe diagonaler Linien ein, in die untere ebenfalls, allerdings gegenläufig verlaufend. Als Trennlinie dient jeweils, wie bereits in Abbildung 3, ein dünnes Band mit Punkten.

5. Dieser Teil des Handschuhs wird nun mit einem neuen Muster abgeschlossen. Die letzte Bandreihe ist etwa doppelt so breit wie die schmale Grundreihe. Hierfür zeichnen Sie eine Abfolge von sich überlappenden hufeisenförmigen Schuppen. Um den Eindruck einer Naht zu erzeugen, setzen Sie jeweils kleine Striche in die Mitte der Schuppen.

6. Im nächsten Schritt wiederholen Sie das Vorgehen aus Schritt 5. Allerdings ändern sich nun die Ausrichtung der Linien und deren Struktur sowie die Form des Handschuhs. Die einzige Ergänzung sind die vier Linien, die aus kleinen Bögen zu bestehen scheinen und im rechten Winkel zum Fischgrätmuster verlaufen und der Handschuhform folgen. Das Fischgrätmuster selbst, inklusive der schmalen, mit Punkten versehenden Trennlinien, setzt sich später in den Fingern fort.

7. Auf den Baumwollteil des Handschuhs folgt nun der schützende Lederteil, dessen Umriss Sie bereits zu Beginn gezeichnet haben. Die Struktur unterscheidet sich grundlegend von den bisherigen. Bisher haben wir lediglich die Textur des Handschuhschafts wiedergegeben. Im Gegensatz zur eher formalen Textur des Schafts, wirkt der anschließende lederne Teil organischer. Für die Lederstruktur führen Sie die gepresste Zeichenkohle mit unterschiedlichem Druck in unregelmäßigen Kringeln über das Papier. Einzig die Nahtstellen des Leders weisen eine formale Strukturierung auf.

Zum Schluss brauchen Sie nur noch die durch die Lichtquelle geworfenen Schatten in Ihrer Zeichnung auszuarbeiten. Denken Sie dabei bitte auch an jene Schatten, die auf den Untergrund, auf dem das Objekt liegt, fallen. Gerade diese Schatten sind elementar für den Trompe-l'œil-Effekt, den Sie erzielen möchten.

Trompe-l'œil-Zeichnungen: Ein Tennisschläger

Ein weiteres Beispiel für ein Trompe-l'œil ist dieser Tennisschläger. Genau wie der Gartenhandschuh lässt er sich in einzelne Elemente untergliedern.

Auch hier wird – wie bereits in dem vorherigen Beispiel – zuerst der Umriss gezeichnet. Nachdem Sie die Komposition festgelegt haben, wenden Sie sich der Struktur der einzelnen Elemente, aus denen sich der Tennisschläger zusammensetzt, zu.

1. Eine Reihe von Linien bringt die Spannung der Saiten zum Ausdruck. Die Anordnung der Linien bewirkt den Eindruck einer festen engmaschigen Spannung.

2. Die ungewöhnlich strukturierte Umrahmung des Tennisschläger ist aus Holz, das aus verschiedenen Schichthölzern gepresst wurde. Die enge Strichführung der leicht gebogenen Linien, die der Form und dem Umriss des Rahmens folgt, gibt dies naturgetreu wieder.

1.

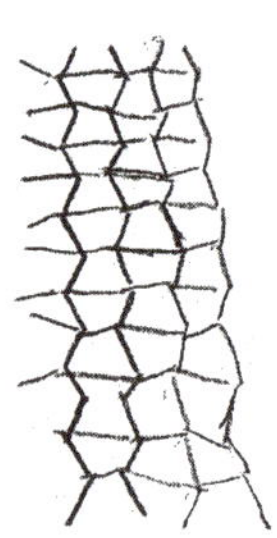

2.

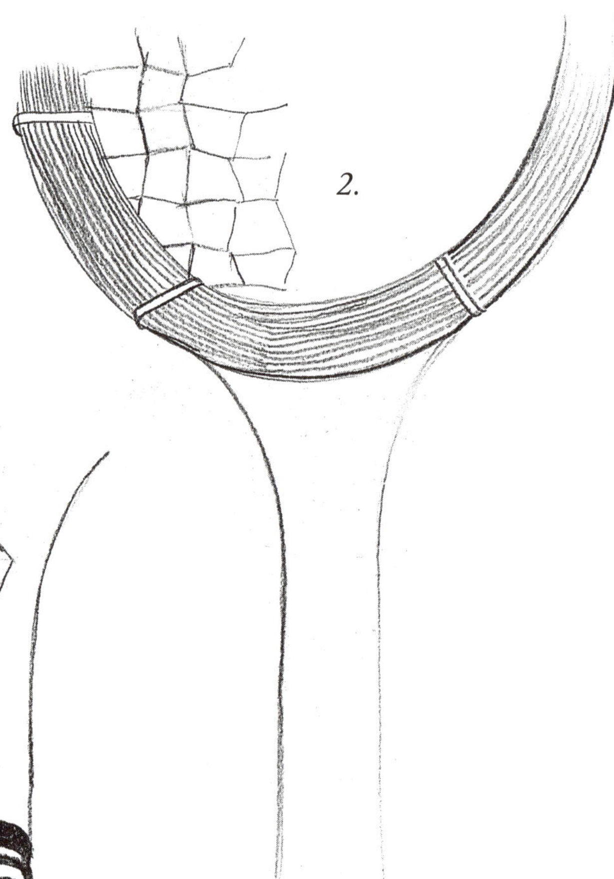

3.

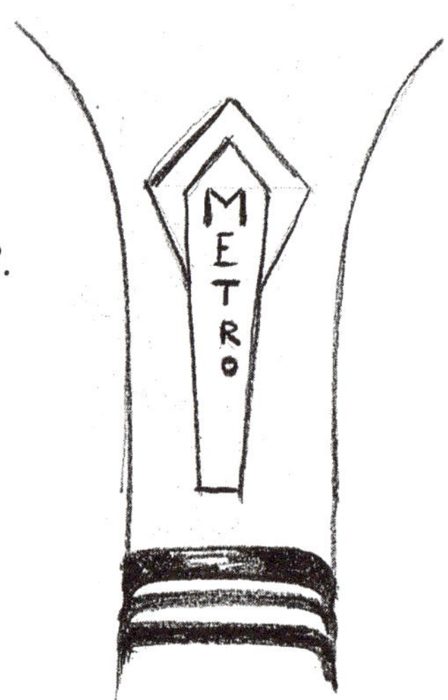

4.

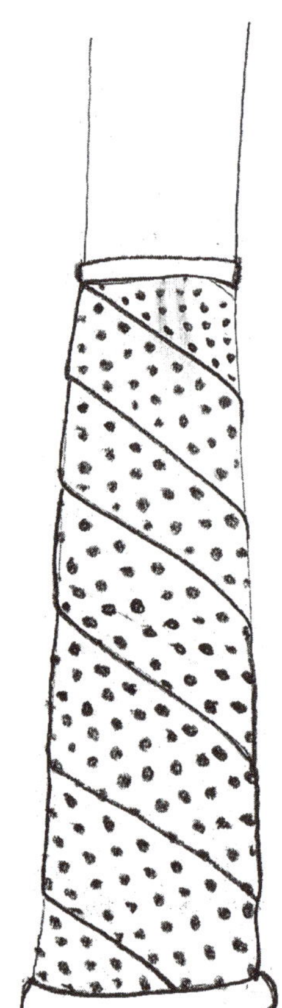

3. und **4.** Da der Griff des Schlägers lackiert wurde, ist seine Oberfläche glatt. Um die Spiegelung des Lichts auf dieser glatten Oberfläche wiederzugeben, bedienen Sie sich der unterschiedlichen Tonwerte. Die eher grafisch anmutenden Strukturen am Griff des Schlägers sollten Sie ebenfalls genau übertragen.

Am unteren Ende des Schlägers wurde ein Griffband aus Leder schräg um den Holzgriff gewickelt. Zeichnen Sie zuerst den Umriss des schräg verlaufenden Bandes. Danach tragen Sie entlang der schrägen Linie kleine Punkte ein, die den Löchern auf der Oberfläche des Leders entsprechen.

Nachdem Sie nun die verschiedenen Oberflächen des Tennisschlägers ausgearbeitet haben, können Sie Ihr Trompe-l'œil abschließen. Die dreidimensionale Illusion, die ein Trompe-l'œil ausmacht, erreichen Sie durch den gezielten Einsatz von Licht und Schatten.

Übungen mit Zeichenkohle aus Weidenholz

Zeichenkohle aus Weide oder Rebstock

Mit Zeichenkohle aus Weide oder Rebstock lassen sich sehr gut klare, weiche Strichzeichnungen erstellen. Bei der Entscheidung für eine bestimmte Linienführung sollten Sie immer die Intention Ihrer Zeichnung berücksichtigen, denn Linien bieten mannigfaltige Möglichkeiten, um unseren Ideen Ausdruck zu verleihen. Einer der rätselhaftesten Aspekte der Linie ist, dass sie eine Metapher ist, sie also für etwas anderes steht. Maler setzen Farben ein, Bildhauer Formgebung und Gestalt, beim Zeichnen hingegen ist die Linie Teil einer rein visuellen Sprache, mit der Sie Ihre Beobachtungen expressiv oder analytisch wiedergeben können.

1. und **4.** In Abbildung 1 bilden die beiden einander gegenüberliegende Linien eine konkave Form.

Verwendet man diese Art der Linien, um die Realität abzubilden (hier den Hals in Abbildung 4), wird deutlich, dass die Wiedergabe nicht dem Gesehenen entspricht – selbst, wenn Sie es abgezeichnet haben.

2. und **5.** Ein weiteres Beispiel für dieses Dilemma: Die eine Linie ist konkav, die andere konvex. Sobald versucht wird, mit diesen Linien die Wirklichkeit wiederzugeben, wenn wir also zeichnen, was wir sehen – wie in Abbildung 5 – zeigt sich, dass es nicht realistisch wirkt.

3. und **6.** In Abbildung 3 bilden die beiden Linien eine konvexe Form. Durch ihre Anordnung entsteht der Eindruck einer ovalen Gestalt, die sich aufbläht und dabei die Seiten nach außen wölbt. In Abbildung 6 wird mit diesen konvexen Linien ein kräftiger voluminöser Hals dargestellt.

7. und **8.** Anhand dieser beiden Beispiele lässt sich dieses Phänomen gut studieren. Abbildung 7 gibt einen Torso mit Kopf realistisch wieder. Aber bereits Picasso sagte: „Kunst ist eine Lüge, die es uns ermöglicht, die Wahrheit zu sehen.“ Die gestrichelten Linien heben die konkaven Bereiche heraus, sodass die Figur hier wenig muskulös wirkt.

In Abbildung 8 sehen Sie die gleiche Figur in gleicher Pose, diesmal jedoch mit konvexen Linien gezeichnet. Die Linien überschneiden sich und durchdringen die äußere Kontur der Figur. Mithilfe dieser Zeichentechnik wird der Eindruck von Form und räumlicher Tiefe erzeugt. Schon Künstler wie Michelangelo, Leonardo da Vinci oder Rubens bedienen sich dieser Technik, um Volumen darzustellen.

Die äußere Muskulatur

Die Zeichnung des menschlichen Körpers auf Seite 142 unten beschränkt sich nicht auf die Wiedergabe der Konturen des Körpers mittels konkaver Linien. Hier wird die äußere Muskulatur – die Muskeln, die direkt unter der Hautoberfläche liegen – nicht nur angedeutet, sondern vollständig herausgearbeitet.

Bei der Zeichnung nach Egon Schiele auf Seite 142 oben sehen Sie, wie der Künstler allein durch die Linienführung einen gegenteiligen Effekt erzielt. Der Körper strahlt Zerbrechlichkeit und Schwäche aus. Dies erreicht der Künstler, indem er statt konvexer Linien die konkaven Linien betont. Das Ergebnis ist eine fast vollständige Negation der Form.

Beide Ausdrucksformen sind sinnvoll – je nachdem, was Sie als Künstler ausdrücken möchten.

1.

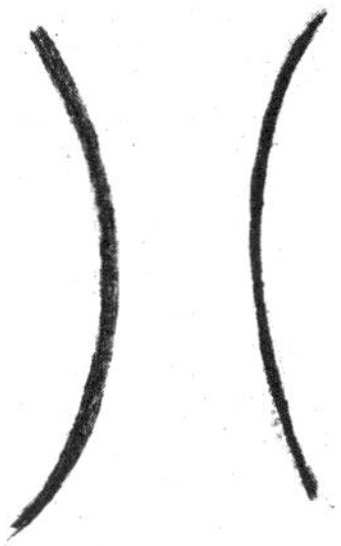

2.

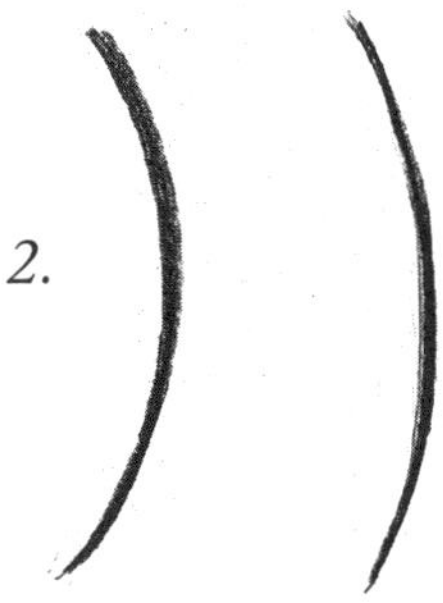

3.

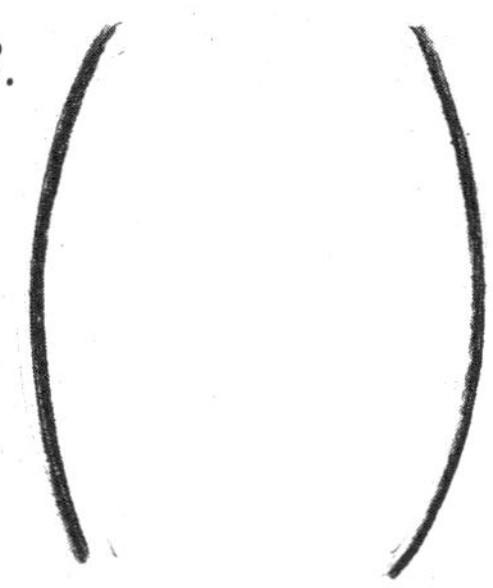

4.

5.

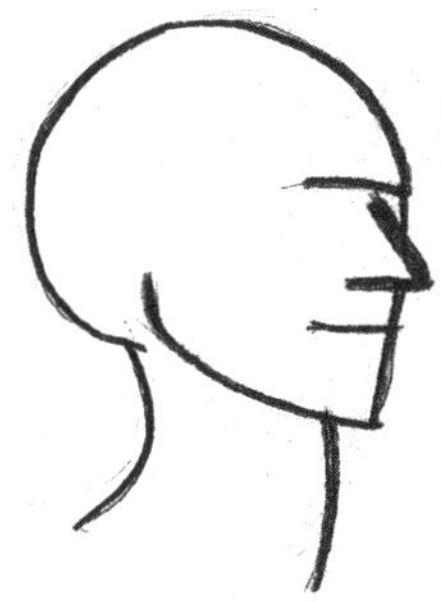

6.

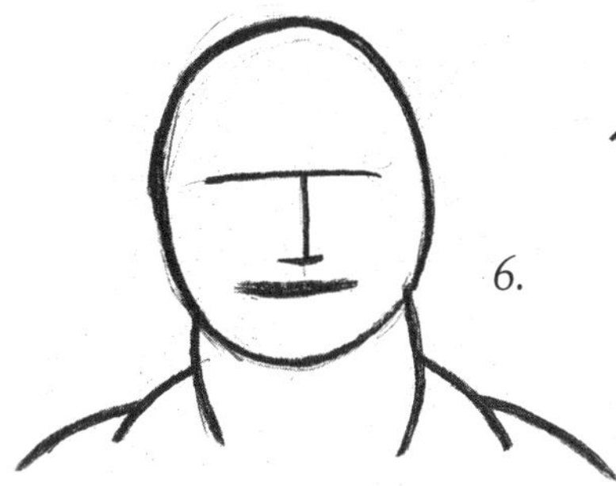

7.

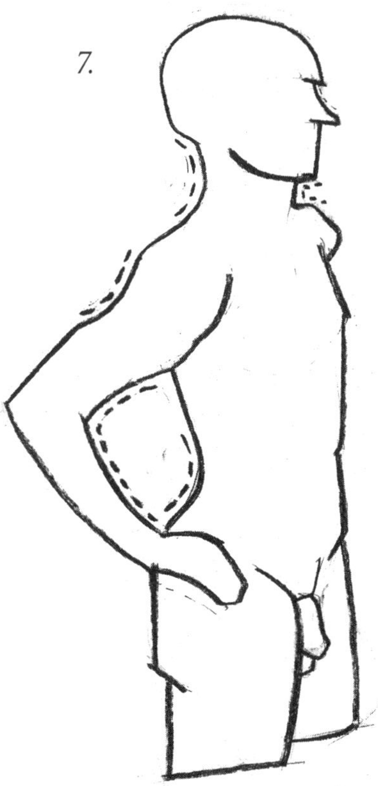

8.

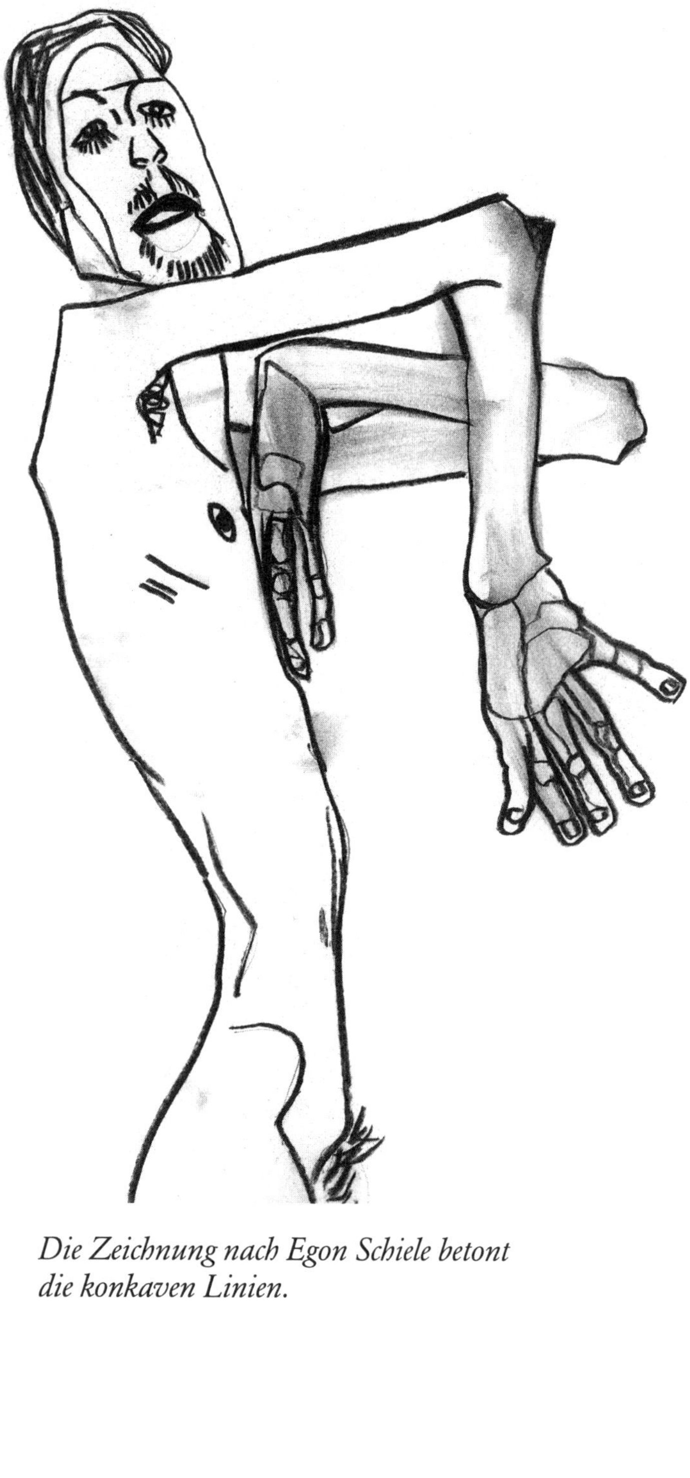

Die Zeichnung nach Egon Schiele betont die konkaven Linien.

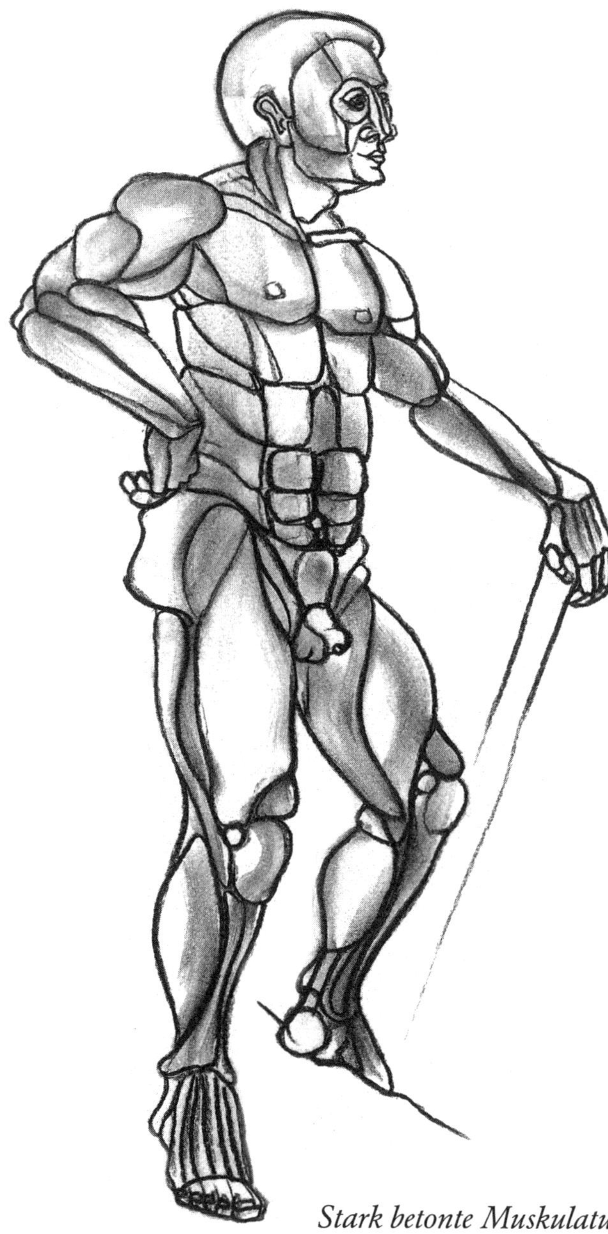

Stark betonte Muskulatur durch konvexe Formen

Nach Rubens

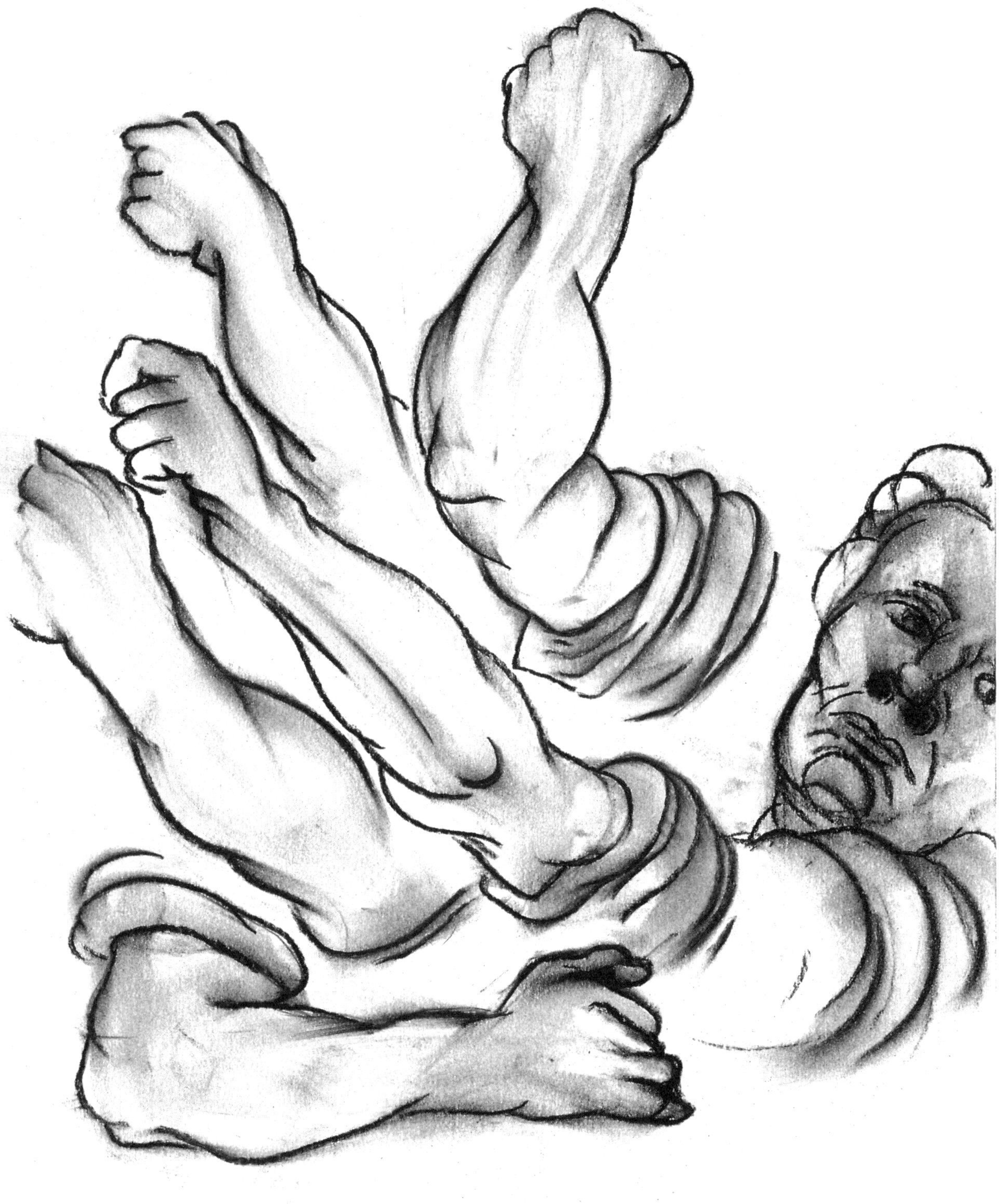

Die scharf konturierte Linie

Bei dieser Linienführung schneidet die Linie buchstäblich quer über das Papier und deutet dabei eine Richtung an. Um eine scharf konturierte Linie zu ziehen, wird die Kohle seitlich angesetzt. Bei dieser Zeichentechnik greift die Linie die Bewegungsdynamik auf und folgt der Zeichenrichtung. Die Flächen des Körpers treten so deutlich hervor

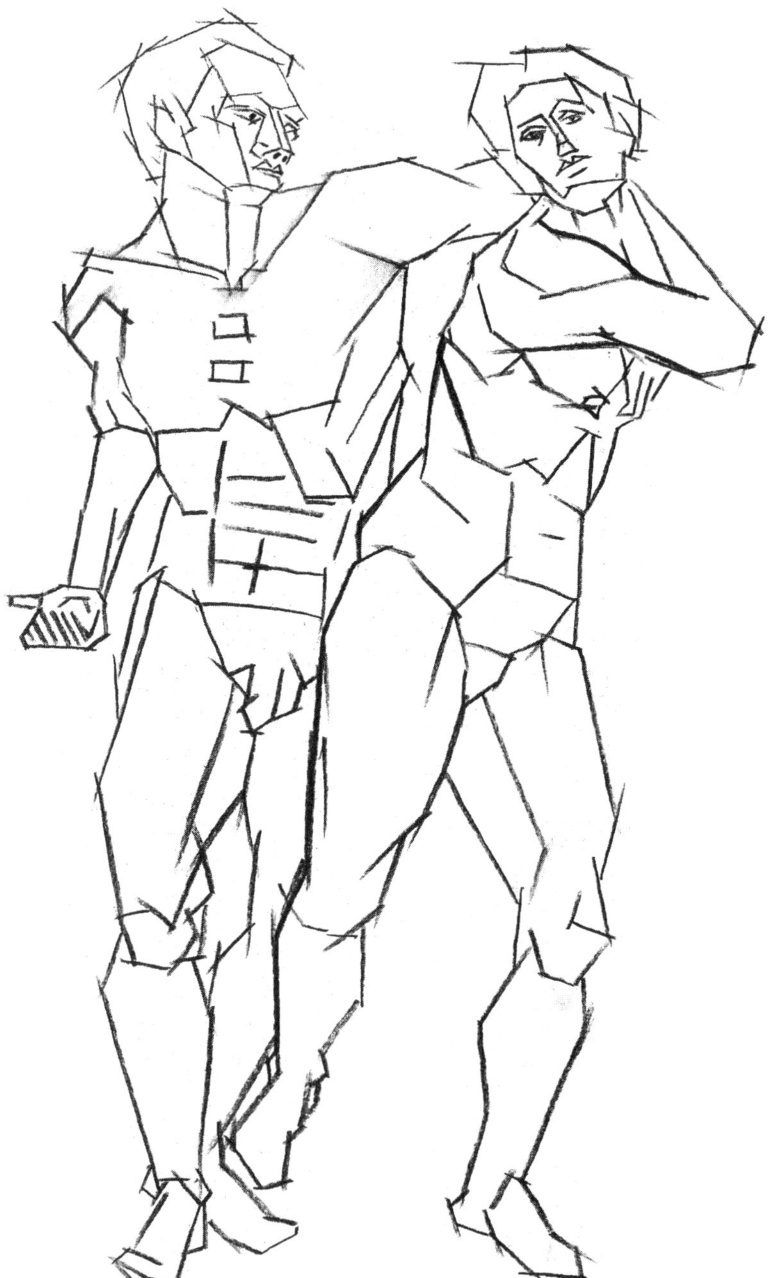

Bewegung

In den nächsten Zeichnungen wird die Zeichenkohle für die Darstellung von Bewegung verwendet.

1a. und **1b.** Zeichnen Sie verschiedene Posen übereinander, wie in der Abbildung auf dieser Seite. Positionieren Sie Ihr Modell und zeichnen Sie den Umriss, wie bereits erklärt. Dann lassen Sie Ihr Modell eine andere Haltung annehmen und zeichnen diese Pose über die vorherige. Bei der dritten Pose, die ihrerseits die vorherigen überlagert, werden Sie langsam die Orientierung verlieren. Diese Empfindung ist beabsichtigt, denn nur, wenn Sie die einzel-

1a.

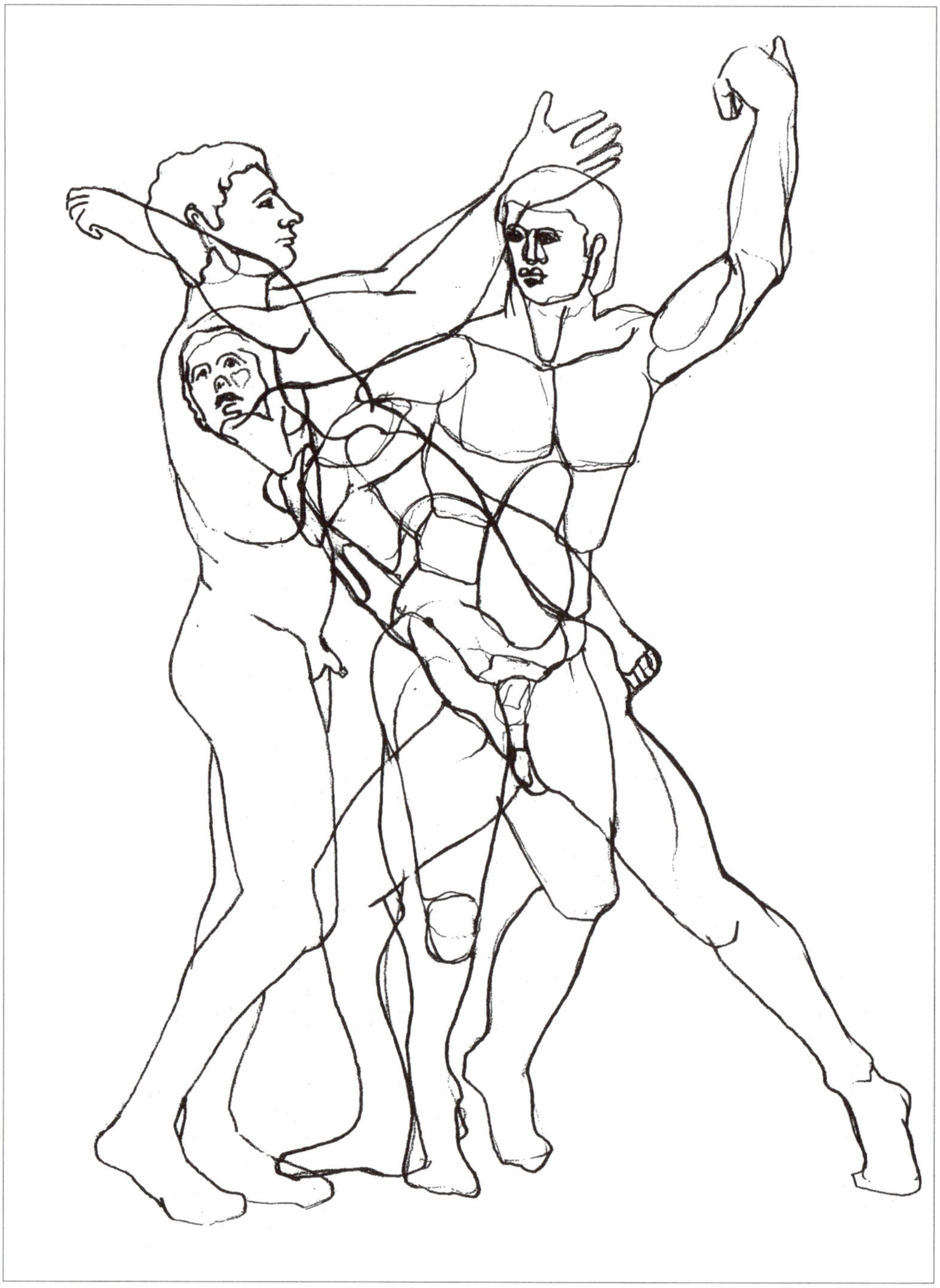

nen Figuren aus den Augen verlieren, bekommen Sie ein Gespür für Ihre Zeichnung.

Diese Übung ist sehr nützlich für Zeichenanfänger, denn sie hilft, ein Gespür für Abstraktion zu entwickeln. So wird eine für den künstlerischen Schaffensprozess wichtige Fähigkeit erlernt: Erst jetzt können Sie das Ihrer Zeichnung zugrunde liegende abstrakte Potenzial ausschöpfen. Nehmen Sie einen kleinen Ausschnittrahmen oder Sucher aus Karton und legen Sie ihn über die verschiedenen Bereiche der Zeichnung. So finden Sie Ausschnitte, die Ihnen als Vorlage für eine großformatige Zeichnung dienen können.

1b.

1c. Für diese neue, dynamische und abstrakte Komposition legen Sie zuerst einen kleinen Ausschnittrahmen oder Sucher aus Karton auf Ihre Zeichnung, um den Ausschnitt zu finden, nach dem Sie eine aussagekräftige, großformatige Zeichnung anfertigen wollen.

2. Lassen Sie Ihr Modell einen bestimmten Bewegungsablauf durchführen, zum Beispiel erst geradeaus gehen und dann seitlich abbiegen. Ihr Modell sollte, während Sie zeichnen, diesen Bewegungsablauf in gleichmäßigem Tempo wiederholen. Beginnen Sie ruhig langsam zu zeichnen; je vertrauter Sie mit der Methode werden, umso mehr können Sie Ihr Tempo steigern.

Beachten Sie, dass es nicht darum geht, das Modell zu zeichnen, sondern vielmehr die Bewegung. Ziel ist, dass die flüssige Linienführung den Bewegungsablauf erkennbar werden lässt. Am besten eignet sich dafür eine fließende Linie, bei der die Zeichenkohle während des gesamten Zeichenprozesses nicht vom Papier abgesetzt wird. Um eine abwechslungsreiche Strichführung und diverse Akzente zu ermöglichen, sollte diese durchgängige Linienführung sich sowohl über die Breite des Papiers als auch in die räumliche Tiefe erstrecken.

2.

Wechselnde Perspektiven

Vor 1900 haben die Künstler die Welt zumeist aus einem einzigen Blickwinkel wiedergegeben. Der Betrachter bekam das Dargestellte aus genau einer Perspektive zu sehen. Jahrhundertelang wurde uns so, im Einklang mit den kulturellen Idealen der westlichen Welt, ein zweidimensionales Bild der Welt vermittelt. Erst zu Beginn des 20. Jahrhunderts veränderte sich die Sicht der Welt, andere Arten des Sehens wurden erprobt. Künstler wie Pablo Picasso oder Georges Braques experimentierten damit, ein und dasselbe Objekt in einer Bildebene aus verschiedenen Perspektiven wiederzugeben. Dahinter lag die Absicht, eine neue Sicht auf die Realität zu ermöglichen. Ihre Komplexität sollte sich in der Zeichnung spiegeln, indem auf einem einzigen Blatt Papier die Wirklichkeit aus verschiedenen Blickwinkeln abgebildet wurde. Der Kubismus war geboren.

Als Medium eignet sich die Weidenkohle gut, um mit wechselnden Perspektiven unseren Blick auf die Realität zu erweitern.

1a.

1a. Gruppieren Sie ein einfaches Stillleben auf einem Tisch oder Brett, sodass sie es gut umrunden und verschiedene Standpunkte einnehmen können.

Dabei sollten sich die gewählten Objekte formal grundlegend unterscheiden. Positionieren Sie ein Objekt im Zentrum der Gruppe, so haben Sie für die folgenden Zeichnungen einen festen Bezugspunkt.

1b. Zuerst zeichnen Sie – aus dem ersten gewählten Blickwinkel – Ihr Stillleben als Negativform, wobei Sie den Ausschnitt mit Hilfe des Ausschnittrahmens oder Suchers aus Karton festlegen.

1b.

1c. und **1d**. Für den nächsten Schritt müssen Sie Ihre Position wechseln oder das Stillleben drehen, damit Sie das Arrangement von der Seite betrachten können. Zeichnen Sie auch diesmal über die erste Zeichnung. Als Ausgangspunkt für Ihre Komposition dient Ihnen dabei das zentrale Objekt. Es wird auch Ihr Dreh- und Angelpunkt für die anschließende Zeichnung sein, bei der die Darstellung noch komplexer werden wird.

Wiederholen Sie dieses Vorgehen ein weiteres Mal und halten Sie die Rückansicht fest. Zum Schluss haben Sie drei einander überlagernde Zeichnungen ein und desselben Stilllebens aus unterschiedlichen Blickwinkeln erstellt.

1e. Nun können Sie das visuelle Potential Ihrer Zeichnung ausschöpfen. Eine Möglichkeit ist, den Ausschnittrahmen aus Karton so lange auf unterschiedliche Abschnitte des Bildes zu legen, bis Sie einen interessanten und geeigneten Ausschnitt gefunden haben. Nachdem Sie eine größere Kopie dieses Ausschnitts angefertigt haben, können Sie diese mit Schattierungen versehen, wie es bereits am Beispiel der konstruierten Landschaftsdarstellungen nach Cézanne gezeigt wurde.

1c./1d.

1e.

Die schattierte Zeichnung

Abgestufte Tonwerte mit Jumbo-Kohle
Mit Jumbo-Kohle lassen sich gut sowohl großformatige Zeichnungen anfertigen als auch große Flächen füllen. Bei dieser Übung wird Jumbo-Kohle mit Zeichenkohle aus Weide oder Rebstock kombiniert, um die abgestuften Tonwerte zu erhalten.

1. Bedecken Sie ein DIN-A1-Zeichenblatt mit Jumbo-Kohle, bis es vollständig schwarz ist.

Für das Freilegen der hellen Areale benötigen Sie einen kräftigen Radierer. Als Motiv des auf Schwarz basierenden Stilllebens bieten sich florale Elemente an.

Beim Freilegen der hellen Stellen, die später wieder gefüllt werden, brauchen Sie nicht exakt vorzugehen, da Sie unbeabsichtigt entfernte Areale später leicht wieder schwärzen können. Um den größtmöglichen Kontrast zu erzielen, empfiehlt es sich, die radierte Stelle so hell und sauber wie möglich zu bekommen.

Nachdem Sie die Hauptbereiche aufgehellt haben, können Sie anschließend die frei radierten Stellen wieder füllen – diesmal mit der feineren Zeichenkohle aus Weide oder Rebstock. Dadurch ist eine getreuere Wiedergabe der hellen und dunklen Tonwerte möglich. Hierbei können Sie auch Ihre Aufmerksamkeit auf strukturelle und andere Details lenken. Vergessen Sie bitte nicht, Ihre Kohlezeichnung abschließend mit einem Fixativ zu versiegeln.

Füller, Tuschen, Pinsel und Papier

Fineliner, Kugelschreiber, Tuschefedern, Füllfederhalter, Tuschen, Pinsel, Papiersorten

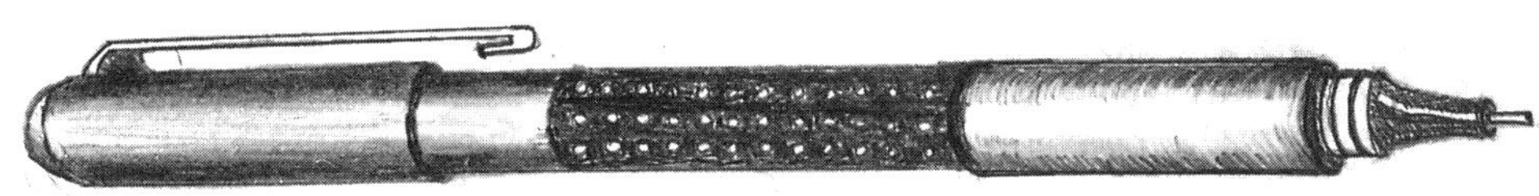

Einführung

Sollten Sie einer jener Künstler sein, die eher zuviel Kontrolle über den künstlerischen Schaffensprozess wollen, wird dieser Teil des Buches für Sie eine Herausforderung sein. Wenn Sie flüssige Tusche einmal nicht mit den üblichen Applikatoren auftragen, werden Sie erleben, wie der Schaffensprozess und das Medium selbst Ihre Arbeit leiten. Bei dieser Herangehensweise erleben Sie ungeahnte visuelle Highlights wie noch nie zuvor in Ihren Arbeiten. Gleichzeitig wird Ihr vorhandenes Bedürfnis nach Kontrolle dafür sorgen, dass der Schaffensprozess nicht außer Kontrolle gerät – so erreichen Sie genau das Gleichgewicht, nach dem jeder Künstler strebt. Schon Picasso sagte: „Ich suche nicht, ich finde."

Wenn Sie aber ein Künstler am anderen Ende des Spektrums sind, einer, der manchmal enttäuscht ist, weil bei ihm ab und an der Schaffensprozess außer Kontrolle gerät und das Ergebnis dementsprechend ausfällt, dann finden Sie hier Übungen, die ihre überbordende Kreativität im Zaum halten. Tusche verhilft Ihnen zu dem strengen kontrollierten Ausdruck, der Ihren Zeichnungen manchmal fehlt. Mein Ratschlag: Erlauben Sie sich die Freiheit, die Sie brauchen – den künstlerischen Fluss können Sie nicht verhindern, er ergibt sich von selbst.

An Ihrer Stelle würde ich mich für eine lavierte Federzeichnung mit Tusche und Flachpinsel entscheiden, als Thema bietet sich eine Landschaftsdarstellung an (S. 193–197). Dabei können Sie Ihrer kreativen Energie freien Lauf lassen. Erst im zweiten Schritt kommt die kontrollierte Ausarbeitung ins Spiel, die Ihrer Zeichnung die zuvor erwähnte, notwendige Ausgewogenheit verleiht. Dazu tragen Sie mit einem Fineliner oder einer Tuschefeder die feinen Details in die Tuschezeichnung ein, wodurch die lavierte Zeichnung eine kontrastierende Spannung erhält. Kennzeichen dieser Arbeitsweise: Sie arbeiten immer vom Allgemeinen zum Detail.

Material

Tuschezeichnungen

In meinen Augen ist Tusche das aufregendste Zeichenmedium. Sicher haben Bleistift und Zeichenkohle viele Besonderheiten, aber mit Tusche zu arbeiten stellt eine echte Herausforderung dar und die Ergebnisse sind besonders vielseitig. Allein aufgrund ihrer Materialqualitäten und der Möglichkeiten des Auftrags bietet Tusche für konventionelle wie auch für experimentelle Arbeiten ein breites Spektrum. Für mich ist Tusche das ideale Medium, um Schwächen zu korrigieren und Stärken zu fördern. Künstler neigen zu bestimmten Eigenarten und so lassen sich zwei Künstlertypen unterscheiden: Die, deren Schaffen durch den Verstand oder durch konkrete Überlegungen kontrolliert wird und die ihre Medien entsprechend einsetzen, sowie diejenigen, die sich vom Schaffensprozess leiten lassen und in deren Arbeiten ein emotionaler und expressiver Ansatz dominiert. In jedem der beiden Typen findet sich etwas von dem anderen, wenn zum Beispiel formale Strukturen oder ästhetische Komponenten in die Arbeit einfließen. Tusche erweist sich als das geeignete Medium, um genau diese innewohnenden Qualitäten zur Entfaltung zu bringen.

In diesem Kapitel lernen Sie traditionelle und experimentelle Herangehensweisen kennen. Zudem hilft es Ihnen, Ihre ganz persönliche Einstellung zum Zeichnen herauszuarbeiten und Ihre künstlerischen Sinne zu schulen.

Tusche und andere Medien

Meistens kommt handelsübliche Tusche bei allen Arten von Zeichnungen zum Einsatz, dazu zählen auch technische Zeichnungen, Pinselmalereien, Lavierungen und Kalligrafien.

In Fachbüchern finden sich Rezepte für die Herstellung von Tuschen, aber die Grundstoffe sind immer gleich. Im Prinzip handelt es sich um Ruß (meist aus verbrannten Kirschkernen oder Harz), gemischt mit einem wässrigen Bindemittel (in der Regel Schellackseife). Das Ganze wird auf einer Marmorplatte zu einer Paste vermahlen, die eingedickt zu Stiften geformt und dann getrocknet wird. Bei Bedarf wird etwas Tusche auf einem Reibestein oder Mattglas aufgerieben. Dieses Pulver gibt man in eine flache Schale und verdünnt es mit destilliertem Wasser, bis die gewünschte Konsistenz erreicht ist.

In jedem Künstlerbedarf ist allerdings gebrauchsfertige Tusche in Flaschen erhältlich. Diese Tuschen sind tiefschwarz und bleiben nach dem Auftrag haltbar. Um Lavierungen zu erzeugen, kann man sie verdünnen.

Bister (frz. „bistre“ = Schokoladenbraun) ist seit dem 14. Jahrhundert in Europa gebräuchlich und diente bis ins 18. Jahrhundert als Zeichentusche für lavierte Pinsel- und Federzeichnungen. Rembrandt ist sicher der bekannteste Künstler, der ausdrucksstarke Zeichnungen in Bister schuf. Das Farbspektrum reicht von einem blassen Gelbbraun über Rotbraun bis Schwarzbraun. Bei Bister handelt es sich um eine aus Holzruß hergestellte Tinte von geringer Lichtechtheit, deren Farbe und Intensität von dem gewählten Holz abhängt.

Sepia ist ein bis ins 20. Jahrhundert verwendetes graubraunschwarzes Pigment, das aus dem getrockneten Sekret der Tintenbeutel des gemeinen Tintenfisches (Sepia officinalis) gewonnen wird. Es ist im Ton dem Bister ähnlich, wenig verdünnt auch dunkler. Da nur geringe Lichtechtheit gegeben ist, wird Sepia heute kaum mehr verwendet.

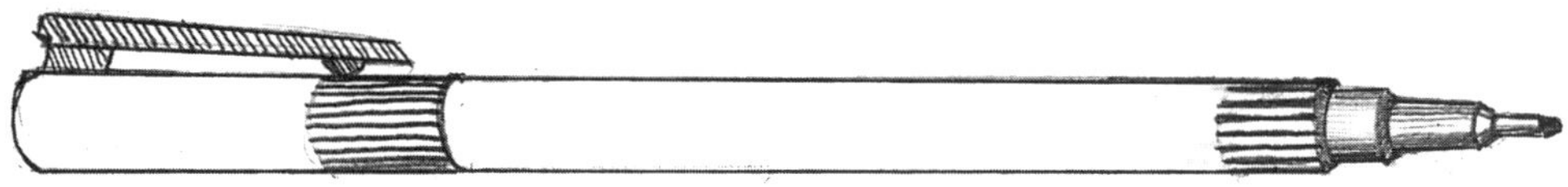

Fineliner

Fineliner sind in verschiedenen Ausführungen in unterschiedlichen Stärken und mit verschiedenen Spitzen, entsprechend ihrem vielfältigen künstlerischen Einsatzgebiet, erhältlich. Der Fineliner ist ein direkt anwendbares Medium, mit ihm lassen sich in fließender Linienführung schnelle und akkurate Zeichnungen erzeugen. Zeichnungen mit Fineliner zu korrigieren ist schwierig, deswegen sollte man Fehler einfach als Teil des Zeichenprozesses akzeptieren. Viele Fineliner verbrauchen sich schnell, wobei die Genauigkeit der Strichführung verloren geht. Am besten verwendet man beim Arbeiten mit Finelinern eine Zeichenpappe oder einen Zeichenkarton. Beispiele für Zeichnungen mit einem Fineliner finden Sie auf den Seiten 201 bis 203. Zeichnungen mit Fineliner dienen häufig dazu, Grundrisse oder ähnliches darzustellen. Fineliner sind in vielen Farben erhältlich.

Kugelschreiber

Die Strichführung von Kugelschreibern ist gleichbleibend und der Farbauftrag dauerhaft. Je nach Druck kann man feine oder starke Linien ziehen. Kugelschreiber eignen sich sowohl für flüssig gezeichnete als auch für technische Arbeiten. Zudem kann man sie für flüchtige Skizzen und Notizen verwenden, beispielsweise in Skizzenbüchern. Mit dem Kugelschreiber kann man auch auf dünnem Papier zeichnen, aber Fehler lassen sich genau wie beim Fineliner nur schwer entfernen. Zeichnungen mit diesem Medium sind für gewöhnlich unwiderruflich, deswegen sollten Sie Fehler als Teil des Lernprozesses und als Dokumentierung Ihrer Fortschritte verstehen.

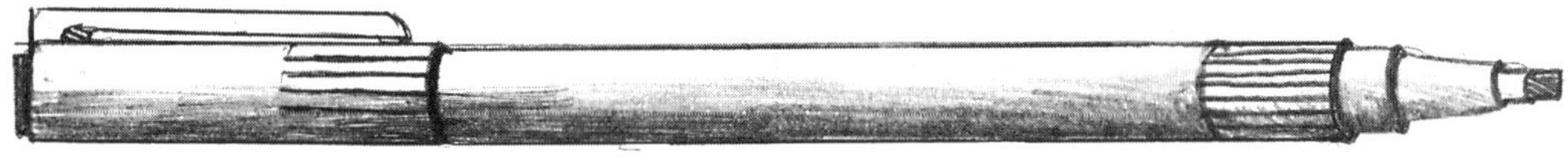

Filzstifte

Auch Filzstifte sind in verschiedenen Stärken und mit unterschiedlichen Spitzen erhältlich. Sie eignen sich für schnell hingeworfene Zeichnungen und Skizzen und genau wie bei den anderen Stiften ist auch hier die Korrektur von Fehlern schwierig. Die in vielen Farben erhältlichen Filzstifte werden oft zum Zeichnen von Logos verwendet. Ein Beispiel für eine Zeichnung mit Filzstift finden Sie auf Seite 185, in der Sie gut erkennen können, wie die verschiedenen Stärken ausdrucksstark eingesetzt werden. Beachten Sie auch die offene Linienführung, die Grundlage dieser Zeichnung ist.

Füllfederhalter

Hierbei handelt es sich – verglichen mit den bisher erwähnten Stiften – um ein sehr persönliches Zeichenmittel. Wenn Sie einen Füllfederhalter benutzen, sollten nur Sie ihn benutzen und ihn niemals an jemand anderen weitergeben, da sich die Feder Ihrer ganz persönlichen Schreibweise anpasst. Füllfederhalter sollten Sie nur mit wasserlöslicher Tinte verwenden, um Verklumpungen zu vermeiden. Wasserlösliche Tinte sollten Sie auch nutzen, wenn Sie mit Bleiche arbeiten. Da Füllfederhalter eher mit Schreiben als mit Zeichnen assoziiert werden, gibt es hier keine Beispiele für die Strichführung.

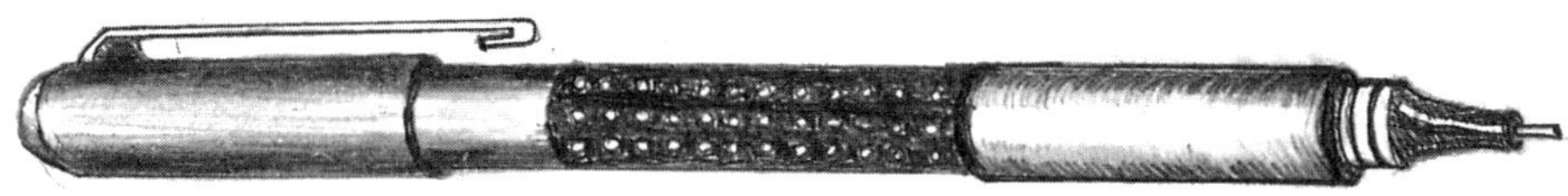

Radiograph Tuschefüller

Bei Radiograph Tuschefüllern wird der Tintenfluss durch einen kleinen Tuschetank kontrolliert. Die Tinte tritt durch eine nadelöhrgroße Öffnung aus, sodass eine gleichbleibend feine Linienführung gewährleistet ist. Die Strichführung ist gleichmäßig, und mit etwas Übung kann man Punkte in verschiedenen Breiten und Graden zeichnen. Rotring Radiograph Tuschefüller kommen vor allem bei sehr akkuraten Zeichnungen, wie sie zum Beispiel Architekten oder Designer anfertigen, zum Einsatz. Es handelt sich dabei zumeist um maßstabsgetreue und detaillierte Arbeitsvorlagen.

Fineliner

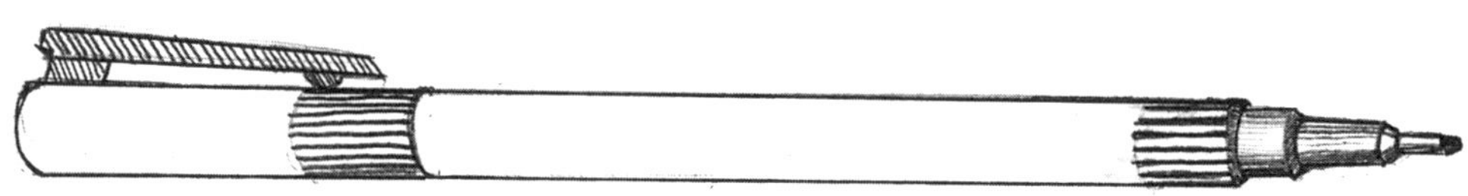

Dicker Filzstift

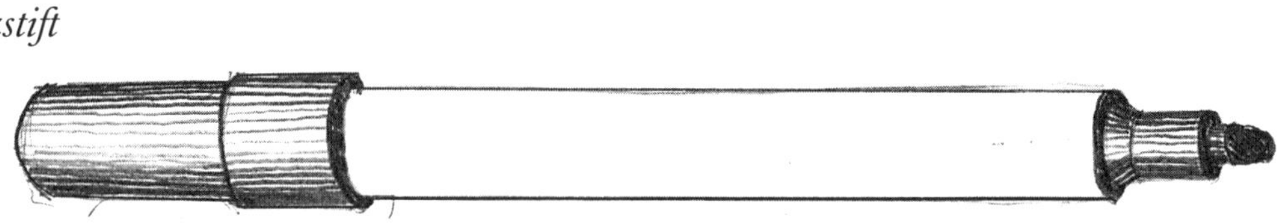

Zeichenübung: Ein Küchenplan

Für diese Art von Projekten wird für gewöhnlich ein Rotring Radiograph Tuschefüller verwendet. Mittlerweile gibt es spezielle Planungssoftware mit der Sie am Computer solche Pläne erstellen können. Aber der Zweck dieser Übung ist, dass Sie ein Gefühl dafür entwickeln, wie man einen Tuschefüller, bei dem die Tinte gleichmäßig durch eine nadelöhrgroße Öffnung austritt, einsetzt.

1. Kühl-/Gefrierkombination
2. Kochstelle
3. Backofen in Augenhöhe
4. Spüle und Abfluss
5. Frühstückstisch/Arbeitsfläche
6. Waschmaschine
7. Abdeckung des Kanalschachts
8. Ablage und Arbeitsfläche
9. Abfalltonne

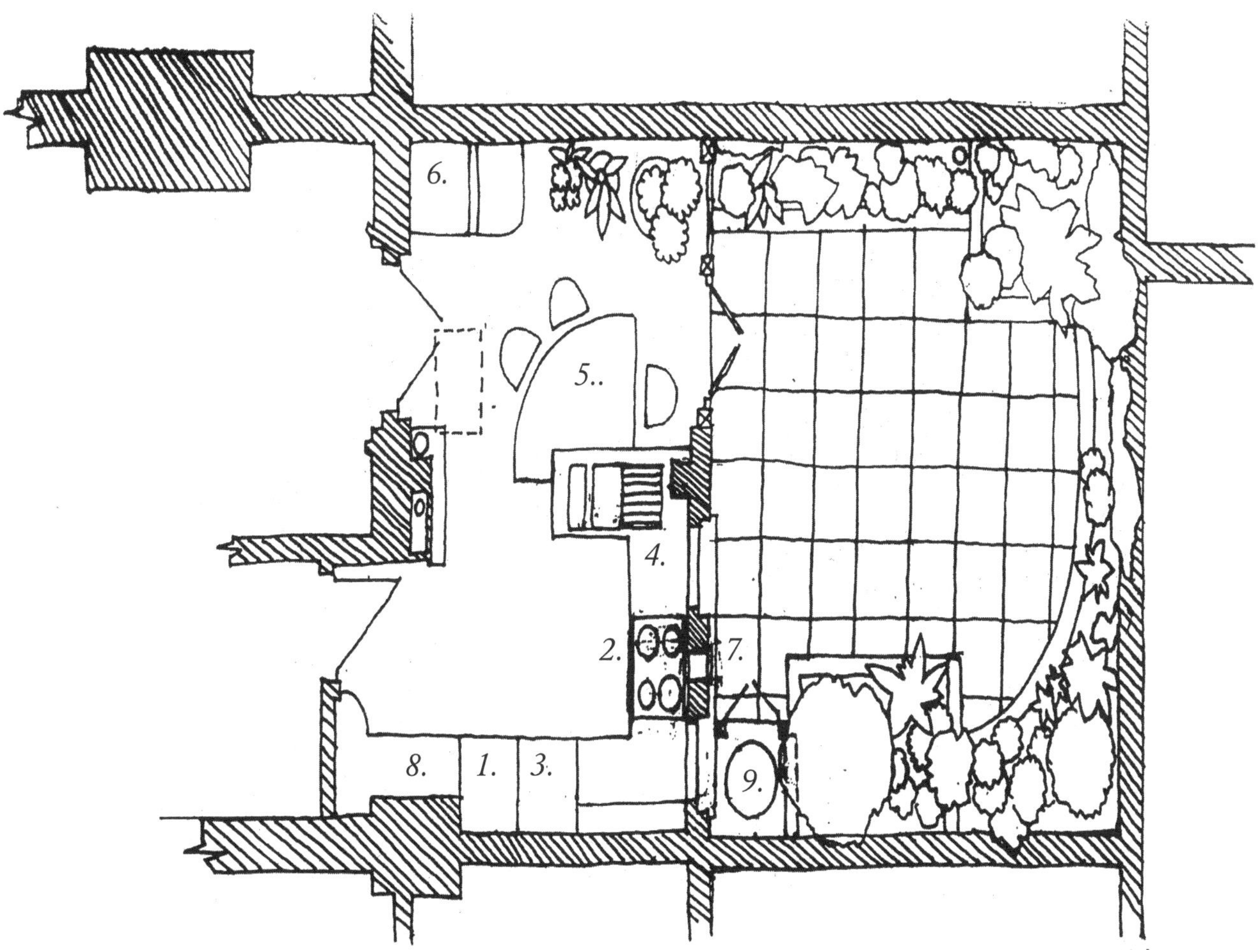

Zeichenfedern
Anders als bei den bisher vorgestellten Stiften haben Zeichenfedern keinen Tintenvorrat, sondern müssen jeweils vor dem Zeichnen in ein Tintenfass eingetaucht werden. Federspitzen kommen nur zur Ausarbeitung feiner Details und für feine Kreuzschraffuren zum Einsatz. Die verschiedenen Federspitzen wurden entwickelt, um unterschiedliche Strichführungen zu ermöglichen – je nach Winkel, in dem die Feder gehalten wird, oder je nach ausgeübtem Druck. Der Fluss der Tinte zur Federspitze ist bei einer Feder ganz anders als bei Tuschestiften. Er ist weniger gleichmäßig, deswegen müssen Sie die Feder auch immer wieder eintauchen. Federhalter sind flexibel einsetzbar: Sie eignen sich für eine freie und expressive Strichführung ebenso wie für die Ausarbeitung feiner Details.

Federkiele und Alternativen
Anders als bei industriell hergestellten Zeichenfedern kommen hier Naturmaterialien zum Einsatz: Schilfrohr, Bambus oder die Kiele großer Vogelfedern. Der Vorteil: Sie können für den persönlichen Gebrauch zurechtgeschnitten werden. Zumeist ist ihre Strichführung breiter. Mit einem scharfen Messer, einer Rasierklinge oder einem Kielmesser können Sie auch selbst eine Zeichenfeder schnitzen. Dazu können auch andere Materialien verwendet werden. Hier sind einige Vorschläge: Ein zurechtgeschnittener Plastikstrohhalm lässt sich ebenso als Feder verwenden wie ein angespitztes Zündholz oder ein schmaler Ast. Fast alles eignet sich, um in Tinte getaucht zu werden. Scheuen Sie sich nicht, Ihre eigenen Zeichengeräte herzustellen.

Zeichenfeder

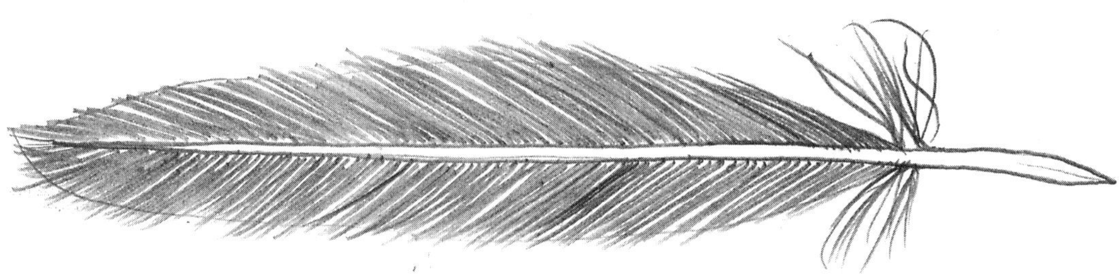

Federkiel

Pinsel

Um bei Tuschearbeiten Lavierungen aufzutragen, greift man gewöhnlich zum Pinsel. Außerdem werden Pinsel für sogenannte Pinselzeichnungen eingesetzt.

In China und Japan wird mit dem Pinsel sowohl gezeichnet als auch geschrieben, darüber hinaus kommt dem Arbeiten mit Pinsel eine zeremonielle Bedeutung zu.

Hochwertige Pinsel sind sehr vielseitig und werden zumeist aus Marderhaaren hergestellt, denn diese sind sehr formbeständig und verlieren während des Zeichenprozesses nicht an Spannkraft. Der sogenannte Besatz kehrt schnell in seine Ursprungsform zurück und verliert auch unter Druck nicht seine Form. Beim Arbeiten ist es wichtig, dass Sie auf die Formbeständigkeit des Besatzes vertrauen können. Pinsel mit Marderhaar-Besatz sind kostspielig, deswegen lohnt sich die richtige Pflege. Lassen Sie den Pinsel nicht in der Tinte oder im Wasser stehen und waschen Sie ihn direkt nach Gebrauch mit dem richtigen Lösungsmittel – beim Arbeiten mit Tusche oder Tinte vorzugsweise mit klarem Wasser. Nach dem Reinigen muss das restliche Wasser ausgeschlagen werden, damit der Besatz seine ursprüngliche Form erhält.

Um die Borsten nicht zu beschädigen, muss der gereinigte Pinsel gründlich trocknen und sorgfältig gelagert werden. Wenn Ihnen Pinsel mit Marderhaar-Besatz zu teuer sind, können Sie auf preiswertere Alternativen zurückgreifen, bei denen der Besatz zumeist aus Kunsthaaren oder -borsten besteht. Zudem können Sie ruhig all Ihre vorhandenen Pinsel ausprobieren, um zu sehen, wie sich mit ihnen arbeiten lässt. Selbst Pinsel, die man einmal zur Seite gelegt hat, können sich durchaus für die Strichführung mit Tusche oder Tinte eignen.

Auf den Seiten 172 bis 176 sehen sie Beispiele für Strichführungen mit einem chinesischen Pinsel und einem Rundpinsel, der westlichen Variante des chinesischen Pinsels.

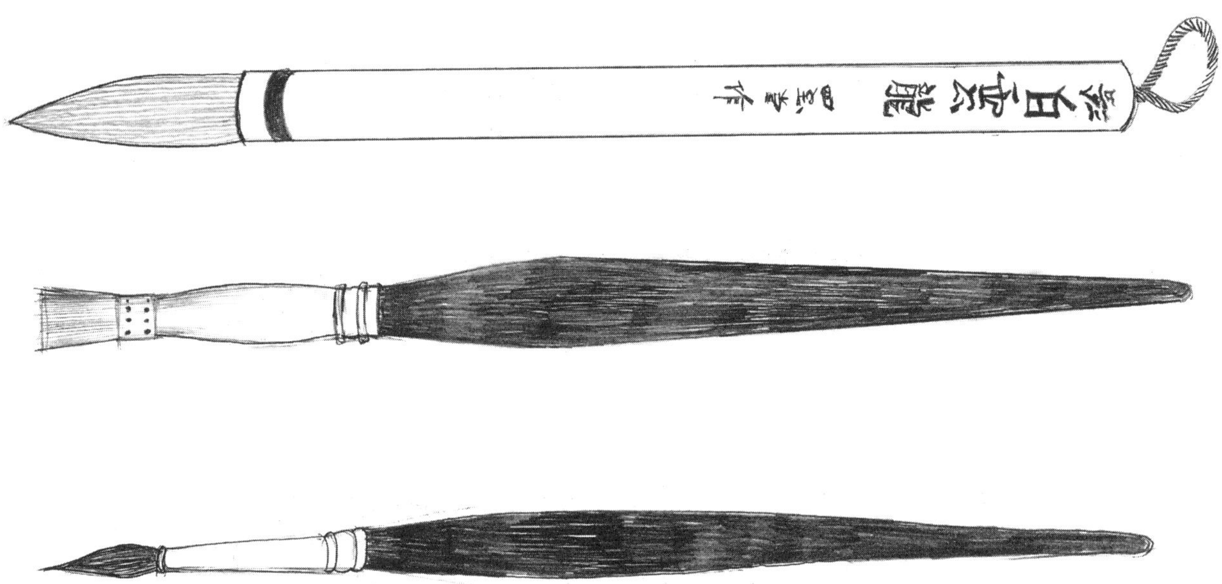

Papier
Beim Kauf von Papier sollten Sie immer darauf achten, dass es zu der geplanten Arbeit und den verwendeten Medien passt. Preiswerte Papiere eignen sich für schnell hingeworfene Skizzen mit Fineliner, Kugelschreiber, Filzstift oder Tuschefüller. Wenn Sie hingegen etwas Besonderes schaffen wollen, sollten Sie das Zeichenpapier sorgfältig wählen.

Zeichenkarton
Hierbei handelt es sich um eine harte weiße Pappe mit glatter Oberfläche, die vor allem von Designern für feinere Zeichnungen verwendet wird. Weil die Pappe keine Struktur aufweist und ihre Oberfläche laminiert ist, gleiten Stifte wie Tuschefüller buchstäblich über die Oberfläche und hinterlassen die für Designzeichnungen oder -entwürfe charakteristischen akkuraten Linien. Daher dienen Zeichenkartons oder -pappen zumeist Designern als Malgrund.

Zeichenpapier
Die meisten handelsüblichen Papiere eignen sich für Tusche- oder Tintenzeichnungen bzw. für Zeichnungen mit verschiedenen Stiftsorten. Sie sind in unterschiedlichen Oberflächen (von glatt bis grob), Dicken und Papiergewichten erhältlich und bieten sich für Arbeiten mit Pinsel oder Stiften sowie für Lavierungen an. Für Pinselarbeiten und Lavierungen sollte das Papier allerdings gespannt werden.

Aquarellpapier
Dieses Papier ist besonders für Pinselzeichnungen und Lavierungen zu empfehlen. Aquarellpapier gibt es in verschiedenen Dicken und Gewichten sowie mit ganz unterschiedlicher Oberflächenstruktur. Vor dem Arbeiten sollte Aquarellpapier aufgezogen werden.

Skizzenbücher
Wenn Sie mit industriell gefertigten Tuschestiften arbeiten, brauchen Sie ein Skizzenbuch. Skizzenbücher sind eine Art visuelles „Tagebuch“, in dem Sie ihre ersten Überlegungen, bildhafte Eindrücke und Anregungen für zukünftige Projekte festhalten können. Sie sind dazu gedacht, überall hin mitgenommen zu werden, sodass Sie Ihre Beobachtungen jederzeit notieren können. Skizzenbücher sind in allen Formaten von DIN A5 bis DIN A1 und in den unterschiedlichsten Papierarten – von Pergament- bis Aquarellpapier – verfügbar.

Das Aufziehen des Papiers
Wenn Sie mit sehr wässrigen Tuschen oder Tinten arbeiten oder Lavierungen ausführen wollen, sollten Sie das Papier vorab aufziehen, damit es sich nicht wellt. Durch die Aufnahme von Wasser dehnt sich Papier aus, wodurch sich die Oberfläche verändert und der Farbauftrag unregelmäßig wird.

Das Aufziehen ist schnell erledigt, nur für das Trocknen sollten Sie genug Zeit einplanen.

Schritt 1: Wässern Sie das Papier in einer flachen Schale mindestens fünf Minuten (je nach Papierart auch länger). Dabei dehnen sich die Fasern im Papier aus.

Schritt 2: Legen Sie das Papier anschließend auf eine angefeuchtete Zeichenunterlage.

Schritt 3: Fixieren Sie das Papier mit einem breiten Nassklebeband oder einem gummierten Papierklebeband. Feuchten Sie das Klebeband an und kleben Sie es entlang der Seiten. Lassen Sie sich nicht irritieren, falls das Papier Blasen wirft, diese verschwinden, sobald sich das Papier beim Trocknen zusammenzieht.

Schritt 4: Lassen Sie eine ganz kleine Wasserpfütze in der Mitte des Papiers. So trocknet das Papier am Rand, wo sich das Klebeband befindet, zuerst, und das Klebeband fixiert das Papier dauerhaft, bevor es sich zusammenzieht. Lassen Sie das Papier mindestens einen halben Tag trocknen. Dann haben Sie eine glatte Oberfläche, die sich beim Zeichnen nicht wellen wird.

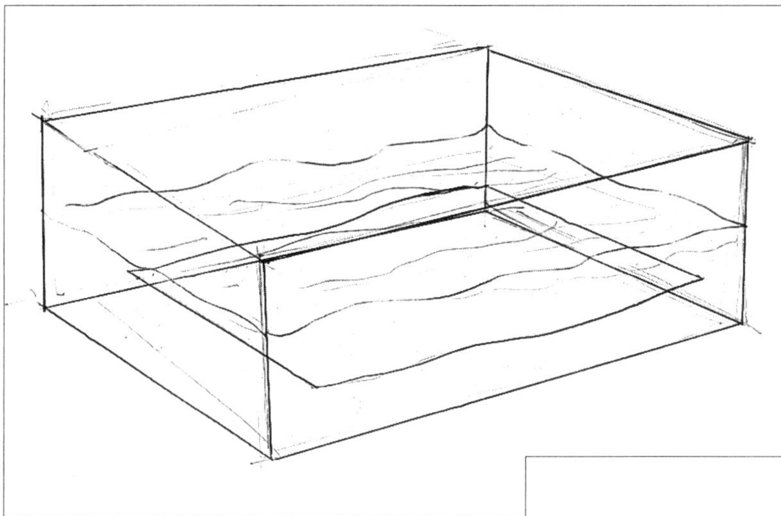

1. Schritt

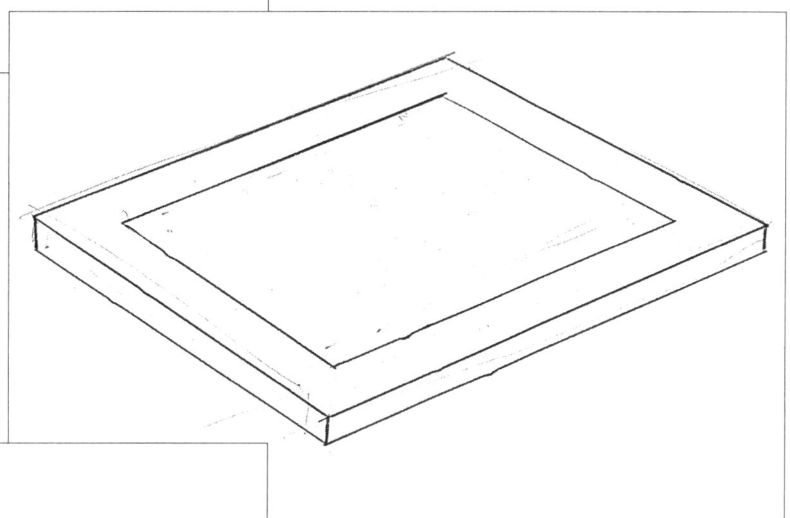

2. Schritt

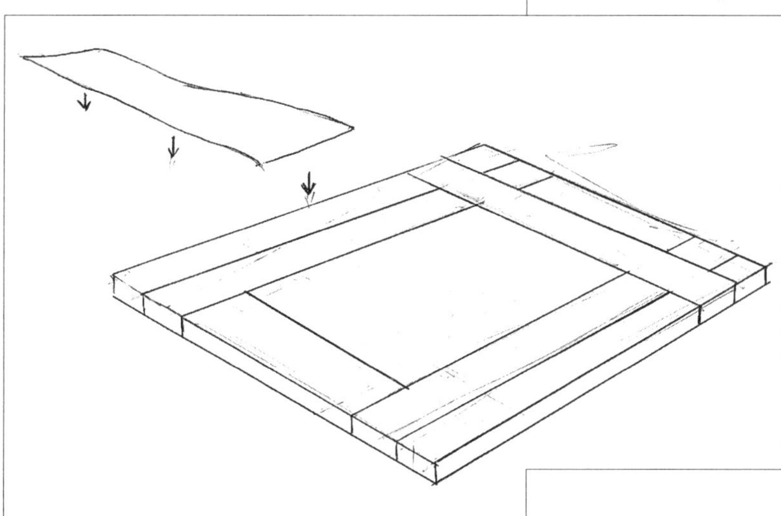

3. Schritt

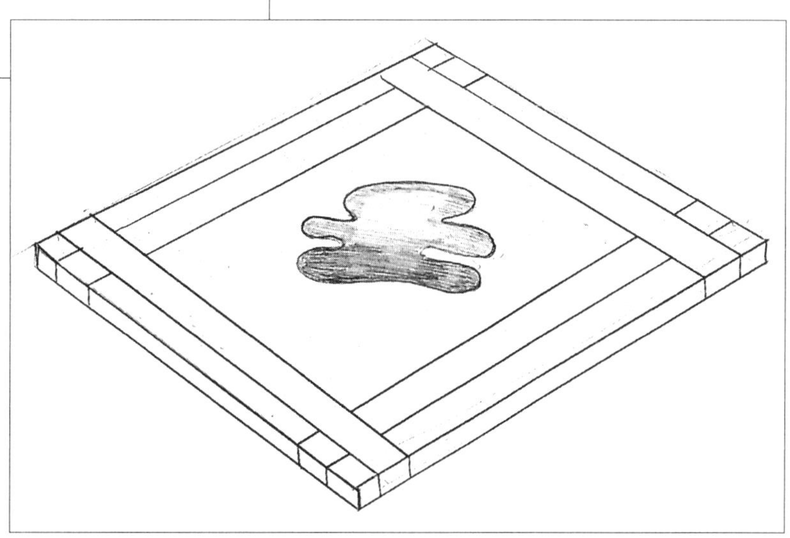

4. Schritt

Korrekturen

Bevor es Korrekturflüssigkeiten und -stifte gab, war es sehr schwierig, eine Pinsel-, Tusche- oder Tintenstiftzeichnung zu korrigieren. Früher kam zumeist Chinesisch Weiß zum Einsatz, eine Zinkfarbe, mit der sich Fehler übermalen lassen. Dennoch zeichnet sich die Tinte darunter oft noch ab. Fehler lassen sich auch mit einer Rasierklinge oder einem Bimsstein entfernen, vorausgesetzt, das Papier ist dick genug. Heute gibt es glücklicherweise verschiedene Korrekturflüssigkeiten und -stifte, die selbst die stärkste Linienführung dauerhaft überdecken. Mit einem Korrekturstift lassen sich auch komplexe Strichführungen beseitigen und er kann zudem als Zeicheninstrument eingesetzt werden.

Korrekturflüssigkeiten kommen zum Einsatz, wenn es darum geht, große Flächen zu bedecken, bei denen grundlegende Korrekturen vonnöten sind.

Drei verschiedene Zeichentechniken mit Tusche

Zeichnen mit Bleiche

Auch mit handelsüblicher Tinte für Füllfederhalter lassen sich interessante Zeichnungen schaffen.

Zuerst müssen Sie Ihr Zeichenblatt aufspannen. Dann bedecken Sie die gesamte Oberfläche großzügig mit Tinte und lassen das Papier trocknen. Nun können Sie mit verschiedenen Bleichmittellösungen malen. Je stärker die Bleiche, die Sie einsetzen, ist, umso heller werden die freigelegten Bereiche. Es empfiehlt sich, vorab diese Technik auszuprobieren, um mit dem ungewöhnlichen Effekt vertraut zu werden. Beispiele für diese Technik finden Sie auf Seite 199.

Warnhinweis: Beachten Sie bitte beim Einsatz von Bleichmitteln die Gebrauchsanweisung. Für den Umgang mit Chemikalien gelten Sicherheitshinweise, um Gesundheitsgefährdungen auszuschließen.

Zeichnen mit Bleistift, Pinsel und Tusche

Bei einer Zeichnung in dieser Mischtechnik sollten Sie zuerst mit dem Bleistift Ihre Komposition in feinen Linien festlegen. Danach ergänzen Sie die Strichführung, die die Szene bestimmt, und korrigieren eventuelle Fehler. Wenn diese Komposition fertig ist, arbeiten Sie die Linienführung mit einer Feder aus. Versuchen Sie dabei, die vorhandenen Linien zu verstärken. Als Letztes lavieren Sie die Zeichnung, um ihr Tonalität zu verleihen.

Stifte, Pinsel, Tusche und Korrekturflüssigkeit

Wie schon beschrieben, kommt zusätzlich zu den bisher beschriebenen Medien noch die Korrekturflüssigkeit als Zeichenmedium zum Einsatz.

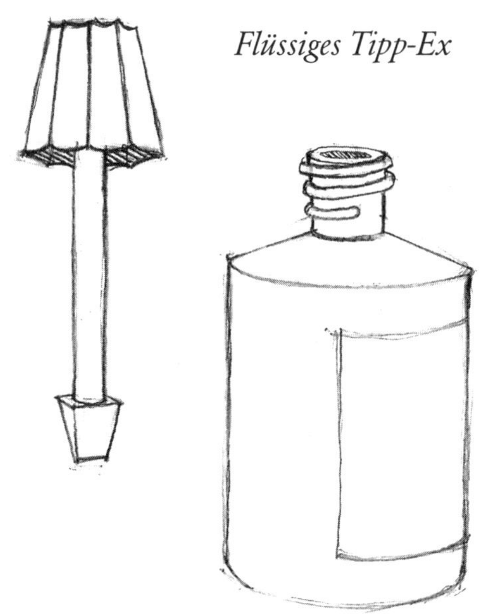

Flüssiges Tipp-Ex

Übungen und Beispiele zur Strichführung

Experimentelle Strichführung mit Tusche
Für diese Art der Arbeit gibt es keine Patentrezepte. Also machen Sie sich frei von allen Vorstellungen und Ideen, wie eine korrekte Strichführung aussehen sollte. Vielmehr können Sie sich bei diesen Zeichentechniken ein ganz persönliches Repertoire an unterschiedlichen Strichführungen zulegen, auf das Sie später immer wieder zurückgreifen können. Auch wenn ich Ihnen Beispiele vorgebe, gehen Sie ruhig darüber hinaus und entdecken und entwickeln Sie eigene Arbeitsweisen. Sie können jede Tusche oder Tinte verwenden, ich habe hier auf eine handelsübliche Zeichentusche zurückgegriffen. Auch die Wahl der Zeichengeräte zu Beispielzwecken erfolgte willkürlich.

1. Federkiel
Die ersten Strichführungen auf dieser Seite wurden erzeugt, indem das spitze Ende (also nicht die Federn) des Federkiels in Tinte getaucht wird. Ziehen Sie den Federkiel über das Papier, wobei Sie Druck und Richtung verändern. Dann versuchen Sie, Punkte zu zeichnen. Sicher werden Sie feststellen, dass Sie den Federkiel häufig erneut eintauchen müssen. Anschließend tunken Sie einfach einmal die Feder selbst in die Tinte und ziehen Sie sie dann über das Papier. Der Tintenfluss wird dabei geringer, sodass die Strichführung von dunkel-deckend zu hell-transparent modelliert. Auf diese Weise können Sie die Zeichenmethode mit Federkeil gut kennenlernen.

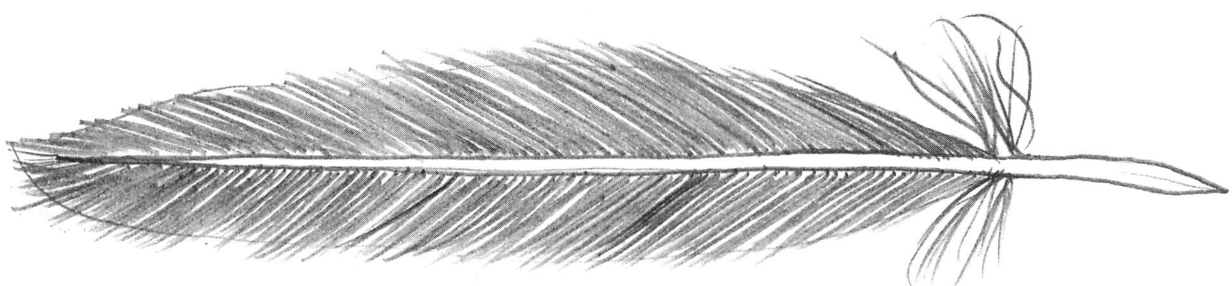

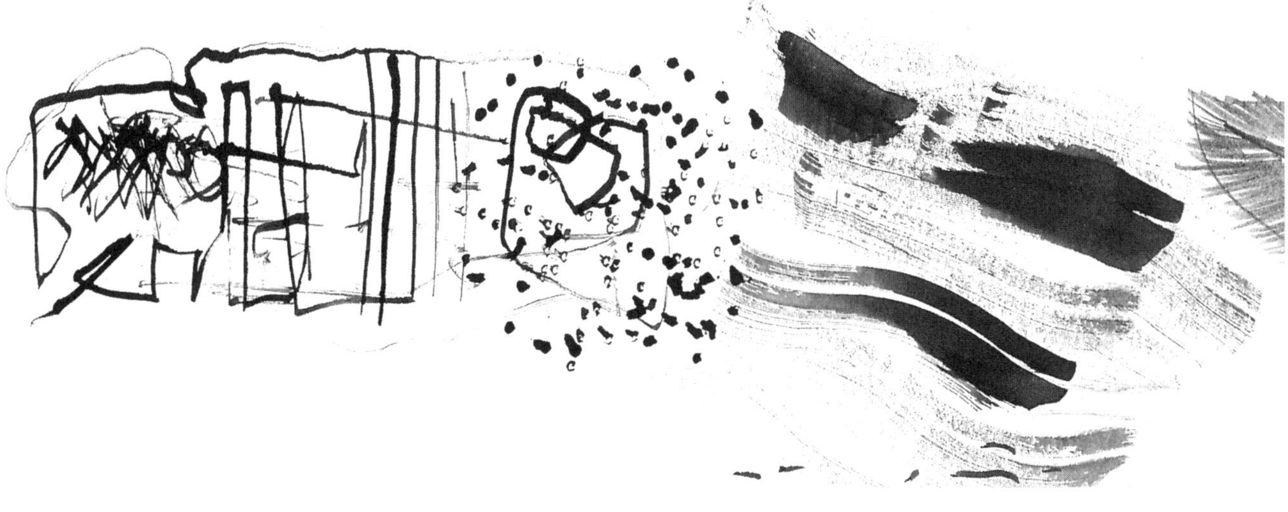

2. Geschnitztes Holzstück

Hier habe ich ein etwa drei Zentimeter dickes glatt gehobeltes Stück Holz genommen und an dessen Ende mit einem scharfen Messer drei Zacken ausgeschnitten. Das gezahnte Ende habe ich dann in die Tinte getaucht. Die Strichführung unterscheidet sich je nachdem, in welche Richtung oder mit welcher Bewegung das Holzstück über das Papier gezogen wird. Genau wie bei dem Federkiel ist der Farbauftrag zu Beginn deckend, bevor er gegen Ende immer durchscheinender wird. Je weniger Tusche anhaftet, umso dünner und heller werden die Linien, wie Sie an den Beispielen unten sehen.

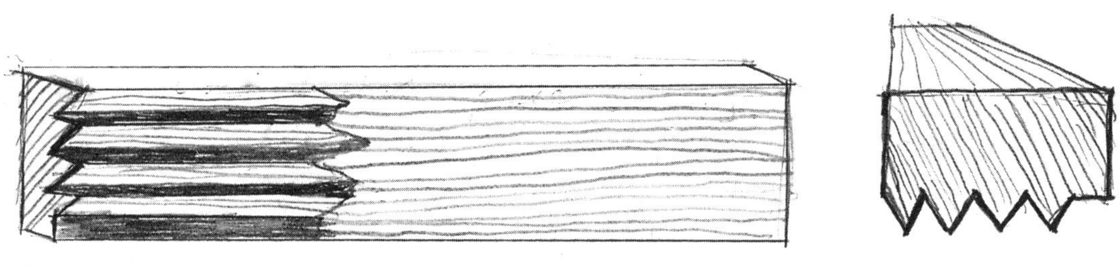

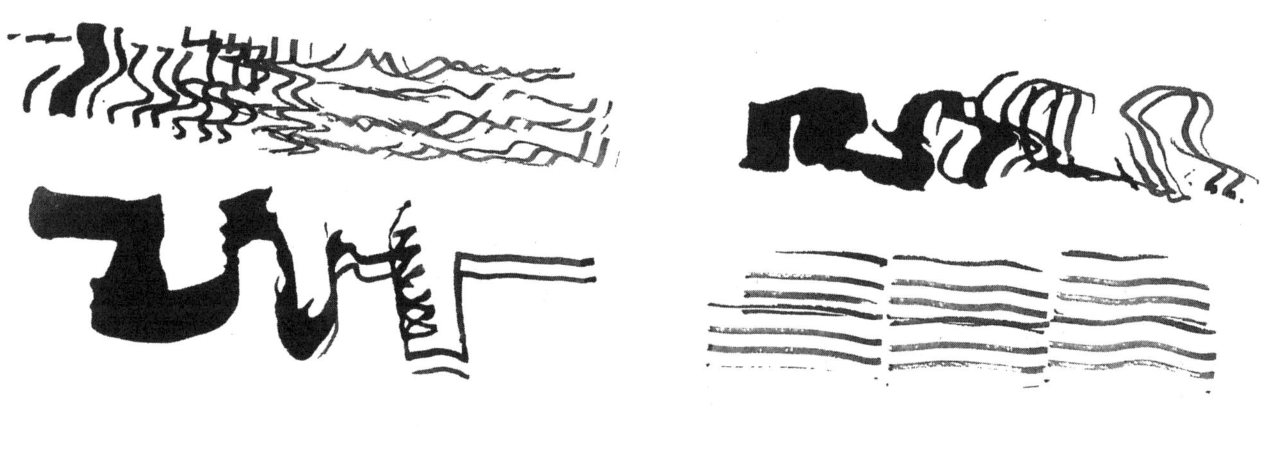

3. Rundholz

Tunken Sie einfach nur das runde flache Ende des Holzstücks in die Tinte und drücken Sie es in einer Abfolge von Punkten auf das Papier. Auch hier wird der Abdruck blasser, je weniger Tinte am Holz verbleibt.

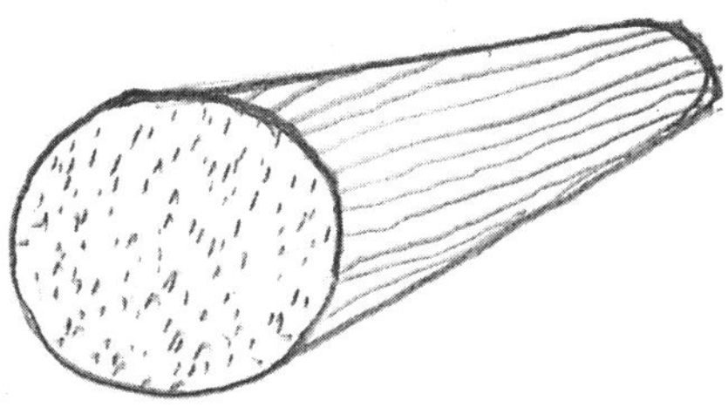

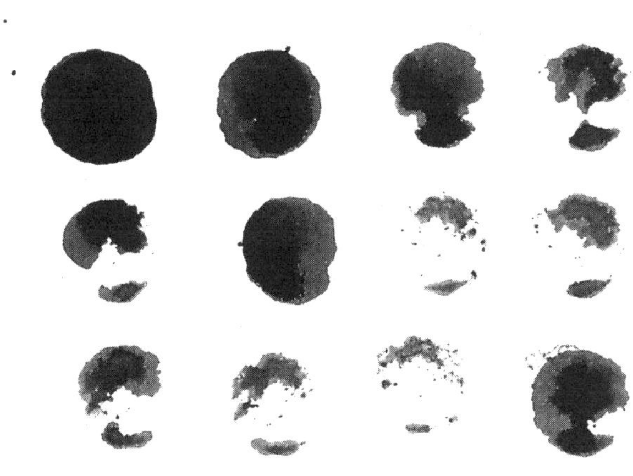

4. Stupfpinsel

Beim Stupfpinsel (oder Schablonierpinsel) handelt es sich um einen Rundpinsel mit abgeflachter Spitze. Er eignet sich für das Arbeiten in Stupftechnik, einer Technik, die sowohl in der Töpferei, beim Malen und Dekorieren wie auch in der bildenden Kunst zum Einsatz kommt. Tauchen Sie die Spitze in die Tusche und tupfen Sie die überflüssige Farbe ab. Der Pinsel wird vertikal gehalten und auf das Papier getupft.

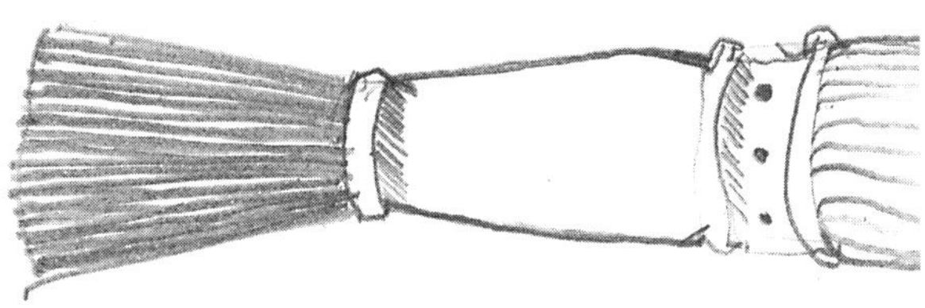

5. Wattestäbchen

Auch Wattestäbchen eignen sich zum Zeichnen mit Tinte. Entfernen Sie an einem Ende die Watte und schneiden Sie mit einer Schere eine schräge Spitze. Damit lassen sich Linien ziehen, die denen mit einer Zeichenfeder gezogenen vergleichbar sind. Der Hohlraum des Wattestäbchens funktioniert dabei ähnlich wie ein Tintenreservoir. Allerdings ist der Tintenfluss unregelmäßiger, weswegen sich dieses Zeichengerät vor allem für einen fleckigeren Farbauftrag anbietet, den Sie erzielen, wenn Sie kurze Striche zeichnen. Sie können aber auch das wattierte Ende des Stäbchens verwenden. Nach dem Eintauchen in die Tinte lassen sich damit breitere Linien ziehen oder deckende Flächen auftragen, die von Schwarz bis Grau changieren.

6. Zahnbürste
Nehmen Sie eine Zahnbürste und tauchen Sie diese in die Tusche. Halten Sie Ihren Daumen auf den Bürstenkopf, zielen Sie auf das Papier und spritzen Sie Farbspritzer darauf, indem Sie den Daumen über den Bürstenkopf ziehen. So lassen sich ganze Flächen aus Farbspritzern erschaffen.

Sie können die Bürste aber auch genau wie ein anderes Zeichengerät einsetzen und mit ihr malen.

7. Kordel

Nehmen Sie ein Stück Kordel, die am Ende ausgefranst ist, wobei das ausgefranste Ende widerstandsfähig und robust sein muss. Tauchen Sie das Ende in die Tusche und tragen Sie damit die Farbe nach Ihrem Geschmack auf. Mit unterschiedlichen Handbewegungen können Sie so ganz einfach verschiedene Strichführungen erzeugen.

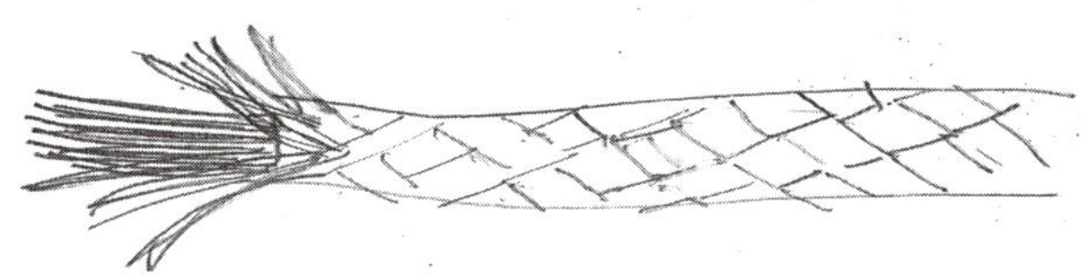

Mit der Kordel zeichnen

Diese Zeichnung entstand aus dem Gedächtnis und der Fantasie, den beiden wichtigsten künstlerischen Ressourcen.

Wenn Sie die Bildbetrachtung oben beginnen, erkennen Sie, dass ich die Kordel schnell gedreht habe, um das Blattwerk wiederzugeben. Tonwertabstufungen habe ich erzielt, indem ich einige Bereiche dunkler bzw. heller gelassen habe, um das Blattwerk räumlich und formal zu betonen. Zum Zeichnen des Baumstamms habe ich das Stück Kordel entlang des Stamms gezogen, um die Borke darzustellen. Das Gras im Vordergrund entstand, indem ich die Kordel in kurzen Bewegungen in verschiedene Richtungen gezogen habe. Die Landschaft im Hintergrund basiert einfach auf einer Reihe verschiedener Linien, die Ferne suggerieren sollen.

Chinesische Pinsel und Rundpinsel

Chinesische bzw. japanische Pinsel sind in diesen Ländern die traditionellen Malwerkzeuge zum Zeichnen und für die Kalligrafie. Traditionell werden die Pinsel vertikal gehalten und die Farbe in fließenden rhythmischen Strichen aufgetragen. Verschiedene Breiten erreicht man ebenso wie eine kontrollierte Linienführung, indem man unterschiedlich starken Druck ausübt. Auch die Menge der aufgenommenen Farbe ist für die Strichführung von Bedeutung. Die Beispiele auf diesen Seiten zeigen die Bandbreite: Manche Strichführungen sind stark oder haben eine ausgeprägte Oberflächenstruktur, andere sind leichter und feiner. Auf Seite 176 hat der Künstler sein Werk in einem ähnlichen Spannungsgefüge

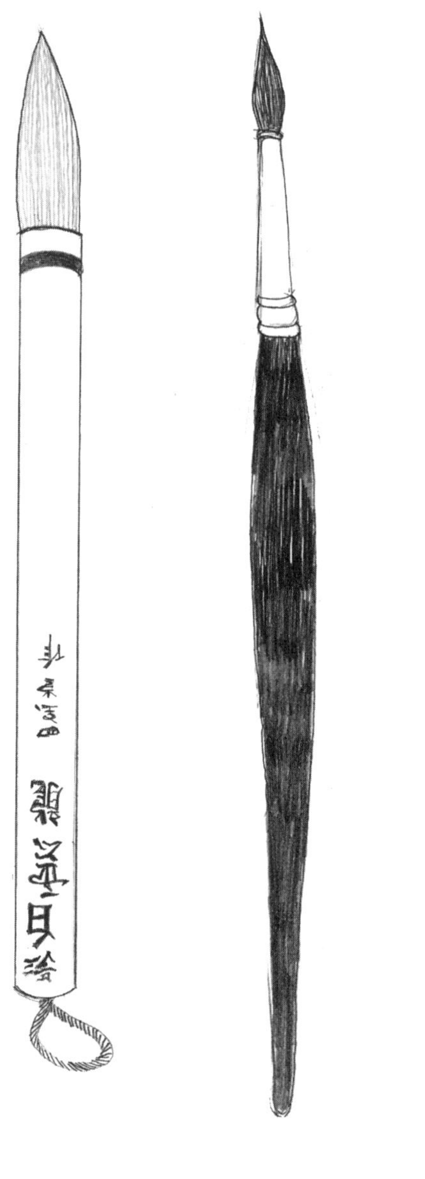

1.

signiert. Auch wenn bei diesen Zeichnungen die Strichführung im Vordergrund steht, fehlt es ihnen dennoch nicht an Ausdruckskraft: Es sind dynamische Zeichnungen mit einer innewohnenden Bewegung und einem natürlichen Rhythmus. Allerdings sollten Sie sich bei Ihren eigenen Arbeiten nicht durch diese traditionelleren Techniken einschränken lassen. Halten Sie den Pinsel so, wie es Ihnen am meisten liegt, und führen Sie ihn, ohne sich über das Ergebnis Gedanken zu machen – so lernen Sie am schnellsten.

In den folgenden Beispielen werden Sie unterschiedlich starke Freiheiten bei der Strichführung feststellen können.

1. Im ersten Beispiel verlaufen die Linien kontrolliert und dennoch leicht und flüssig. Gräser oder Blätter werden wiedergegeben, indem die Pinselspitze auf die Oberfläche des Papiers gesetzt wird und in einem leichten Bogen geführt und dabei zugleich leicht vom Papier abgehoben wird. Eine andere Möglichkeit ist, die Pinselspitze aufzusetzen und in kurzen Strichen über das Papier zu ziehen und dabei gleichzeitig die Bewegungsrichtung leicht zu variieren.

Die Reihe von Punkten (im oberen Bilddrittel) entstand, indem das Ende des Pinselkopfs auf das Papier gesetzt wird. Reihen vertikaler und horizontaler Striche geben eine gewisse Textur wieder, wie einen gewebten Stoff oder einen Korb, oder stehen für eine Fensterreihe in einem Gebäude.

2. und **3.** Hier ist die Strichführung schneller und wirkt rhythmischer und freier, auch wenn eine gewisse Kontrolle sichtbar bleibt.

4. und **5.** Bei diesen Beispielen ist kaum noch Kontrolle bei der Strichführung erkennbar. Die zufällig gesetzten Striche und Bögen unterstreichen die Dynamik des kalligrafischen Eindrucks bei dieser freien und rhythmisierten Arbeitsweise.

2.

3.

4.

Für die Spritztechnik auf der gegenüberliegenden Seite habe ich einen Rundpinsel verwendet, ein chinesischer Pinsel eignet sich genauso gut. Man sieht sofort, dass die Strichführung unkontrolliert ist und das Ergebnis dem Zufall überlassen wurde. Der Zufall ist ein nicht unbedeutendes Moment im Kunstschaffen und wird von Künstlern – vor allem zeitgenössischen – gerne und durchaus positiv eingesetzt. Man denke nur an die Arbeiten von Jackson Pollock und anderen abstrakten Expressionisten oder auch die von Ralph Steadman oder Richard Diebenkorn. Aber selbst bei Rembrandt, Delacroix oder Leonardo da Vinci lässt sich das zufällige Element entdecken.

Zum Aufspritzen der Farbe tunken Sie den Pinsel in Tinte, bis er sich voll gesogen hat. Dann schlagen Sie den Pinsel über dem Zeichenblatt aus. Anfangs werden die Spritzer willkürlich sein. Sobald Sie mehr Erfahrung gesammelt haben, können Sie die Spritzer regelrecht „dirigieren" – ein Beispiel sind die Arbeiten von Jackson Pollock.

Die Idee hierbei ist, die Voreingenommenheit des Künstlers, wie ein Kunstwerk zu entstehen und wie es auszusehen hat, zu unterlaufen. Dabei werden Sie feststellen, dass die Spritztechnik Ihre kreative Seite stärker anspricht. Selbst der Zufall kann zu einem künstlerischen Ausdrucksmittel werden. Stellen Sie sich vor, wie Sie in den Himmel blicken und in zufälligen Wolkenformationen Bilder entdecken – eine perfekte Analogie zu dieser Arbeitsweise.

5.

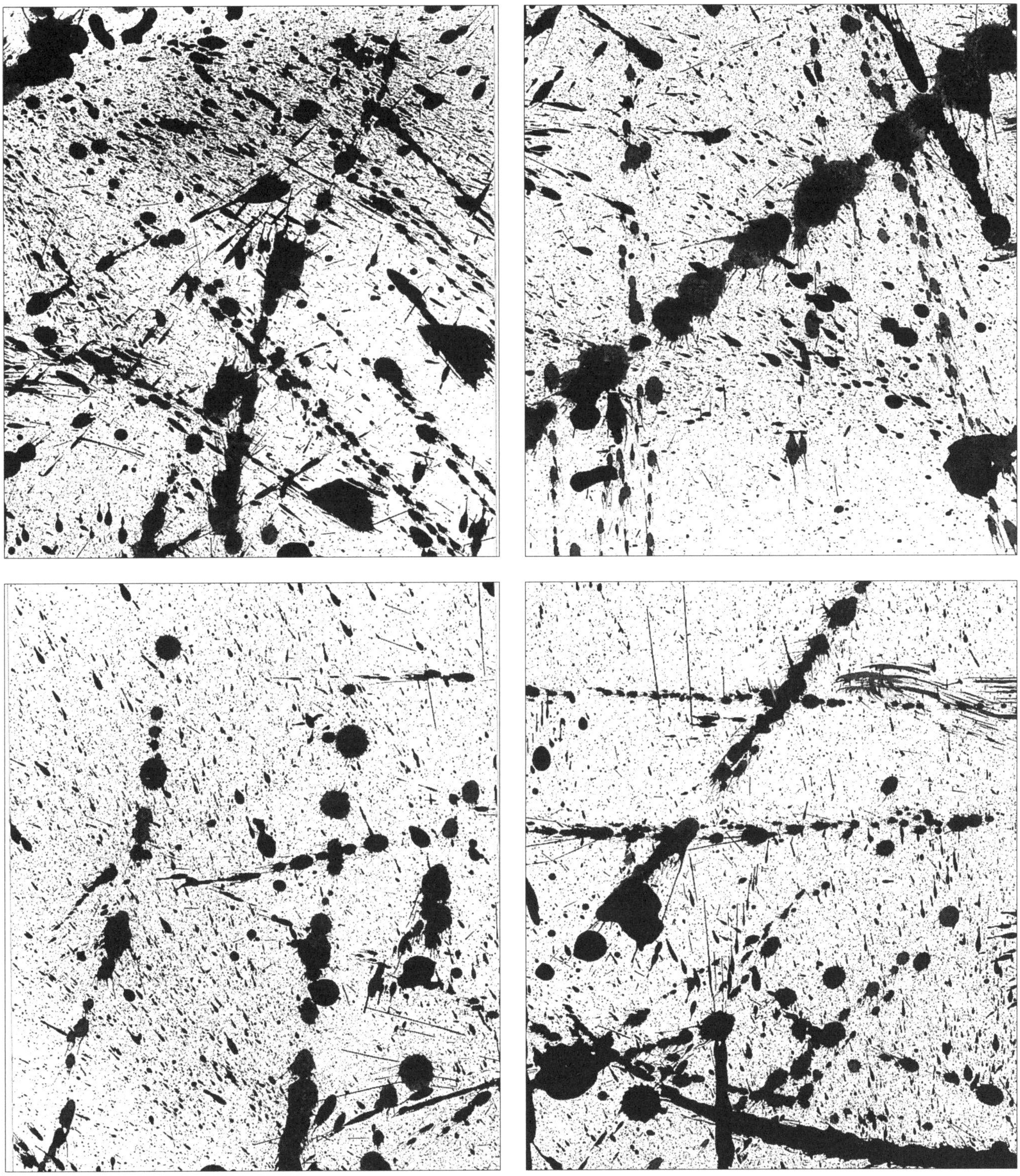

Beispiele für Spritztechnik-Arbeiten

Zeichnungen mit einem Rundpinsel

Flachpinsel

Der Flachpinsel dienst in erster Linie dazu, Lavierungen anzulegen, eignet sich aber auch für breitere Strichführungen. Bei Lavierungen handelt es sich um Farbwertaufträge, die das gesamte Papier bedecken. Ihre Bandbreite erstreckt sich von sehr hellen und transparenten bis zu dunklen und deckenden Aufträgen. Lavierungen sind zum Beispiel in Landschaftsdarstellungen ein typisches Mittel, um Stimmungen wiederzugeben, wobei sie sehr frei eingesetzt werden. Trägt man sie beliebig auf, entwickeln sie manchmal ein Eigenleben. Das sollte Sie nicht beunruhigen, vielmehr sollten Sie genau diesen Effekt gezielt einsetzen. Für die Lavierung wird Tusche mit Wasser verdünnt.

Diese Strichführungen mit dem Flachpinsel entstanden, indem der Pinsel über das Papier gezogen oder gedreht wurde bzw. die Pinselspitze auf das Papier getupft wurde.

Je mehr Wasser Sie zugeben, umso dünner und transparenter wird die Lavierung. Zum Auftragen der Lavierung tauchen Sie den Pinsel in die Tusche und tragen die Farbe als gleichmäßige Farbschicht auf. Lavierungen lassen sich auch gezielt als Technik zur Formgebung einsetzen. Dazu wird die Seite des Bildgegenstands, auf die das Licht fällt, hell gezeichnet und graduell – dem Lichteinfall folgend – abgestuft, bis hin zu der Seite des Objekts, die einen Schatten wirft. Die Kugel auf Seite 181 oben rechts dient als ein Beispiel für diese Technik. Auf Seite 177 sehen Sie Beispiele für mögliche Strichführungen mit dem Flachpinsel, bei denen ich den Pinsel mit geraden oder drehenden Bewegungen über das Papier gezogen oder aufgetupft habe. Dies sind nur einige Beispiele; wie bei allen Techniken, sollten Sie auch hier die Möglichkeiten des Mediums ausloten und sich Ihr eigenes Repertoire zulegen.

Nass-in-Nass-Technik

Als weitere Möglichkeit für den Einsatz des Flachpinsels bietet sich die Nass-in-Nass-Technik an, (ebenfalls) eine Malweise mit einem ausgeprägten ästhetischen Potenzial. Für eine solche Zeichnung müssen Sie zuerst das Papier anfeuchten – je feuchter das Papier, umso stärker verlaufen die Striche.

1. Ein Bereich des Papiers wurde durchnässt, bevor der mit Tusche vollgesogene Pinsel mehrfach leicht auf die nasse Oberfläche getupft wurde. So entstanden diese an Blüten erinnernden Strukturen. Am besten eignen sich hierfür ein Rundpinsel oder ein Chinesischer Pinsel.

2. Dieselben Pinsel, nur ist das Papier nicht ganz so nass wie im ersten Beispiel. Der Farbauftrag erfolgt mittels kurzer schneller Bewegungen. Außerdem wurden einige Linien gezogen. Es ist unschwer zu erkennen, dass die Farbe wesentlich weniger verläuft als im ersten Beispiel.

3. Anders als zuvor kommt hier der Flachpinsel zum Einsatz. Die Technik ist dieselbe wie im zweiten Beispiel, nur wurde direkt ein Löschpapier darüber gelegt, damit die Tusche nicht so stark verläuft.

4. Das Papier wurde bei diesem Beispiel nicht durchnässt, sondern nur angefeuchtet. Für die Strichführung wird der mit Tusche vollgesogene Flachpinsel mit der breiten Seite über das Papier gezogen. Die Tusche verläuft weniger und trocknet schneller. Mit solchen Strichführungen lassen sich gut Texturen oder Blumen darstellen.

1.

2.

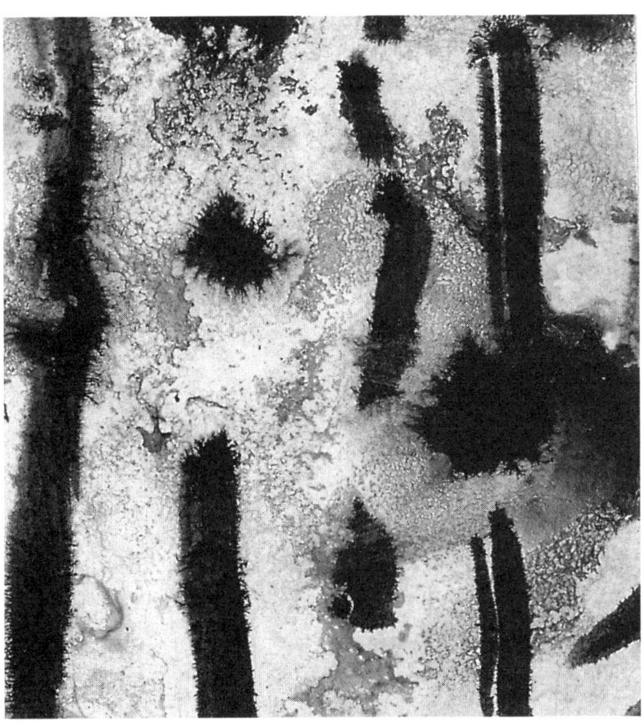

3.

4.

Die Formgebung

Wie bereits zuvor in diesem Kapitel zeige ich Ihnen hier, wie sich durch den Einsatz verschiedener Stifte und Pinselführungen in Kombination mit Tusche dreidimensionale Formen zeichnen lassen.

Kugel

Im ersten Beispiel habe ich mithilfe eines Flachpinsels und verschiedenen Lavierungen eine Kugel gezeichnet.

Zuerst bestimmen Sie die Komposition, indem Sie den Umriss der Kugel und die Horizontlinie eintragen; vergessen Sie dabei nicht die Schatten. Nun zeichnen Sie mit Tusche die dunklen und deckenden Bereiche ein, also den Schatten an der Unterseite der Kugel und über der Kugel am Horizont. Dann verdünnen Sie die Tusche und tragen eine etwas hellere Farbfläche direkt neben den dunklen Arealen ein. Indem Sie die Tusche weiter verdünnen, lassen sich immer hellere Farbflächen auftragen, bis hin zu der fast weißen am oberen Rand der Kugel. Auf diese Weise suggerieren Sie den Lichteinfall.

Kubus

Der Kubus entsteht durch den kontrollierten Einsatz der Spritztechnik. Zuerst deuten Sie mit einem Bleistift die Kontur an. Die dunkle hintere Begrenzungslinie dient dazu, einen räumlichen Eindruck zu erzeugen. Dann decken Sie die Felder, die an die dunkle Seite des Kubus grenzen, ab. Greifen Sie nun zur Zahnbürste und tauchen Sie sie in die Tusche. Um sicherzustellen, dass der Farbauftrag leicht und gleichmäßig ist, sollten Sie erst einige Tests durchführen. Erst wenn Sie sicher in der Handhabung sind, wenden Sie sich dem freien Bildfeld zu. Nachdem diese Fläche getrocknet ist, gehen Sie zur Fläche mit mittlerem Farbauftrag über. Decken Sie auch hier die nicht betroffenen Bereiche ab und tragen Sie erneut die Tusche in Spritztechnik auf, bis ein mittlerer Tonwert erzielt ist. Nach dem Trocknen wiederholen Sie den gesamten Vorgang für die hellste Fläche. Durch die Verwendung dieser Technik wirkt der Würfel, als sei er aus Granit oder einem ähnlichen Stein.

Kegel

Die Kegelform lässt sich wiedergeben, indem Sie den Schatten des frontal auf die Form fallenden Lichts mit einem feinen Fineliner und Korrekturflüssigkeit zeichnen. Genau wie bei den beiden anderen Formen übertragen Sie dazu erst die Konturen mit dem Bleistift und tragen die Horizontlinie ein. Der vom Betrachter aus nächstgelegene Teil des Kegels wird die hellste Fläche sein, von der aus sich der Farbauftrag graduell abstuft. Hier habe ich zu Korrekturflüssigkeit gegriffen, um die hellen Bereiche zu unterstreichen. Die dunklen Bereiche entstehen aus einer Reihe von Linien, die der Kegelform folgen und zu den Außenseiten hin dichter und dunkler werden.

Zylinder

Der Zylinder wurde mit einem Rotring Radiograph Tuschefüller gezeichnet. Wieder tragen Sie zuerst den Umriss mit einem Bleistift sowie die hintere Linie für die räumliche Tiefe ein. Ziehen Sie auf der einen Seite des Zylinders eine Reihe vertikaler Linien. Zu Beginn sollten diese Linien eng nebeneinander liegen, so entsteht der Eindruck eines Schattens. Im Verlauf werden die Abstände immer größer, bis die andere Seite des Zylinders fast Weiß ist. Wenn Sie nun das Ganze auf der gegenüberliegenden Seite des Zylinders umgekehrt wiederholen, scheint es, als wäre der Zylinder im Inneren hohl.

Dies sind nur einige Beispiele für einen 3-D-Effekt. Ihnen fallen sicher noch andere Methoden ein, um diesen Eindruck zu erzielen. Versuchen Sie es einmal, es ist eine wertvolle Erweiterung ihres Zeichenrepertoires.

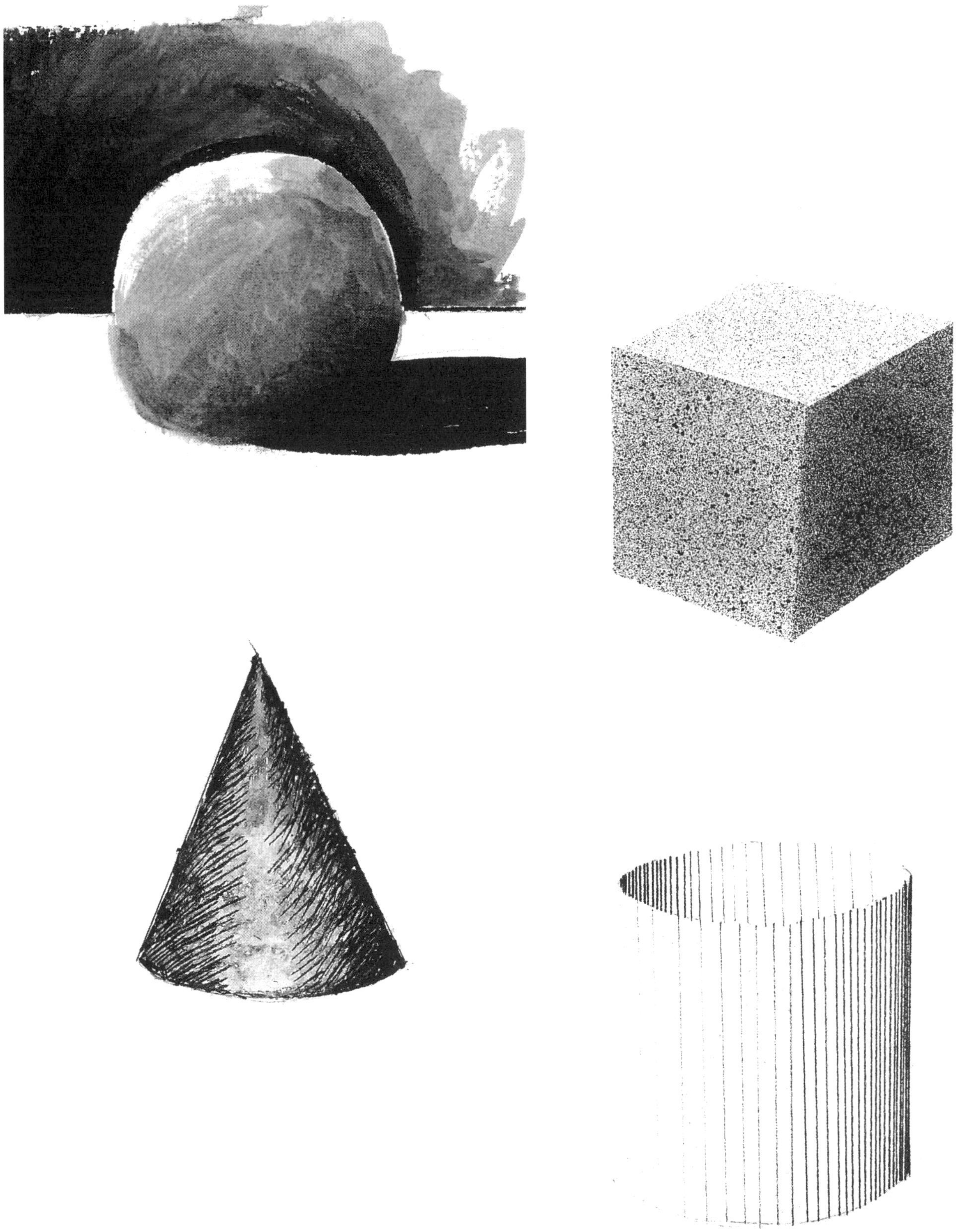

Bei diesen Beispielen ist der 3-D-Effekt gut zu erkennen.

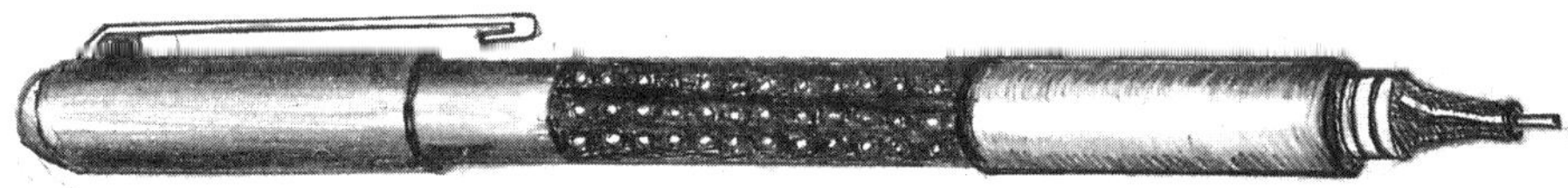

Tuschefüller, Filzstift und Fineliner
Ausgebildete Künstler oder Designer und Architekten benutzen diese Stifte zum Zeichnen. Die Beispiele auf dieser Doppelseite können Ihnen als Anreiz dienen. Sobald Sie etwas mehr Übung im Zeichnen haben, gelingen Ihnen vielleicht Bilder wie auf Seite 183.

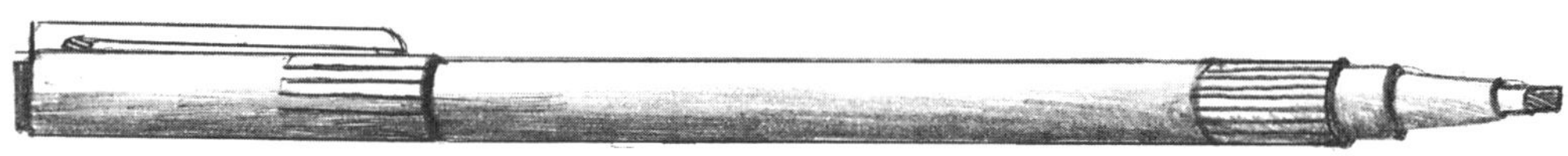

a b c

Übungen mit dem Filzstift:
Eine Hafenansicht

Als Erstes sollten Sie die Komposition mit einem Bleistift vorzeichnen. So lassen sich eventuelle Fehler ausradieren oder korrigieren. Rufen Sie sich die vorhergehenden Lektionen ins Gedächtnis, um den Bildaufbau festzulegen. Um den Bildausschnitt zu bestimmen, nehmen Sie den bewährten Ausschnittrahmen zur Hilfe. Probieren Sie so lange, bis Sie den passenden Ausschnitt gefunden haben. Jetzt können Sie die einzelnen Objekte maßstabsgetreu auf Ihr Zeichenblatt übertragen. Ihre Zeichnung sollte möglichst genau widerspiegeln, was Sie durch den Rahmen sehen.

Nachdem Sie die Komposition festgelegt haben, ziehen Sie die Bleistiftlinien mit einem geeigneten Filzstift nach. Wie Sie anhand der Türen des Lagerhauses sehen können, eignet sich Filzstift auch für die Darstellung von Texturen. Daneben können Sie mit ihm auch Tonwertabstufungen erstellen. Bei dieser Zeichnung habe ich die Tonalität durch diagonale Linien erzeugt, die im Erdgeschoss der Gebäude den Eindruck einer transparenten Glasfront vermitteln. Um windiges Wetter darzustellen habe ich die Wolken, die über den Himmel zu jagen scheinen, in rhythmischer, aber unregelmäßiger Linienführung wiedergegeben. Auch die ungleichmäßig gezeichneten Stromleitungskabel wirken, als würde ein heftiger Wind sie bewegen.

Hafenansicht im Detail

Die Strichführung für die Kabel ist rhythmisch und schwungvoll, jedoch unterscheidet sich ihre Rundung von der der Wolken. Das Geländer besteht aus einer langen horizontalen Linie und einer Reihe vertikaler Linien, die sich in regelmäßigen Abständen darunter befinden.

Mehrere ungleichmäßige Vier- und Rechtecke verbinden sich zu Mauerziegeln und ergeben im Zusammenspiel die Hafenmauer. Die Fenster der Gebäude tragen Sie am besten mithilfe eines Filzstiftes ein. Er sollte eine kantige flache Spitze haben, gerade groß genug zum Einzeichnen der Fenstergläser. Bei Fenstern mit vier Scheiben deutet eine kleine Lücke den Fensterrahmen an.

Für den Vordergrund habe ich einen dickeren Stift gewählt, um damit stärkere Linien zu

zeichnen, die im Bild scheinbar nach vorne rücken. Manche Striche sind regelmäßig und folgen der Bootsform, wie im Falle der Holzplanken. Andere hingegen fließen locker, etwa die Wellen, die an das Ufer schwappen, oder die Punkte, die den Strand andeuten. Die Fenster des vorderen Boots wurden – bis auf einige Lichtreflexe in Form weißer Aussparungen – fast vollständig ausgemalt.

Malen mit Korrekturflüssigkeit

1. Korrekturflüssigkeit erhält man oft in kleinen Plastikfläschchen. Der Applikator, ein kleiner Pinsel aus Schaumstoff, ist am Deckel befestigt. Tauchen Sie den Applikator in die Flüssigkeit ein und tragen Sie sie anschließend auf die gewünschte Fläche auf. Korrekturflüssigkeit wird meist für das Abdecken großer Flächen genutzt.

2. Korrekturstifte sind zwar mit der gleichen Flüssigkeit befüllt, der Applikator ist hier jedoch eine Art Kugelschreiberspitze. Deshalb eignet er sich besser für Feinarbeiten. Außerdem können Sie Korrekturstifte gut zum Zeichnen einsetzen, insbesondere auf einem dunklen Untergrund.

3. Chinesisch Weiß oder Deckweiß ist die traditionellste Form einer Korrekturflüssigkeit. Die weiße Farbe auf Wasserbasis wird mit einem Pinsel aufgetragen. Allerdings deckt sie Fehler nicht so wirkungsvoll ab wie Korrekturflüssigkeit.

Auf den Seiten 189 und 190 sehen Sie zwei Zeichnungen nach Picasso, bei denen Korrekturflüssigkeit und der Korrekturstift nicht zur Fehlerkorrektur, sondern als Zeichenmedium eingesetzt wurden. Wie bereits gezeigt, lassen sich Korrekturflüssigkeiten auch positiv beim Zeichnen einsetzen. Hier habe ich zwei Bilder von Picasso kopiert. Die Kopie großer Meister ist eine Grundübung für Zeichenschüler, und diese beiden eignen sich gut für das Arbeiten mit Korrekturflüssigkeit.

Wählen Sie zunächst eine geeignete Vorlage. Sie sollte möglichst starke Kontraste sowie einige weiße Linien, die dunkle Bereiche durchziehen, aufweisen. Legen Sie sich nun die Materialien zurecht: einen Bogen aufgezogenes Papier (das mit einer dünnen Schicht Aquarellfarbe überzogen werden wird), ein Flachpinsel (für den Auftrag der Aquarellfarbe), ein Bleistift (um die Komposition festzulegen), eine Tuschefeder, Tusche und etwas Wasser, um die Tusche für den zarten Farbauftrag zu verdünnen.

Korrekturflüssigkeit

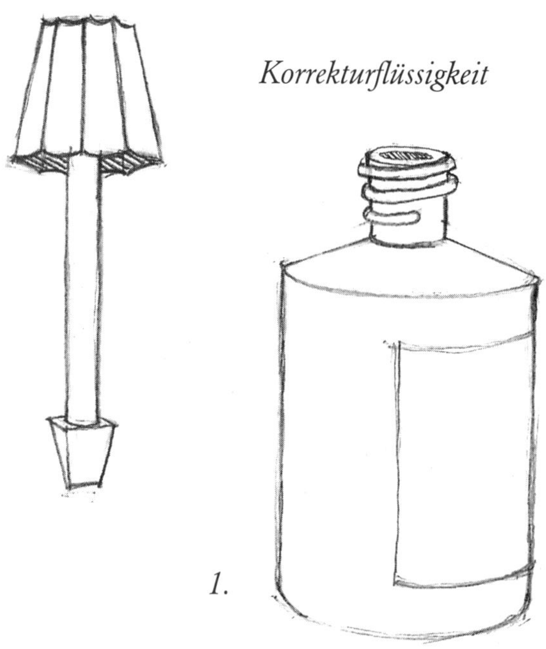

1.

Korrekturstift

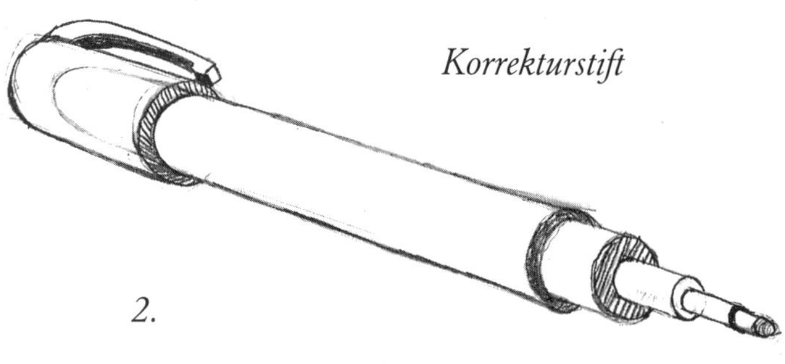

2.

Deckweiß

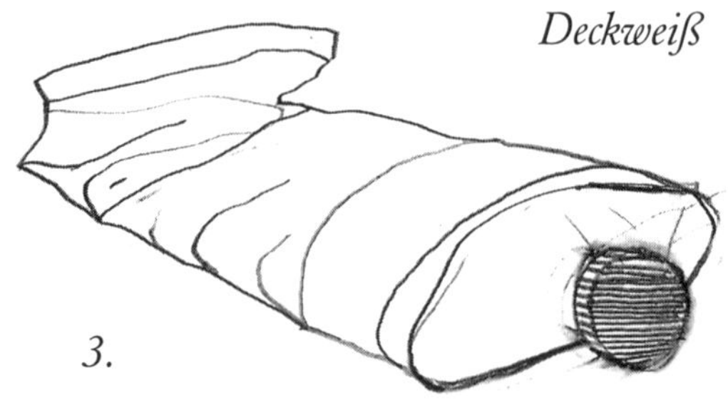

3.

Malen mit Korrekturflüssigkeit in der Praxis

Kopieren Sie als Erstes mit dem Bleistift das Kunstwerk. Sobald sie mit der Komposition zufrieden sind, übermalen Sie die Bleistiftzeichnung mit Feder und Tusche. Im Anschluss tragen Sie die hellen und dunklen Bereiche ein.

Beginnen Sie mit den dunkelsten Tönen, gefolgt von den helleren. Für die lichteren Bereiche füllen Sie etwas Wasser in ein Schälchen und geben dann Tusche hinzu. Ob die verdünnte Tusche die gewünschte Intensität hat, können Sie an einem Papierstreifen austesten. Sollte der Ton dunkler sein, geben Sie einfach noch etwas Tusche bei, ist ein hellerer Ton gewünscht, fügen Sie etwas Wasser hinzu. Testen Sie die Farbintensität sorgfältig, bevor Sie die Tusche-Wasser-Mischung auftragen. Sollte dennoch ein Bereich zu dunkel geraten, können Sie ihn mit Korrekturflüssigkeit wieder aufhellen. Danach können Sie einen weiteren Versuch mit einer dünneren Mischung starten. Oder Sie nehmen die gleiche Mischung wie zuvor, tragen diese jedoch diesmal dünner auf – sodass der Untergrund durchscheinen kann – bis Sie den richtigen Ton getroffen haben. Sollte ein anderer Bereich nicht dunkel genug sein, lassen Sie die Stelle erst trocknen, bevor Sie einen dunkleren Ton auftragen. Unter dem überlagerndem Farbauftrag sind sowohl die Tonwertabstufungen als auch die Linien kaum mehr zu erkennen. Nun können Sie mit Feder, Tusche und Korrekturstift die ursprüngliche Linienführung nachziehen. Mit der Tuschefeder kopieren Sie in den hellen Bereichen die dunkle Linienführung des Originals, um einen gelungenen Kontrast zu den hellen Bereichen aufzubauen. Den Korrekturstift setzen Sie dagegen für die Linienführung in den dunkleren Bereichen ein. Auch hier bildet der helle Stift einen starken Kontrast zur helleren Umgebung. Zum besseren Verständnis der Vorgehensweise betrachten Sie die beiden Kopien nach Picasso auf Seite 189 und 190.

Zeichnen mit Tusche und Feder: frei-expressiv und kontrolliert-formal

Tusche und Feder, Medien mit großem Ausdruckspotential, lassen sich gut kombinieren, um Strich- und tonale Zeichnungen anzufertigen. Wegen der schnellen und lebendigen Zeichenmanier bezeichnet man diese Vorgehensweise auch als gestischen Stil. Das Zeichnen erfolgt fließend und fängt sowohl die Bewegung und den Rhythmus wie auch die Gestalt ein. Tusche und Feder können aber auch gut für formale Darstellungen in einem kontrollierten Duktus eingesetzt werden, wobei die Form durch Linien und Tonalität akkurat wiedergegeben wird. Beide Stile lassen sich gut in einer Zeichnung kombinieren. Bei den hier gezeigten Detailzeichnungen lässt sich der Unterschied zwischen den beiden Stilen erkennen. Die Hand auf Seite 192 wurde in einem gestischen Duktus gezeichnet, es scheint, als sei die Hand geradezu „hingeworfen“. Die zweite Handzeichnung zeugt von kontrollierter Beobachtung. Die kontrollierte Arbeitsweise bedient sich einer Reihe von Formen, die die Struktur der Hand offenbaren. Im dritten Beispiel vereinen sich beide Stile: formal wird die grundlegende Struktur der Hand festgelegt, die gestischen Elementen vermitteln

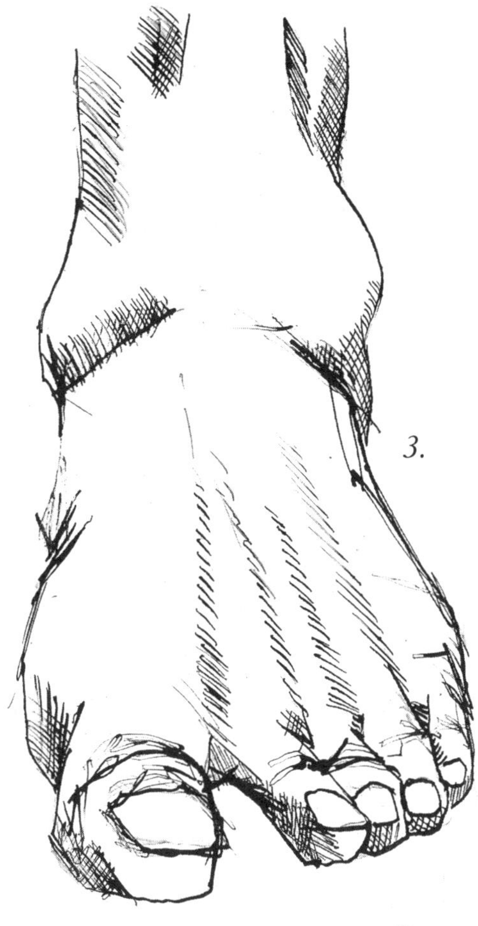

3.

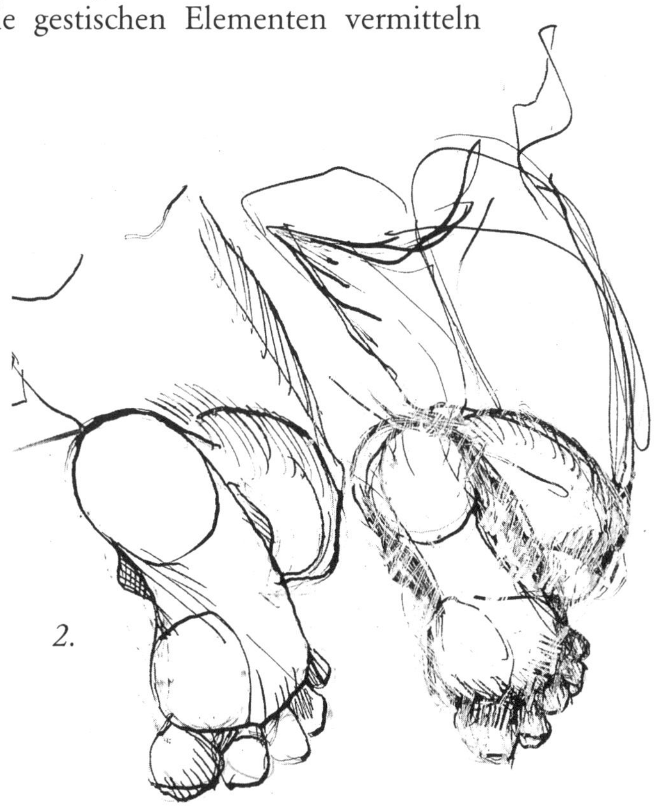

1.

2.

Bewegung und Rhythmus.
1. Eine gestische Zeichnung

2. In dieser kontrollierten Zeichnung dominieren formale Elemente. Die Kreuzschraffur – eine Reihe paralleler Linien, die übereinander gelegt werden, um die Tonintensität zu verstärken – soll die Kopfform verdeutlichen. Tonwertabstufungen deuten den Schatten an, der auf den Kopf fällt.

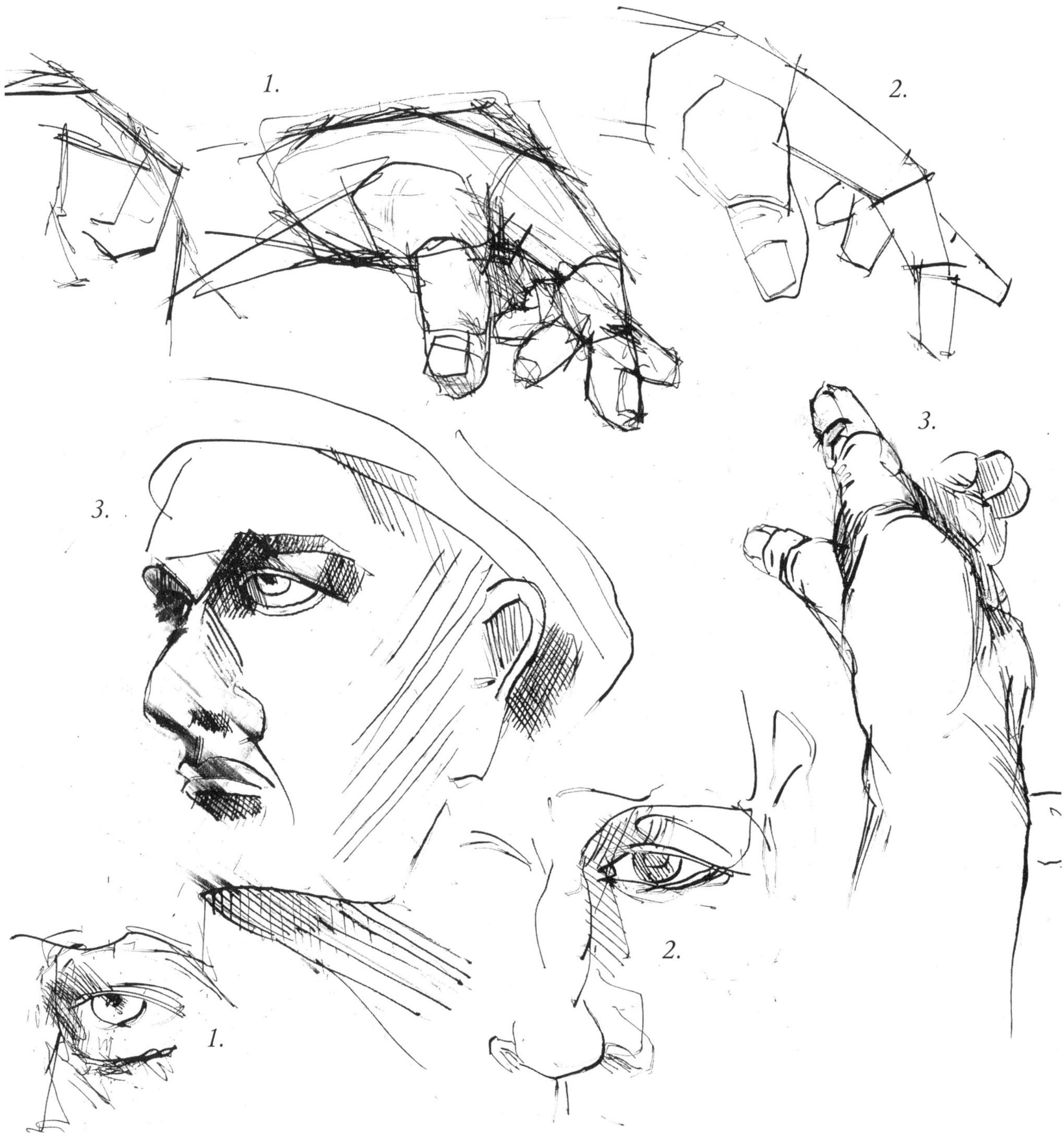

Lavierte Federzeichnung mit Tusche

Eine Zeichnung mit Feder, Tusche und in Lavier-Technik (von lateinisch lavare, „waschen“) ist für jedes Thema angemessen: Stillleben, Porträts oder räumliche Darstellungen. Meiner Meinung nach eignet sich die Lavierung am allerbesten für Landschaftsdarstellungen. Durch die Kombination von dünnen Farbaufträgen und strukturierender Linienführung erreicht man eine stimmungsvolle Darstellung.

Für eine Landschaftsabbildung wie im unten gezeigten Beispiel, müssen Sie zuerst ein Blatt Aquarellpapier aufziehen, damit es den verdünnten Farbauftrag aufsaugen kann. Zusätzlich benötigen Sie Tusche, Wasser sowie ein Schälchen für die Herstellung der Tusche-Wasser-Mischung, einen Bleistift, eine Tuschefeder und einen Flachpinsel zum Auftragen der verdünnten Tusche. Wie bei allen Zeichnungen wählen Sie auch hier zunächst mithilfe des Ausschnittrahmens aus Karton den Bildausschnitt. Danach zeichnen Sie mit dem Bleistift locker die Umrisse ein, erst die der Landschaft, dann die der Gebäude, der Bäume und der anderen Objekte, die Sie durch den Ausschnitt sehen. Anschließend tragen Sie die Oberflächenstrukturen wie etwa das Mauerwerk, das Gras oder die Blätter der Gewächse ein.

1. Um Blumen darzustellen, zeichnen Sie einige unregelmäßige Kreise mit einem Punkt in der Mitte nebeneinander.

2. Drei Reihen versetzt angeordneter unregelmäßiger Vierecke wirken wie das Mauerwerk eines Landhauses.

3. Gebündelte Linien, die wasserfallartig einander überlappen, erwecken den Eindruck einer Baumkrone.

4. Ein Zaunpfahl wirkt erst dann hölzern, wenn er mit einer Reihe parallel verlaufender, senkrechter Striche versehen wird.

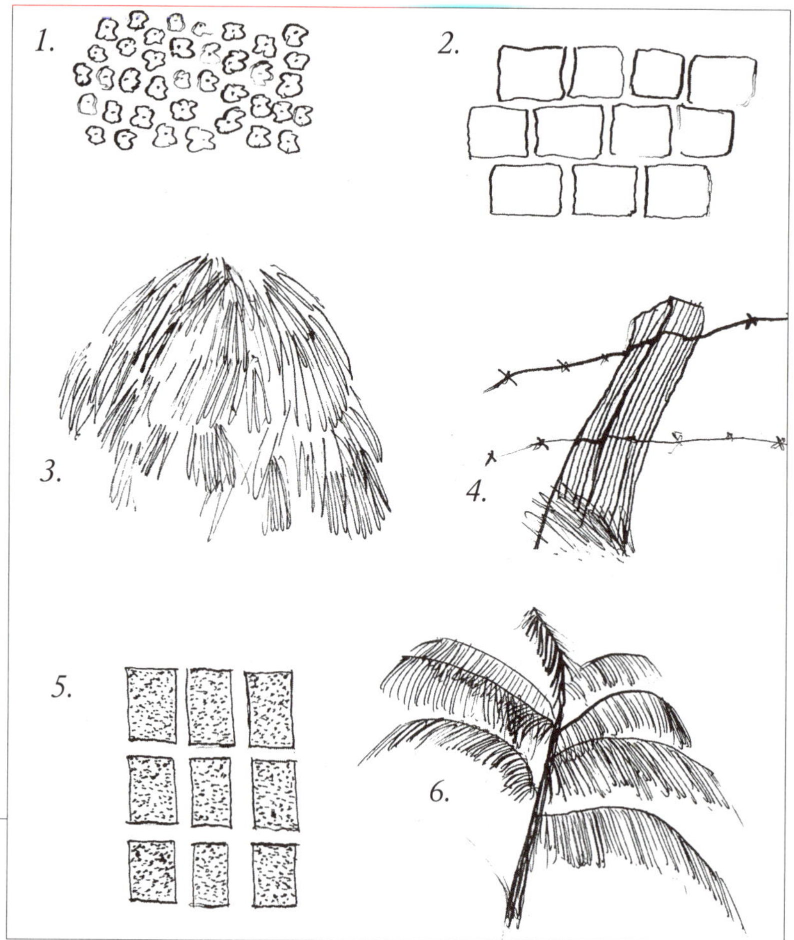

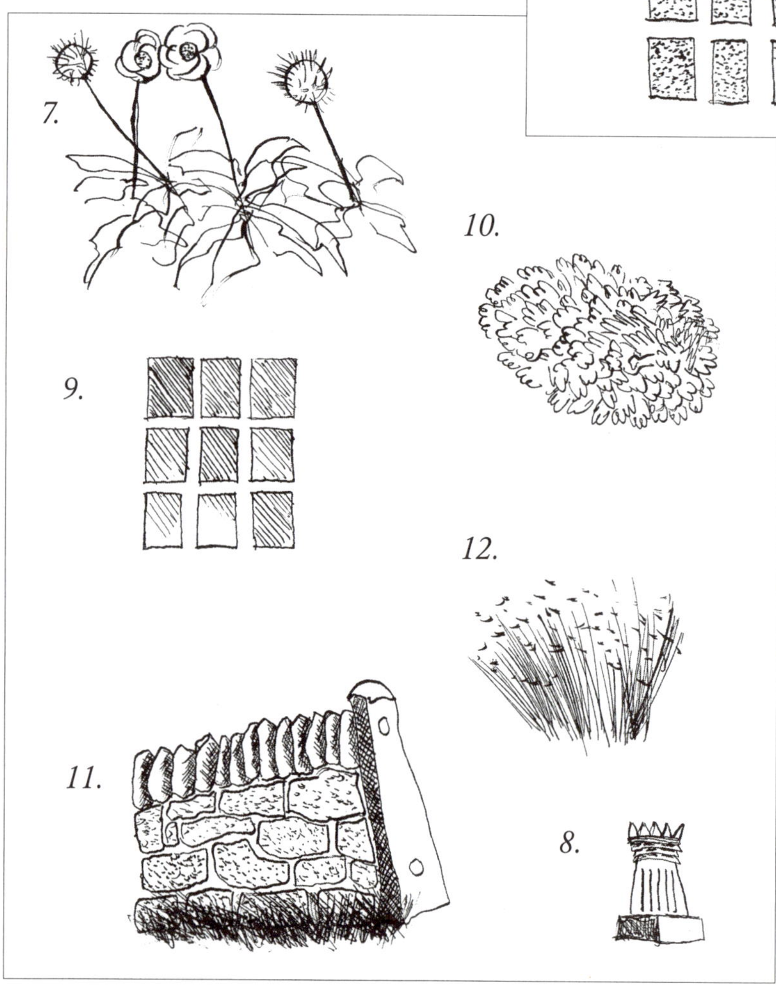

5. Die mit Punkten ausgefüllten Rechtecke vermitteln den Eindruck von Gardinen hinter den Fenstern.

6. Ein dünner Stamm und ebensolche Zweige, von denen feine Striche nach unten abgehen, deuten an, um welche Baumart es sich handelt.

7. Die unterschiedlichen Linienführungen geben Auskunft über die Blumenart. Am Fuß der Blume deuten locker gezeichnete Linien die Blattform an. Der Stängel, eine gerade Linie, zeigt hierbei die Wuchsrichtung an. Wohingegen die mit Stacheln bewehrte Kugel für die Samenkapsel steht. Die gebogenen Linien, die sich um ein rundes Zentrum gruppieren, geben die Blüten wieder.

8. So lässt sich ein typischer Schornsteinkopf darstellen.

9. Neben- und untereinander angeordnete Rechtecke, die mit diagonal verlaufenden Linien in unterschiedlicher Dichte und Länge gefüllt sind, wirken wie reflektierende Glasfenster.

10. Blätter eines Busches können Sie in Form von abgerundeten Ws in zufälliger Anordnung zeichnen.

11. Die Steinmauer besteht aus Natursteinen und einem Steinpfosten. Die kleinen Punkte in den unregelmäßigen Rechtecken geben die Oberflächenstruktur wider. Die Kreuzschraffur wurde eingesetzt, um die Form herauszubilden.

12. Indem man die Aneinanderreihung schnell gezeichneter, aufgerichteter Linien um einige kurze, oberhalb davon flüchtig hingeworfene Linien ergänzt, entstehen realistisch wirkende Gräser.

Tunken Sie nun die Zeichenfeder in die Tusche und versuchen Sie sich zunächst an einigen Linien auf einem Stück Papier. Probieren Sie solange, bis Sie ein Gefühl für das Zeichnen mit der Feder entwickelt haben und eine ruhige, gleichmäßige Linie ziehen können. Jetzt können Sie die mit dem Bleistift vorgezeichneten Linien mit der Feder nachziehen. Anschließend ergänzen Sie mit dem Flachpinsel den Farbauftrag auf den Flächen.

Die Lavierungen sorgen für den Kontrast in der Zeichnung. Beginnen Sie am besten mit der hellsten Tusche-Wasser-Mischung. So können Sie, sollte der erste Auftrag nicht dunkel genug ausfallen, diesen nachbearbeiten. Andersherum ist die Korrektur komplizierter und Sie müssen Korrekturflüssigkeit einsetzen. Für dieses Beispiel habe ich eine Landschaft gewählt, da sich Landschaftsmotive sehr gut für die Arbeit mit Feder, Tusche und verdünntem Farbauftrag eignen. Die Tusche-Wasser-Mischung lässt sich gut in einem Schälchen anrühren.

Bedenken Sie bitte: Je mehr Wasser Sie zugeben, desto heller wird die Mischung. Um herauszufinden, ob Sie die passende Farbintensität angemischt haben, prüfen Sie dies zunächst auf einem Stück Papier. Für die Zeich-

nung auf Seite 195 wurden sechs verschieden intensive Mischungen verwendet. Sie reichen von sehr hell (nahezu transparent) bis hin zu einem deckenden Schwarz.

In dem Beispiel auf dieser Seite sieht man eine ähnliche Bandbreite an Mischungen, allerdings ist hier ein allmählicher Farbverlauf zu beobachten, keine getrennten Farbflächen. Denken Sie bitte daran, dass das Licht beim Zeichnen einer Landschaft in der freien Natur von einem auf den anderen Moment wechseln kann. Sobald Sie sich auf einen Ausschnitt festgelegt haben, sollten Sie dabei bleiben, um unnötige Korrekturen zu vermeiden. Am besten Sie begrenzen die Anzahl der Schattierungen, die Sie verwenden möchten. Sie könnten beispielsweise fünf Farbabstufungen wählen, die von Schwarz bis zum Weiß des Papiers reichen und für die Übergänge dazwischen drei weitere Graustufen von hell bis dunkel.

Damit Sie schnell vor Ort arbeiten und das passende Licht einfangen können, empfiehlt es sich, diese Farbabstufungen bereits im Vorfeld anzurühren. Dann müssen Sie nur noch die richtige Mischung auftragen.

Zeichnen mit Bleiche

Das Außergewöhnliche an dieser Technik ist, dass mit ihr angefertigte Bilder auffällig leuchten, da in diesen Bildern stark mit Lichteffekten gearbeitet wird.

Für diese Übung benötigen Sie eine Auswahl von geeigneten Pinseln. Zudem muss das Zeichenpapier aufgezogen werden, denn im ersten Beispiel werden wir es ganz mit Tinte bedecken. Tusche eignet sich hierfür nicht, da sie im getrockneten Zustand Wasser abweist und nicht mehr zu bearbeiten ist. Ich benutze Quink, eine Art wasserlösliche Tinte, die auch nach dem Trocken noch bearbeitet werden kann. Bringt man die Bleiche auf, bleicht sie die Farbe aus und hinterlässt einen hellen Fleck, der einen dynamischen Lichteffekt auf dem dunklen Untergrund erzeugt. Damit verkehren wir unsere bisherige Herangehensweise, indem wir Licht statt dunklere Farben hinzufügen.

Zuerst müssen Sie das Papier vollständig mit Tinte überziehen und anschließend gut trocknen lassen. Nehmen Sie dann einen Pinsel, tunken Sie die Spitze in Bleiche und machen Sie Ihre ersten Versuche. Meine erinnern fast an chinesische Kalligrafie. Durch Experimentieren lernen Sie alle Möglichkeiten dieser Technik kennen. Beim Arbeiten mit Bleiche sollten Sie besonders auf Ihre Sicherheit und Gesundheit achten; entsprechende Hinweise finden sich auf den Produkten.

Für das erste Bild habe ich das Modell aufrecht positioniert. Durch den seitlichen Lichteinfall ergeben sich starke Kontraste. Dann habe ich den Pinsel in die Bleiche getaucht und sie in den hellsten Bereichen aufgetragen. Wie durch Magie scheint so das Licht auf. Wenn man diese Technik zum ersten Mal anwendet, ist der Effekt des „umgekehrten" Zeichnens verblüffend. Im nächsten Schritt müssen die Halbschatten hinzugefügt werden. Dazu verdünnt man die Bleiche mit Wasser. Es empfiehlt sich auf einem Stück Papier zu testen, ob die Verdünnung ausreicht.

Ausgangspunkt der beiden Landschaften, die Sie auf Seite 199 unten finden, ist nicht die Beobachtung, sondern die Vorstellungskraft, wie ich sie schon im Zusammenhang mit Bildern, die man in Wolkenformationen sieht, beschrieben habe. Auch hier tragen Sie zuerst die Tinte großflächig auf das Papier auf. Statt sie trocknen zu lassen, wird hier mit Bleiche in unterschiedlichen Verdünnungen nass-in-nass gemalt, so zum Beispiel der Himmel. Als Kontrast dazu habe ich die Tinte in der unteren Hälfte trocknen lassen. Anschließend habe ich mit einer Zahnbürste Bleiche aufgesprenkelt und Linien mit Tuschefeder und Bleiche gezogen. Dort, wo die verdünnte Bleiche aufgetragen wird, lässt sich die Helligkeit variieren. Darstellungen wie diese entspringen meist eher der Fantasie. Es spricht aber nichts dagegen, mit dieser Technik auch Beobachtungen festzuhalten.

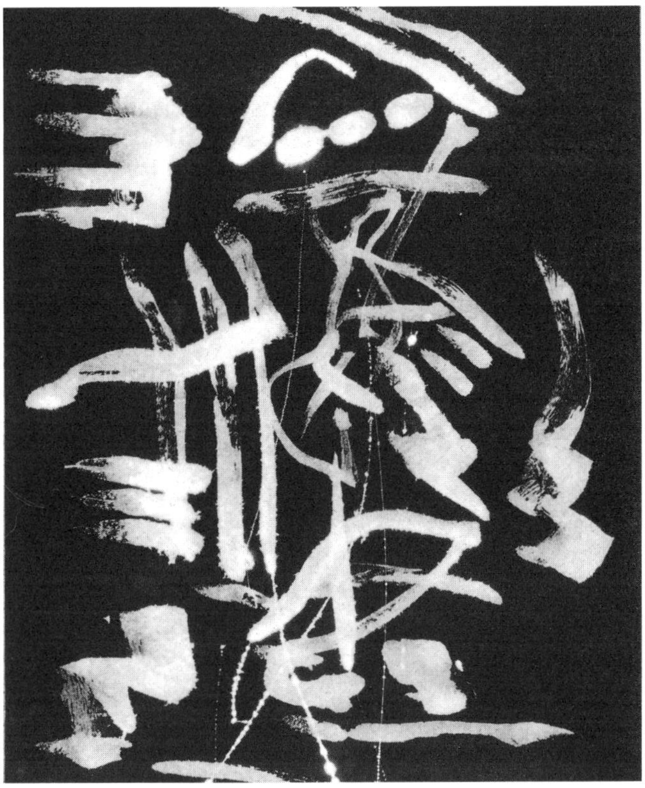

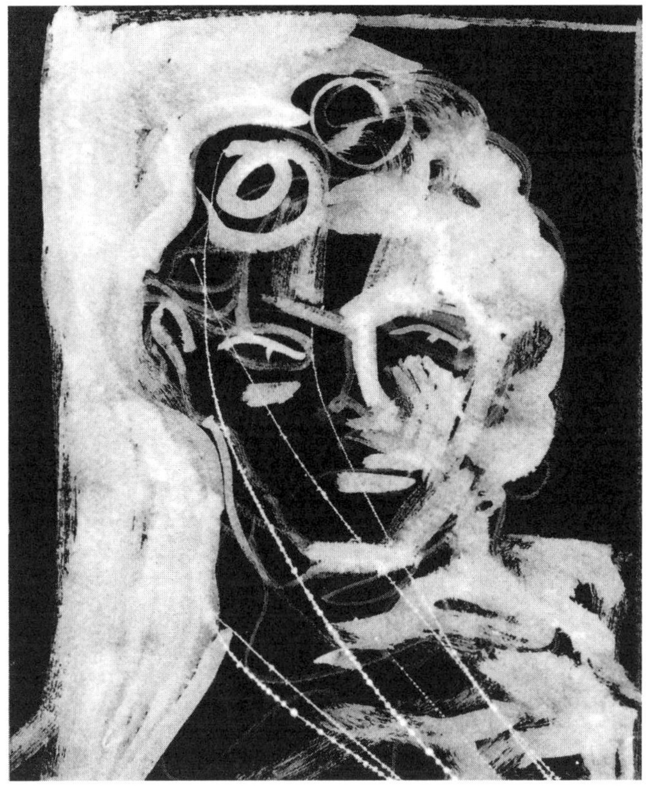

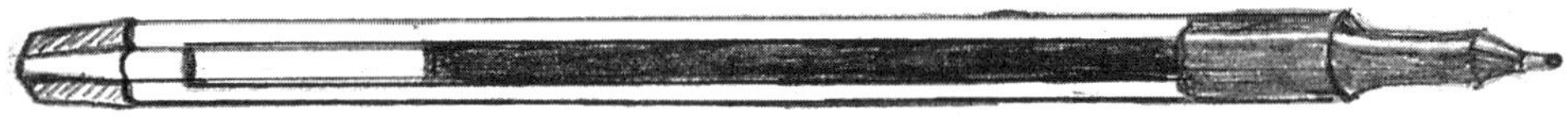

Zeichnen mit dem Kugelschreiber

Auf dieser Seite sehen Sie eine Reihe von Kugelschreiber-Kritzeleien. Bedenken Sie, dass viele dieser Kugelschreiber-Zeichnungen aus dem Unterbewussten entstehen, wenn wir uns eigentlich auf etwas anderes konzentrieren sollten, zum Beispiel während einer langweiligen Besprechung oder einem langen Telefongespräch.

Von links nach rechts werde ich näher auf die obere Reihe eingehen: Die erste Kritzelei ist eine Linie, die in krakeligen Kreisen von oben nach unten verläuft. Die zweite Zeichnung ist die grobe Skizze eines Kopfes. Daneben befinden sich ein paar vertikale schmale Linien, die von weiteren Linien gekreuzt werden. Dann folgt eine ununterbrochene Linie, die seitwärts auf und ab läuft und nach rechts hin schwächer wird. Im Anschluss daran sehen Sie einen kleinen Stern mit Beinchen. Der schließlich wird gefolgt von zwei Zeichnungen, bei denen die Zickzacklinien für die Schatten der Formen stehen.

Es gibt keine in Stein gemeißelten Regeln für solche Kritzeleien. Man tut es einfach und freut sich daran. Seit der Mensch seine Spuren an Höhlenwänden oder auf der Erde hinterlassen hat, zeichnet er auch instinktiv, ob repräsentativ oder nicht. Solche Kritzeleien sind einfach der Ausdruck von oft unterbewussten Gedanken und Stimmungen. Obwohl sie weder Sinn noch Wert haben, lässt sich ihnen etwas abgewinnen. Man kann diese Abbildungen als eine natürliche Erfahrung ansehen, als Vorgang des instinktiven Zeichnens.

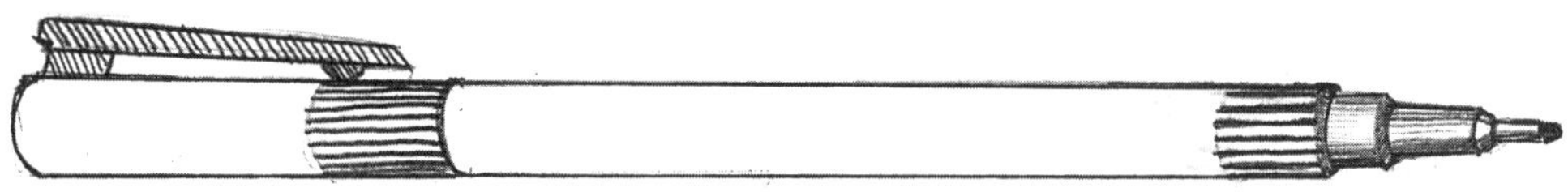

Zeichnen mit dem Fineliner

Die Kritzeleien auf dieser Seite sind mit einem Fineliner gezeichnet und wirken geordneter. Beginnen wir oben links: eine freie Kritzelei, die aus nur einer Linie besteht und so etwas wie Rhythmus und Bewegung beinhaltet. Am Ende der Reihe sehen Sie eine ganz ähnliche Figur. Zwei der Art nach ähnliche Linien können also unterschiedliche Wirkungen haben. Zwischen den beiden Kritzeleien sind ein paar parallele Linien, die ebenso schnell gezeichnet wirken und Aktivität andeuten.

Zu Beginn der nächsten Reihe sehen Sie drei rasch gezeichnete Ellipsen. Rasches Zeichnen erlaubt uns ein freies entspanntes Herangehen an eine Zeichnung. Das Zeichnen einer Ellipse ist eine gute Übung. Zeichenschüler streben gerne mit nur einer Linie Perfektion an. Doch dem Betrachter fällt so die kleinste Ungenauigkeit als falsch auf. Zeichnet man die Ellipse mit vielen Linien, so wird immer eine dabei sein, die im Auge des Betrachters richtig erscheint. Die nächste Figur besteht aus einigen Reihen diagonaler Linien, die Richtung und Muster wiedergeben. Dann folgt ein Feld mit Punkten, die nur mit der Spitze des Stiftes aufgebracht wurden und der Oberfläche eine Struktur verleihen. Vertikale, ineinander greifende Spirallinien wirken verflochten wie ein Kettenhemd. Schleifen, die sich um einen Mittelpunkt legen, ergänzt durch das Geflecht von Linien darunter, deuten Blumen an. Vertikale Linien, die nach rechts hin dichter werden, vermitteln uns den Eindruck veränderter Helligkeit. Daneben bildet eine durchgehende Linie eine Formation von Rechtecken, die räumlich wie ein Gerüst wirkt. Am Ende dieser Reihe sind viele schnell gezeichnete Linien zu sehen, die sich von einem zentralen Stamm aus wegspreizen und so eine natürliche Form bilden. Am Beginn der nächsten Reihe sehen Sie einige sich leicht überlappende Linien, die von der Seite betrachtet, wie gewebt oder wie ein Korbgeflecht aussehen. Daneben eine Reihe geschwungener Linien, die aneinander ausgerichtet sind und aussehen wie gemasertes Holz, darüber horizontale Zickzacklinien, die schroff wirken.

Dann folgen wieder Reihen sich überlappender Kringel, die an gestrickte Wolle erinnern. Die nächste Reihe beginnt mit einer Abfolge von Punkten. Im Abschnitt über Kohlezeichnung habe ich diese Art von Punkten benutzt, um mit einem Bleistift die Struktur eines Strohhutes nachzuempfinden. Unterhalb der Punkte befindet sich ein Alphabet. Buchstaben finde ich visuell sehr ansprechend und daher habe ich neben dem Alphabet buchstabenartige Striche so angeordnet, dass sie wie eine Struktur wirken, deren Oberfläche sich bewegt oder pulsiert. Daneben findet sich eine hastig in einem Schwung und mit einer Linie abgezeichnete Blume. Die Linie beginnt unten am Stängel und führt rasch zu den Umrissen der Blätter. Dann setzt sie wieder am Stängel an, verläuft nach oben zur Blüte, umfließt die Form der Blütenblätter, vollendet die Blüte mit einem dichten Gewirr und verliert sich dann im Raum. Darunter zeigen ein paar kurze Linien wirr in verschiedene Richtungen. Sie wirken sehr direkt, wie locker aus dem Handgelenk hingeworfen, und erinnern an Gras. Schließlich das letzte Gebilde auf dieser Seite: Eine vertikale Zickzacklinie mit Punkten in den Zwischenräumen beider Seiten bildet ein Muster. Bei der Zeichnung von Oberflächenstrukturen können Muster ausschlaggebend sein. Betrachtet man die Zeichnung des Gartenhandschuhs (siehe S. 135–138) genau, sieht man, dass die Struktur des Gewebes das charakteristische Merkmal dieser Zeichnung ist.

Impression mit Fineliner

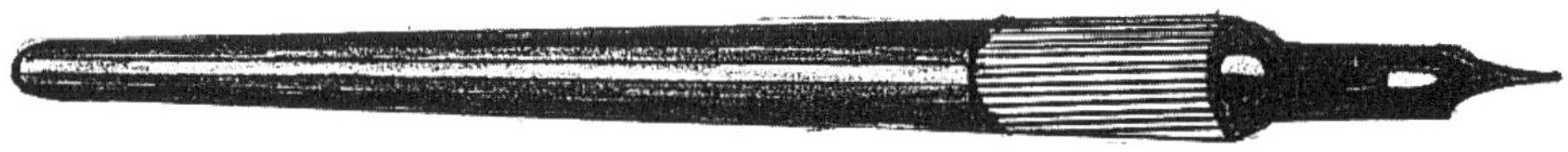

Zeichenfeder und Filzstift

Das kombinierte Zeichnen mit Filzstift, Zeichenfeder und Tusche erfordert eine ebensolch experimentelle Herangehensweise. Daher habe ich auch mit diesen Arbeitsutensilien wieder eine Reihe von Mustern und Linien angelegt. Entsprechend der detaillierten Beschreibung der Fineliner-Zeichnungen lassen sich auch die Beispielzeichnungen (für Zeichenfeder sowie dünnen und dicken Filzstift) auf den folgenden Seiten interpretieren. Sie können nun diese Beispiele kopieren und das Zeichnen mit diesen Medien vertiefen.

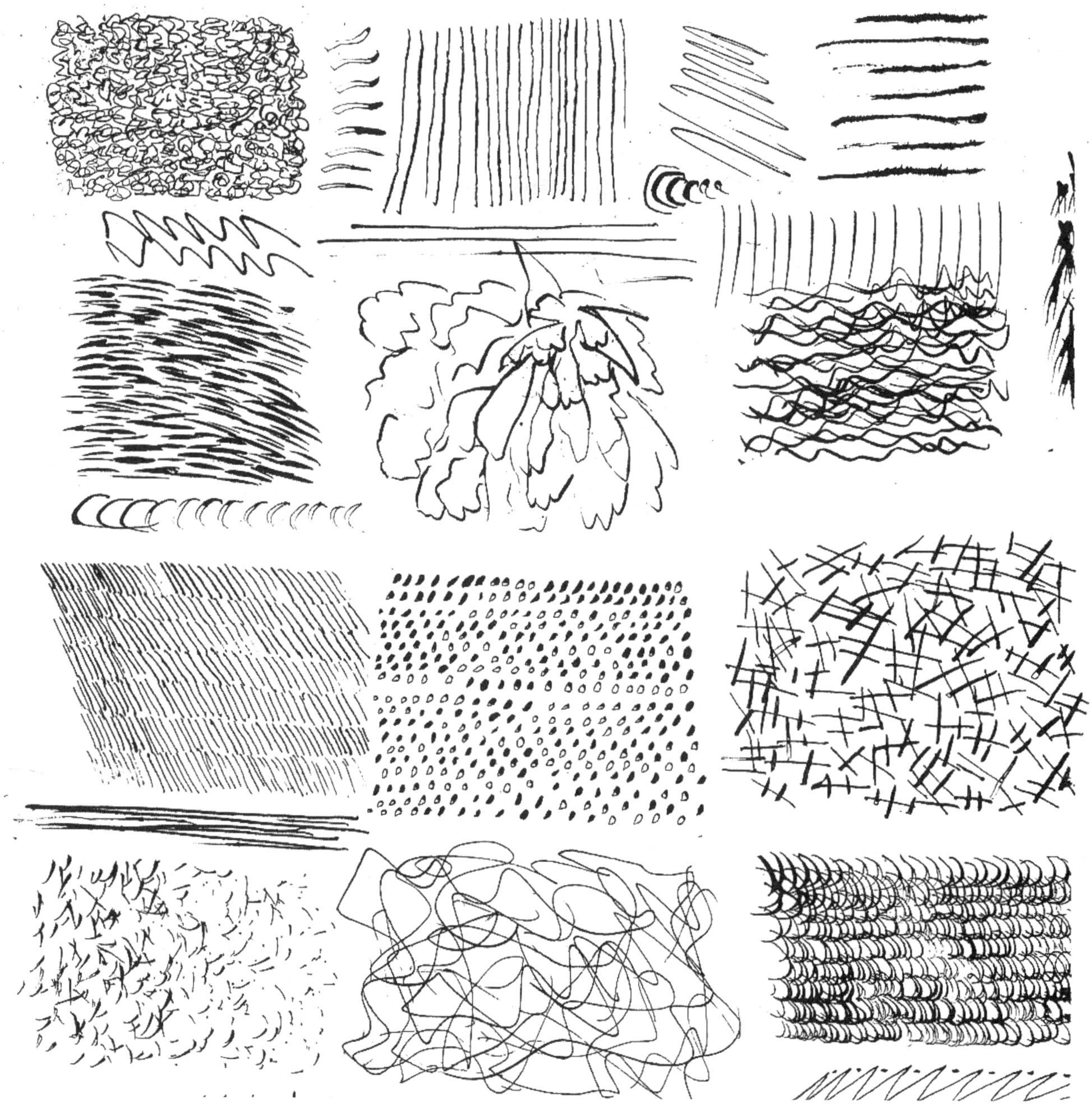

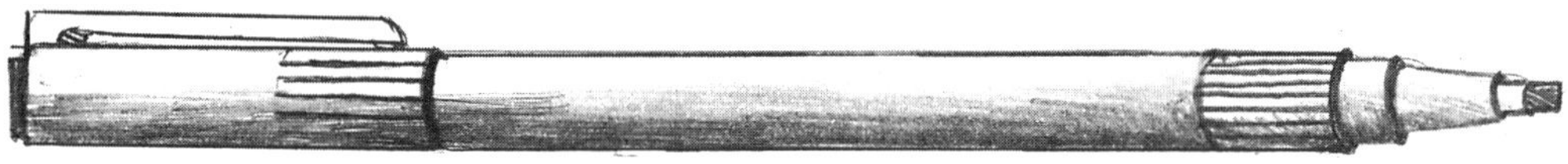

a b c

Nachwort

Wenn Sie alle Übungen in diesem Buch durchgearbeitet haben, haben Sie sich ein umfassendes Wissen über das Zeichnen angeeignet. Sie haben gelernt und erprobt, wie sich die unterschiedlichen Zeichenmedien einsetzen lassen, wofür sie sich eignen und wie Sie sich den verschiedenen Kompositionen annähern können. Vor allem aber wissen Sie, dass Zeichnen eine besondere Form ist, unsere Beobachtungen, Gedanken und Ideen mitzuteilen. So werden Ihre Zeichnungen zu einem Spiegel der Welt, in der Sie leben.

Peter W. Stanyer

Aus dieser Reihe empfehlen wir:

Zeichnen mit Farbe

Farbigkeit verleiht vielen Kunstwerken erst ihre unverwechselbare Lebendigkeit. Diese Zeichenschule führt Sie auf leicht verständliche Weise in die Grundlagen des Zeichnens mit Farbe ein. Erfolgsautor Barrington Barber vermittelt Ihnen das notwendige Wissen über die verschiedenen Techniken und Materialien und zeigt viele praktische Beispiele und Übungen. Lernen Sie Schritt für Schritt, wie Sie die richtigen Techniken auswählen, Ihren Zeichnungen mehr Ausdruckskraft verleihen und selbst Porträts überzeugend darstellen. Ob Anfänger oder Fortgeschrittene – schon bald werden Sie mit Buntstift, Aquarellfarbe, Kreide und Tinte beeindruckende Ergebnisse erzielen.

Barrington Barber
Zeichnen mit Farbe
Grundlagen, Techniken, Motive

208 Seiten, durchgehend farbig, Broschur
ISBN 978-3-8112-2865-8

Zeichnen – die neue große Schule

Jeder kann zeichnen lernen! Um es zu beherrschen, müssen Sie kein geborenes Genie sein – alles, was Sie brauchen, ist etwas Ausdauer und Motivation. Die „Neue große Schule" ist eine leicht verständliche Einführung, die Ihren Zeichenerfolg sichert: Barrington Barber führt Sie von den notwendigen Materialien und ersten Grundlagen über Stillleben, Pflanzen, Landschaften und Tiere bis hin zum Anfertigen von Porträts und Zeichnungen der menschlichen Gestalt. Systematische Anlaysen klassischer Meisterwerke schulen den Blick für vollendete Kompositionen.

Barrington Barber
Zeichnen – die neue große Schule
Grundlagen · Techniken · Motive

208 Seiten, durchgehend farbig, Broschur
ISBN 978-3-8112-2095-0